U0132120

王欢欢 刘路——译

世界の歴史12
明清と李朝の時代

后浪

明清与李朝时代

［日］岸本美绪

［日］宫岛博史

著

贵州出版集团
贵州人民出版社

目录

第一章　东亚世界的地壳变动

宋元时代的遗产

可视的东亚世界

　　1402 年，一幅题名为"混一疆理历代国都之图"的地图在朝鲜绘制完成。这幅地图结合了早期中国、朝鲜和日本的地图，可以说是最早的东亚地区全图。根据记载，《混一疆理历代国都之图》是由朝鲜的李荟将自明朝传入的《声教广被图》和《混一疆理图》合成之后，再由李朝开国功臣权近增补朝鲜和日本部分，最终绘制而成。

　　《混一疆理历代国都之图》不仅展示了东亚地区的全貌，在此之前中国的地图中不曾描绘的阿拉伯半岛、非洲和欧洲地区，也以极为不准确的形式表现在该图当中。毫无疑问，元代所受阿拉伯地图的影响在《混一疆理历代国都之图》中显现了出来。东亚全貌首度以地图的形式显现于世，这与东亚出现在囊括印度以西的广大地图中步调一致。

绘制着东亚全貌的《混一疆理历代国都之图》出现在15世纪之初绝非是偶然。究其背景，正是10世纪至14世纪东亚世界交流的急速发展期。而其发端则是中国宋代兴起的各种各样的"生活革命"和"文化革命"。

在中国悠久的历史当中，唐、宋之间被认为是划分大时代的界限，这一点应该是没有争议的。然而在对划期的理解上，日本史学界存在着唐、宋之间是中国的古代与中世分期之说、中世与近世分期之说两种观点。而欧美的中国研究者一般将宋代以后称为"中华帝国的后期阶段"，以与唐代及其之前的时代区分。

皇帝独裁权力的加强以及支撑皇权的科举官僚阶层——稍广泛地说是士大夫阶层——的形成是唐宋变革时期最为显著的特征。"宋学"（朱子学）的形成也和士大夫阶层的登场密不可分。不过，若是在东亚范畴内加以考量，唐宋变革时期产生的最重要的影响，莫过于"生活革命"和"文化革命"两个方面。

中国江南地区的开发始于南北朝和隋唐时代，到了宋代已经取得极大的进展。如此一来，中国的农业中心逐渐从华北的旱田耕作区域转移到江南的水稻种植区域，中国的经济中心也随之转移到了江南地区。江南地区的水稻种植技术逐渐传播到朝鲜、日本和越南北部地区。得益于江南水稻种植技术的普及，东亚人口密度极高的特征也在这一时期初步

表 1　世界人口的推移　　　（单位：100万人）

地域/年代	A.D.1	1000	1500	1750	1900	1975
中国	7—90 27.3	50—80 23.2	100—150 27.8	190—225 28.0	400—450 26.3	800—900 22.2
印度、孟加拉、巴基斯坦	50—100 30.3	50—100 29.0	75—150 27.8	160—200 24.8	285—295 17.3	740—765 18.9
西南亚	25—45 13.6	20—30 8.7	20—30 5.6	25—35 4.3	40—45 2.6	115—125 3.1
日本	1—2 0.6	3—8 2.3	15—20 3.7	29—30 3.7	44—45 2.6	111 2.7
亚洲其他地区（除去苏联部分）	8—20 6.1	10—25 7.2	15—30 5.6	35—55 6.8	110—125 7.3	435—460 11.4
欧洲（除去苏联部分）	30—40 12.1	30—40 11.6	60—70 13.0	120—135 16.8	295—300 17.5	470—475 11.7
苏联	5—10 3.0	6—15 4.3	10—18 3.3	30—40 5.0	130—135 7.9	255 6.3
北非	10—15 4.5	5—10 2.9	6—12 2.2	10—15 1.9	53—55 3.2	80—82 2.0
非洲其他地区	15—30 9.1	20—40 11.6	30—60 11.1	50—80 9.9	90—120 7.0	315—355 8.3
北美地区	1—2 0.6	2—3 0.9	2—3 0.6	2—3 0.4	82—83 4.9	237 5.9
中南美地区	6—15 4.5	20—50 14.5	30—60 11.1	13—18 2.2	71—78 4.6	320—335 8.3
大洋洲	1—2 0.6	1—2 0.6	1—2 0.4	2 0.2	6 0.4	21 0.5
计	270—330	275—345	440—540	735—805	1650—1710	3950—4050

注：每格下方的数字表示推测的各地方最大人口数量所占各年度世界人口的比率。出处：John Durand, Historical Estimates of World Population; An Evaluation, Population and Development Review, 3, no.3, New York, 1977. 中国和日本在1000—1750 年间的人口数量占世界比重最高。表格中没有单独表示的朝鲜同样符合这一情况

形成。

　　陶瓷器制造工艺、棉花栽培和衣服材料中棉花的使用、造纸和印刷技术都是从宋代开始普及到社会生活之中，并且最终成为东亚共同的文化特征。20 世纪高度的大众消费时代开始之前，东亚地区的生活文化大多数都发端于中国宋代的"社会革命"和"文化革命"。

　　10 世纪至 14 世纪也是东亚地区间贸易和交流不断升级的时代。与唐代及唐代以前国家间派遣使节往来的情况不同，更大规模的人员流动出现在这一地域。随着人员、物资、信息往来的日益频繁，文化的一体性进程也迅速加快，而这也恰恰是《混一疆理历代国都之图》出现的前提。

蒙古帝国的伞盖

　　蒙古帝国跨越东亚至欧洲，开辟了空前的疆土，它的建立是世界历史上一次具有划时代意义的大事件。在蒙古帝国的伞盖之下，西亚发达的商业、金融、贸易技能源源不断地涌入东亚世界，这一点极为重要。

　　凭借商业贸易而拥有丰富积蓄的西亚商人纷纷来到东亚，恰恰证明了东亚地域作为世界经济中心登上历史舞台已是不争的事实。自从古代文明发祥以来，西亚一直被认为是世界经济中心。这是因为西亚的农业具有压倒性的先进优势。但是正如前文所述，中国江南地区水稻种植的发展，已经颠覆了西亚的先进优势地位。

　　在世界气候史上，10 世纪至 12 世纪正是全球规模的温暖期。而这一温暖期，恰好同中国宋代的时间相重合。蒙古帝国延续了宋代的繁荣，同时也承担了将中国的财富与整个亚洲相结合的重任。然而，时过境迁，昔日支撑着宋代繁荣的温暖气候却在元朝统治时期开始转向寒冷，最终进入了 15 世纪的小冰河期。

风雨飘摇的高丽王朝

恭愍王的反叛

1351 年，高丽恭愍王即位。恭愍王的即位完全出于元朝的命令，前代的忠惠王则逃往江华岛。因此当王位交替之时，恭愍王本人仍然身处元朝境内，实际的即位仪式在这次王位交替的两个多月后方才举行。高丽受制于元朝，不但王位交替要遵从元朝的意志，而且依照惯例，作为高丽王位继承人的世子还必须前往元朝担任元朝皇帝的怯薛（宿卫）。恭愍王即位前，就曾滞留元朝十年之久。

1354 年，蔡河中自元朝返回高丽，并且传达元朝宰相（脱脱）的口信：韩山童、韩咬儿等人领导的红巾军揭竿而起，声势浩大，各地盗贼群起，已然天下大乱，命令恭愍王即刻派遣援军。而这也是高丽最早获取的元朝统治产生动摇、各地叛乱频发的消息。

恭愍王认为机不可失，希望能够借此摆脱元朝对高丽近百年的控制，因此开始了反元行动。他首先废除了元朝监视高丽内政的征东行省理问所，停止使用元朝年号，此后更是派遣军队夺取了铁岭以北的元朝直辖领地。

他意欲改革国内政治。李齐贤、李穑等一批朱子学者得到举用。与此同时，他设置了田民辨正都监之职，以防止权臣兼并土地，奴役百姓。朱子学一直被认为是经安晌之手传入高丽的，但李齐贤才堪称高丽最初的朱子学者。高丽末期到李朝初期，作为推动政界运转一大势力的儒教官僚正式登场。

就这样，恭愍王对元朝的动荡局势做出迅速反应，然而在此之后，高丽却没有出现反元一面倒的局面。直至李朝建立为止，高丽和元朝的关系几经曲折，这是由于高丽内部始终存在着一些为了谋求自身权力的扩大而与元朝勾结的势力。

恭愍王晚年倦怠政务，沉溺于颓废的宫廷生活，最终被宦官杀死。恭愍王死后，高丽内外政局陷入了极度混乱。

庆州偰氏

元朝统治下，中国各地的农民军领导者相继向高丽派遣使节。其中最早遣使高丽的是张士诚，其次是方国珍，朱元璋也曾遣使高丽。只不过朱元璋明确同高丽接触是在明朝建立以后。朱元璋登基称帝后，派遣偰斯为使节前往高丽，告知对方自己即位的经过，并且要求高丽臣属于明朝。当时的这位来自明朝的使者偰斯本是高昌偰氏，出身于畏兀儿，而高丽国内的偰氏一族同样出身于畏兀儿。

1387 年，高丽派遣使节偰长寿前往明朝。偰长寿就元末动乱之际逃亡高丽的汉人送还问题，阐明高丽方的立场。偰长寿属于庆州偰氏，而庆州偰氏的始祖偰文质则是畏兀儿出身。

偰文质的孙子偰逊在恭愍王时归化高丽。偰长寿是偰逊之子，恭愍王十一年时文科及第，后任职判三司事。将偰长寿派往明朝，因为他是来自中国的归化族。就这样，明朝和高丽都将偰氏推到了外交活动的前沿。

庆州偰氏除了偰长寿，尚有数人通过文科考试。偰长寿的两位弟弟偰庆寿和偰眉寿同样在恭愍王时文科及第，偰眉寿后来官至李朝礼曹判书。偰庆寿之子偰循于李朝太宗时文科及第，于世宗时担任集贤殿副提学。可以说，庆州偰氏一族在高丽末期到李朝初期的这段时间里是颇具实力的名门。

朝鲜的同族集团当中，有相当一部分人的始祖来自中国，庆州偰氏便是其中之一。此外同样颇具代表性的还有延安李氏、南阳洪氏、海州吴氏、安东张氏、丰川任氏、咸从鱼氏、居昌慎氏、原州边氏等。延安李氏、南阳洪氏、丰川任氏等，是李朝时期首屈一指的名门。

对这些被称为"归化族"的同族集团的始祖向朝鲜的移住期观察一番，可以将其分为传承性很强的类型和移住期、移住始祖都很明确的类型。后者中的很大一部分是在宋元时期移民至朝鲜半岛的。

不过，在进入李朝以后，这样的例子便大致消失了。换句话说，在高丽时代结束之前，朝鲜保持着相对容易接纳移民的宽松社会氛围，而在受到元朝控制时期，这类现象最为显著。

李成桂的崛起

李朝的建立者李成桂，1335 年诞生于咸镜道的永兴。他被认为是全州李氏一族，但也有说法是他出身于女真族。李成桂的父亲李子春是在元朝直辖的咸镜道地域的双城总管府任职的武人。这一地区有大量女真族居住。在武将李成桂的发迹过程中，其麾下的女真族人发挥了巨大作用。

恭愍王的反元运动开始之后，双城总管府遭到高丽军队的攻击，李子春顺势从内部呼应，因而一举成名。李成桂于 1361 年接替去世的父亲，以咸镜道的咸兴为据点继续积蓄势力。后来，李成桂在讨伐倭寇的战斗中积累了声望，与同样踊跃打击倭寇的崔莹齐名。

1374 年，恭愍王死后，亲元派强势回归中央政界，并拥立辛禑继承王位。当时亲元派的中心人物是李仁任。顺便一提，明朝的官方记录曾经将李成桂误认为李仁任的后嗣，后来李朝曾为此多次派遣使者，要求明朝方面予以订正。

李成桂最大的竞争对手崔莹在迫使李仁任隐退后，成为亲元派的中心人物。另一方面，李成桂在这一时期得到大量逐渐得势的儒教官僚的支持，其中的代表人物有郑道传、郑梦周。

1388 年，明朝遣使通告高丽要将此前元朝位于铁岭以北的直辖领地纳为明朝的直辖领地。针对此，崔莹认为应该攻击明朝的辽东地区，于是命令高丽军远征。远征军的指挥者正是李成桂。然而，李成桂在远征途中抵达流经中朝边境的鸭绿江中的小岛威化岛之后便率军折返，将崔莹等亲元派成员一举消灭。这次事件史称"威化岛回军"。

在消灭最大的政敌崔莹之后，李成桂掌握了国家的实际权力。1391 年，他颁布科田法，实行新的土地制度，改革当时极度杂乱的私田之弊害。所谓的"私田"，是指那些赏赐给官僚，由他们掌握租税征收权的土地。高丽末期，朝廷滥发私田，导致国家租税减少，农民遭受严苛的盘剥，于是各类弊端丛生。

因李成桂着手国政改革得到多数官僚的拥戴，将其推举

太祖李成桂（1335 年—1408 年）
全罗北道全州的庆基殿收藏的肖像

为国王的呼声日益高涨。不过，郑梦周却主张继续维系高丽王朝的存在，故而提出反对意见。李成桂之子李芳远（后来的太宗）认为郑梦周在策划除掉李成桂，因此在开城的善竹桥将郑梦周暗杀。至此，反对禅让王位给李成桂的势力被一扫而空。王氏高丽被李氏朝鲜取代的王朝交替条件已经全部准备妥当。

元末动乱与朱元璋

贫困的淮西地区

明太祖朱元璋出生于 1328 年，在世界性气候异常引发的经济收缩与混乱之中，东亚世界的地壳变动也开始令人切身感受到冲击。在中国历史上，由一介布衣登上王侯将相之位的乱世英雄并不在少数，但是从默默无闻的平民百姓登顶为一代帝王的例子却实属罕见。朱元璋正是继汉高祖刘邦之后的又一位这样的人物。

朱元璋的出生地濠州（现在的安徽省凤阳县），位于黄河和长江之间，东西流淌的淮河之畔，靠近刘邦的出生地沛县。濠州地区为地势落差较小的平原地形，附近有黄河、淮河这些大型河川流过，沙土容易堆积，排水条件恶劣。一旦降雨过多便会引发洪水，河川的改道更会导致大灾难，而降水过少又会引发干旱。因此，后世用"十年九不收"来形容当地灾害的频繁。

朱元璋正是出生于这一贫困地区的贫农之家，是家中的第四子。与其他传说故事的开篇部分一样，相传朱元璋诞生时他的家笼罩在红光之中，但我们还是来听一下朱元璋的自述吧。1379 年，朱元璋登上皇帝宝座十一年后，回到故乡将父亲的坟墓改建为皇陵，并且令人竖起石碑，将自己亲自撰写的文章雕刻成碑文。其文言道：

　　昔我父皇，寓居是方。农业艰辛，朝夕旁徨。俄尔天灾流行，眷属罹殃。皇考终于六十有四，皇妣五十有九而亡。孟兄先死，合家守丧。田主德不我顾，呼叱昂昂。既不与地，邻里惆怅。忽伊兄之慷慨，惠此黄壤，殡无棺椁，被体恶裳。浮掩三尺，莫何肴浆。既葬之后，家道惶惶。仲兄少弱，生计不张。孟嫂携幼，东归故乡。值天无雨，遗蝗腾翔。里人缺食，草木为粮。予亦何有，心惊若狂。乃与兄计，如何是常。兄云去此，各度凶荒。兄为我哭，我为兄伤。皇天白日，泣断心肠。兄弟异路，哀动遥苍。汪氏老母，为我筹量，遣子相送，备醴馨香。空门礼佛，出入僧房。居未两月，寺主封仓。众各为计，云水飘扬。我何作为，百无所长。依亲自辱，仰天茫茫。既非可倚，侣影相将。突朝炊烟而急进，暮投古寺以趑趄。仰穷崖崔嵬而倚碧，听猿啼夜月而凄凉。魂悠悠而觅父母无有，志落魄而倘佯。西风鹤唳，俄淅沥以飞霜。身如蓬逐风而不止，心滚滚乎沸汤。一浮云乎三载，年方二十而强。时乃长淮盗起，民生攘攘。于是思亲之心昭著，日遥盼乎家邦。已而既归，仍复业于於皇……

构筑了明朝三百年基业的朱元璋，曾以三餐不继的流浪僧人身份度过了一段青春岁月。顺便一提，朱元璋回忆中提及的邻家老母汪氏，她的子孙后人被赐予历代皇陵管理者的地位，而那位曾赠予朱家墓地的地主兄长也被授予了世袭爵位。

元末动乱

朱元璋的流浪生活大约是在 1344 年至 1347 年之间，这一时期暴动频繁且遍及各地。1350 年代，规模更甚、影响更广的动乱形成并蔓延开来。黄河治水工程成为这场动乱的导火索。1344 年黄河大泛滥，而元朝直到 1351 年才真正开展治水工程。当时元朝惧怕民众动乱，严格禁止民众集会活动，但为了这场治水工程而征发的十五万人夫实际上是在两万军队监督下从事着集体劳动。

而充分利用了这一绝好机会的正是活动在河北、河南地区，宣传"天下大乱，弥勒佛降生"的白莲教首领韩山童。白莲教原本是以念佛为主体的净土宗一派，通过将弥勒教和摩尼教结合，四处散播天下大乱和弥勒佛救世的预言，集结了大批信徒。在当时，黄河流域盛传"石人一只眼，挑动黄河天下反"的谣言。韩山童与其同伙商议，在工程预定开挖的黄河旧河道处预先埋下了一座独眼石人。待石人被挖出，顷刻间引起剧烈动荡，"奇迹"之说自然不胫而走。另一方面，韩山童自称为北宋最后一任皇帝宋徽宗的八世子孙，将红头巾作为军队的标识，揭竿而起。虽然不久后韩山童就遭到逮捕并被处决，但韩山童的部下刘福通继续率领红巾军，在安徽北部、河南一带扩大势力。

这场行动前后，各地迅速爆发大规模动乱。除了刘福通率领的红巾军（一般称为"东系红巾军"），还有以湖北为中心活动的徐寿辉等人率领的西系红巾军、浙江海盗方国珍，以及占据长江三角洲（江南）地区的盐商张士诚。

朱元璋势力的崛起

朱元璋投靠红巾军，正是在 1352 年地方豪强出身的郭子兴（刘福通部下之一）攻占濠州之际。郭子兴被朱元璋魁伟的容貌所吸引，命其统率士卒。此后朱元璋凭借其果断的行动力迅速地脱颖而出，于是郭子兴将养女马氏许配给朱元璋为妻，朱元璋从而成为郭子兴军团中的实力派人物之一。

郭子兴死后，朱元璋成为其军团的实际指挥者。朱元璋于 1356 年率军渡过长江，占领集庆（应天府，现在的南京），着手整备官制，旨在建立地方政权。此后，他将进取目标锁定在东方，但是为了暂且避免与占据长江三角洲并且拥有强大兵力的张士诚决战，他从安徽南部进攻浙江东部地区，采取了迂回至张士诚南侧的方针。经过这次浙东攻略，朱元璋势力的性质发生了极大的转变。

浙东攻略之前，追随朱元璋作战的武将以徐达、汤和等人为首，以濠州为中心的淮河中上游流域（淮西）出身者居多。这些人多数是当地豪强,尽管缺乏学识,但都是在严苛的环境里锻炼成长起来的作战能手。不过,旨在使由流民组建的起义集团蜕变并确立政权的朱元璋,并不满足于建立一个纯粹的武力集团,而是更积极地将具备儒教素养的读书人吸收到他的政权当中。朱元璋在最初阶段招揽到的重要人物就是李善长。

李善长出身于濠州南部的定远,时人谓其"少读书有智计,习法家言,策事多中"(《明史·李善长传》)。李善长造访朱元璋阵营,游说朱元璋效仿汉高祖刘邦,声称如果能像刘邦一样豁达大度,知人善任,不胡乱杀人,就能够取得天下。李善长的一席话令朱元璋极为心动,于是他任命李善长为掌书记。朱元璋攻占浙东后,又有宋濂和刘基等全国闻名的儒学者投入其帐下。原本浙东一带,自南宋以来便是著名学者辈出之地,在元代,当地学者继续响应政权的邀请,通过与政权合作实践自己的志向。朱元璋积极起用儒学者的政策迎合了浙东的儒学者,双方意向达成一致。宋濂等浙东儒学者在此后朱元璋建设明王朝的过程中发挥了巨大作用。

在群雄对抗的过程中,1360 年前后,朱元璋所面临的主要竞争对手是两股势力。第一股是西系红巾军出身的陈友谅的势力。陈友谅暗杀了自己的君主徐寿辉,继而统领其军队,在江西、湖北一带建立汉国。第二股是以苏州为中心,拥有肥沃的谷仓地带和沿海食盐产地,经济基础雄厚,以富裕著称的张士诚的势力。此时以应天为根据地的朱元璋,陷入了遭受东西方夹击的形势之中。

朱元璋首先在 1363 年与陈友谅在江西鄱阳湖展开决战，并成功击败对方，从而稳固了西方的局势。次年正月，朱元璋在应天即位为吴王。对张士诚已形成包围形势的他于 1366 年率领大军东下，进攻张士诚的根据地。次年，苏州陷落，朱元璋大致上确立了对中国南部的控制权。

在进攻苏州之际发布的檄文中，朱元璋悉数列举张士诚的罪状，称其贩售私盐、聚集凶徒作乱。他还在檄文中对自己原本隶属的红巾军持否定态度，其文章称："致使愚民，误中妖术，不解偈言之妄诞，酷信弥勒之真有，冀其治世以苏困苦，聚为烧香之党，根据汝、颍，蔓延河、洛。妖言既行，凶谋遂逞，焚荡城郭，杀戮士夫，荼毒生灵，千端万状。"（《平周檄》）

几乎与此同时，朱元璋一面称要将一直以来在名义上拥戴的小明王韩林儿（韩山童之子）迎入应天，一面却致使搭载小明王的船只在中途倾覆，杀害了韩林儿。至此，朱元璋与红巾军断绝关系，为自己称帝做准备。

1368 年初（旧历正月），朱元璋在应天府南郊刚刚建成的圜丘（祭坛）举行祭天仪式，正式即帝位，国号为"明"，年号为"洪武"。十六年前那位在三餐不继时投入郭子兴军中的乞丐僧人，如今端坐在皇帝的宝座之上。从此以后，中国开始采用一位皇帝治世只使用一个年号的"一世一元"制，朱元璋年号"洪武"，因此也被称作"洪武帝"。另外，在某些场合也会使用其驾崩后被追奉的庙号"太祖"来称呼他。

朱元璋举行即位仪式前一年的十月，徐达率领北伐军从应天出发，平定华北各地，最终于洪武元年（1368 年）八月占领北京，将元朝皇室驱逐到北方。至此，明朝基本实现了对中国全境的统一。

明朝统治的确立

淮西风气

与群雄相比，朱元璋集团拥有着诸多特征。这些特征在朱元璋建设新国家体制之际也被保留了下来。其第一个特征，便是出自贫困的淮西地方的屡克顽敌的军队所具有的质朴刚健之风。相较于有着富裕地主和商人的支持，以充沛的财力和华贵的文化著称的张士诚势力，朱元璋势力的这一特征十分明显。张士诚政权贪污横行，纲纪废弛，可以说众多的富豪和文人是艳羡在他统治下只要有钱就能够过着自由奢侈生活的风气，为了躲避战乱才投奔到了他的政权之下。与此相对的是明朝成立后，朱元璋的统治以对富豪和贪污官吏采取极为严厉的态度为特征。

朱元璋在消灭张士诚之后，将苏州的富豪迁往凤阳，此后又发动江南富民约二十万前往凤阳从事开垦。以素有江南第一富豪之称的沈万三为首，江南大地主拥有的土地遭到没收，政府将这些土地以"官田"的形式分发给农民耕作。朱元璋曾在诏敕中多次强调自己是贫民出身，对百姓的疾苦有着切身体验。他认为"天下初定，百姓财力俱困，譬犹初飞之鸟不可拔其羽，新植之木不可摇其根，要在安养生息之"（《明太祖洪武实录》），因而对品行不端的官吏施以严惩。其惩罚措施的严厉程度在历史上少见，例如凡贪赃六十两以上者，枭首示众，剥皮实草，置于官衙旁侧，警示官员以此为戒。

实行大规模人口调查和土地调查也是明朝初期的一大特征。政府将被称作"户帖"的调查文件发给各户，令其填报家族人数、土地财产和牛马牲畜数量。在此基础上，政府建立"黄册"作为各户资产的账本，同时也以此作为各户承担赋税和徭役的基准。另一方面，为了防范土地申报过程中的不端行为，在测量土地之时政府会命人将土地的形状一笔一画绘制成图，制成"鱼鳞图册"。由于在图册开篇又附有土地的总图，整体上显示出各块土地的排列方式，宛若鱼鳞一般，故而得此名。

在进行人口调查的同时，明朝建立起"里甲制"。所谓"里甲制"，是以一百一十户为一里，一里中最富裕的十户为里长户，其余一百户为甲首户，甲首户以十户为单位分为十甲，每年由一里长率领一甲，负责督促各户缴纳赋税、缉拿罪犯等里内事务的制度。

里长之外，乡村中有德望之人会被任命为"里老人"，负责维护地方秩序。里老人的职责包括下述几点：第一是进行简易审判，诸如土地纷争和打架斗殴等琐事便可不经过衙门官府，直接在乡村内部处理；第二是负责在"申明亭"张贴行为不端者的姓名和劣迹，以示惩戒；第三，洪武帝还作有"六谕"（孝顺父母，尊敬长上，和睦乡里，教训子孙，各安生理，毋作非为）用以教化百姓，教化的执行也由里老人负责。

　　总之，相较于元朝以自由放任政策牺牲贫困的农民，换取都市和发达地域的社会经济繁荣，朱元璋推行的是严格的统管政策。这是对农民的一种保护政策，同时也是从底层规制农村秩序的一种强有力的风俗统管政策。宋、元两代以盛行奢侈之风著称的长江下游流域一带，此时也"入国朝来一变而为俭朴"（正德《松江府志》）。

儒教的正统主义

　　朱元璋集团的另一大特征，在于其虽出身红巾军一派却最终与流民掠夺集团划清界限，转向儒教的正统主义。在征战过程中，朱元璋一方面依靠浙东儒学者的谋划，稳固政权的基础，另一方面则对自己曾经从属的白莲教集团大肆抨击，指责白莲教集团以妖术惑众。早在登上帝位以前，朱元璋已经借助学者集团之手，致力于恢复科举制、兴建祭祀天地的祭坛、编纂律令等整备中国历代王朝传统制度的工作。可以说，朱元璋夺得政权，也是受益于如此传播开来的"受命于天的仁义之君"的形象。

　　明朝建立之后，也是浙东的儒学者逐步整理了通行于明朝一代的诸多制度。尤其是被赞誉"一代礼乐制作，而濂所裁定者居多"（《明史·宋濂传》）的宋濂，更是为明朝初期体制的创设做出了巨大贡献。朱元璋本人虽然在与儒学教养无缘的环境中成长，成年后也马不停蹄地忙于战争，但是他通过身边的儒学者学习经史等内容，当他登基为皇帝时已经在儒教古代经典和历史知识方面具备了相当的素养。朱元璋的御制诗文，例如前文提到的《御制皇陵碑文》，让人感觉充满了"英伟之气"，是相当优秀的作品。在朱元璋身上，夺取天下的野心和儒学的教养已经密切地结合在一起。

恐怖政治

淮西武将集团和浙东学者集团分别代表着初期明朝政权所具备的两大特征，换而言之，他们在文武两方面支撑着朱元

朱元璋

朱元璋相貌奇特。明代中期的随笔《菽园杂记》曾提到，洪武帝召集画工为自己绘制肖像画，但如实绘制的肖像无法令其满意。一些聪明的画工察觉到皇帝的意图，因而只描绘出其大致的轮廓，尽量将其绘制成温厚的形象。如此一来，皇帝大喜，命临摹数张赐予诸王。台北故宫博物院所藏此肖像，应该是出自当时的愚直画工之手

璋夺取政权。可以说，朱元璋领导下的初期明朝政权正是构筑在这两大集团的均势之上。淮西集团质朴刚健的风气与浙东集团的正统主义相辅相成，为洪武帝时代的政治赋予了正直不苟的严厉特征。

但是，登上皇帝宝座的朱元璋对支持自己的两大集团不曾放松过警惕。没有人能够保证那些曾与朱元璋平等的、是其亲密伙伴的武将不会取其皇位而代之；而那些以知识精英自诩的学者又是否会对穷儿乍富的自己充满轻视，这同样让朱元璋感到惴惴不安。最终，朱元璋的猜疑之心转化成为对臣下的恐怖政治。曾经遵从李善长"取天下，不嗜杀人"的忠告而取得天下的朱元璋，反而在取得天下后成为一个人尽皆知的"嗜杀成性"的皇帝。

明初大兴疑狱，肃清案件不断，首先便是 1376 年爆发的"空印案"。元代在各地方设置行中书省（中书省的派遣机构，简称行省）统管军政、民政，明初继承了这一制度。行省及其下属的府、州、县等地方官衙，每年都要派遣胥吏向中央的户部提交财政报告，若户部在调查时发现错误则必须驳回地方重新造册。如此行事甚为不便，于是前往户部报告的胥吏往往事先准备好加盖有长官印信的空白文书，一旦出现错误便可当场改正。这样的做法已经成为惯例。然而，当地方官的这一不正当行为被突然揭发后，数千名地方官或遭到处刑，或遭到贬谪。

空印案并不是单纯的以肃正纲纪为目的的事件，随之而来的是一场重要的制度改革。即，原来掌握有军政、民政大权的行中书省遭到废止，各省转而设立承宣布政使司（负责财政等行政事务）、提刑按察使司（负责监察、审判事务）、都指挥使司（负责军事事务）三处机关。这样一来，地方官的权力就被分散了，可以看到皇帝对地方的控制有加强的趋势。

1380 年，与李善长同乡，位居丞相（中书省长官）的胡惟庸因谋反罪遭到逮捕，并被处死（"胡惟庸之狱"）。的确，胡惟庸在空印案时领会了朱元璋的意图而主导弹压工作，此后其专横跋扈更是招致周围人的反感。但是，在胡惟庸遭处死之后才罗列的其私通日本和蒙古意图谋反等罪状，时至今日虽然已不能证明真伪，但一般认为均系子虚乌有之事。当时受胡惟庸牵连而遭处刑的还有以江南大地主为中心的一万五千人。明朝的最大功臣之一宋濂也遭到了逮捕，幸亏马皇后以绝食相胁，百般劝阻洪武帝，才令宋濂免遭处刑。胡惟庸之狱十年之后大狱再起，这次也有包含李善长在内的数万人遭到处刑。而仅仅三年之后（1393 年），蓝玉案又起。蓝玉同胡惟庸一样是定远县出身，继徐达等建国功臣之后在对蒙古等的战争中立下赫赫战功。蓝玉也因谋反罪名遭到处决，受其牵连而遭到肃清者达数万之众。

究竟朱元璋是出于何种目的屡屡兴起大规模的肃清事件？从胡惟庸之狱以后，中书省遭到废除，中书省下辖的六部成为皇帝的直属的这次变革也可知道，这种政治上的弹压和旨在强化皇帝权力的制度改革是联系在一起的。不过，如果只是出于制度改革的目的，恐怕没有此等大肆杀戮的必要。清代中期的历史学家赵翼认为："太祖年已六十余，懿文太子柔仁，懿文死，孙更孱弱，遂不得不为身后之虑。是以两兴大狱（指胡惟庸案和蓝玉案），一网打尽。"（《廿二史札记》）对朱元璋而言，在自己死后会对明朝统治产生稍许威胁之人都要在自己在世时统统杀掉。当明初一系列大狱最终落下帷幕时，那些曾经在困难时期追随朱元璋浴血奋战的建国功臣，几乎全部被清除。

清代史学家赵翼对朱元璋有一段著名的评价："盖明祖一人，圣贤、豪杰、盗贼之性，实兼而有之者也。"如其所言，朱元璋是一位有着儒教修养且注重保护小农百姓的充满仁爱之心的皇帝，也是一位拥有不屈的意志并能够平定乱世的英雄，更是一位猜疑之心强烈到足以对昔日伙伴痛下杀手的冷血男子。后世之人对朱元璋的评价可谓各种各样。

三百年后，清朝的康熙皇帝在巡幸南方时曾拜谒洪武帝陵，御笔题下"治隆唐宋"字样并命人据此篆刻成石碑。也有不少人评价，在唐太宗、宋太祖、宋仁宗等历代明君当中，洪武帝乃史上第一，这是因为一介贫民出身之人能够平定战乱开辟"治世"，他自身的这种顽强的意志以及不择手段的执念，也许俘获了后世为政者追求包含阴暗凄惨侧面在内的"治世"之心。

李朝的建国

太祖李成桂的即位

威化岛回军之后，势力日趋稳固的李成桂将崔莹、郑梦周等敌人相继剪除。1392 年 7 月，李成桂迫使高丽的末代国王恭让王让出王位，自己即位为王。自建国伊始历时近四百八十年的高丽王朝至此灭亡。不过，李成桂在即位后却面临着堆积如山的各类难题。

首先，在对外方面，如何处理与明朝的关系成为最大的问题。李成桂即位后立即向明朝派出使者，请求明朝认同这一次的王权更迭，当时李成桂自称"权知高丽国事"。此处我们需要注意的是这时李成桂方面仍然在使用高丽的国号，而他的自称是"权"，即"临时"的国王。暂时用"权"，是为了得到明朝承认后再正式称国王，李成桂在此并没有把自己的即位定位成王朝交替，即易姓革命。

洪武帝承认李成桂的王位，但是对朝鲜内政表现出漠不关心的态度，当时双方尚未正式缔结册封关系。明朝建立初期，因为与元朝存在敌对关系必须同高丽积极缔结同盟，而当元朝的势力退回北方之后，明朝对于李成桂即位一事的关注程度自然也随之消减。

然而在 1392 年冬，明朝向来自朝鲜的遣明使提出改定国号的问题。至于这个提议究竟是明朝一方率先考虑的，还是李成桂方面事先工作疏通的成果，现在已经无从知晓。但此次提议对李成桂是一场及时雨。于是李成桂方面向明朝提出"朝鲜"和"和宁"两个国号，明朝建议李成桂使用"朝鲜"国号。双方经过一番协议，至 1393 年最终确定了"朝鲜"国号，而李成桂的易姓革命至此也全部完成。

但是，国号确定之后，李成桂的身份依然是"权知国事"。

明朝直到 1403 年才正式承认朝鲜国王的地位，授予朝鲜国王正式认可的辞令（又称"诰命"），而朝鲜已经是第三代君主太宗在位时期。当时明朝的永乐帝使用武力夺取帝位才不久。永乐帝出于对明朝国内状况的考虑，确定有必要强化同朝鲜的关系。

龙之泪

李成桂不得不面临的另一大问题是国内的统治体制，特别是国王和政府的关系问题。李朝建国之初的中央官制，基本上沿袭自高丽时代。作为中央统治机关的门下省（行政）、三司（财政）、中枢院（军事）分立，政府的最高决议机关是由以上三个机关的高官构成的都评议使司。这种通过政府高官合议来维持国政运行的方式，实际上是沿袭了高丽时代的传统。

问题就在都评议使司和国王的关系上。都评议使司的成员自然由为李朝建国立下功劳的开国功臣们组成。郑道传、赵浚、权近等人是开国功臣的代表。他们将朱子学当作建国理念来宣扬，旨在通过都评议使司实现这一理念，但这极大地制约了王权。由此引发了王权与臣权之间的激烈角逐。

令王权和臣权的问题更加错综复杂的，是李成桂个人的苦恼。1996 年，韩国 KBS 电视台播放的历史剧《龙之泪》异常受欢迎，这部电视剧以李成桂和其子李芳远为主人公，演绎了朝鲜建国的过程。那么，"龙"，即国王，究竟是为何涕泣呢？

　　李成桂有八个儿子，前六子为前妻所生，余下二子为后妻所生。李成桂钟爱幺子李芳硕，并有意令其继承王位，然而却遭到多数臣下的反对。当时大多数人的意见是，和平之世应拥立长子李芳雨，战乱之际可拥立有能力的第五子李芳远继承王位。

　　就在下一任国王由谁继承难定之际，曾经为李朝建国立下最大功劳的郑道传试图杀光李成桂前妻所生诸子，拥立李芳硕即位，最后反而被李芳远诛杀。不仅如此，李芳远还将李成桂后妻所生二子一同杀死。郑道传之阴谋事实难辨。李芳远的意图在于削弱臣权，巩固李朝的体制，但这次事件之后，李芳远和李成桂之间产生了不和。

　　李成桂听从群臣的意见，打算令李芳远即位为王，李芳远却坚决推辞，最终即位的是李成桂的次子李芳果。李芳果是为定宗，李成桂被尊为"上王"。定宗时期爆发了朴苞之乱，与这次叛乱有关的李成桂第四子李芳干遭到流放。以这次动乱为契机，朝鲜一方面废止了私兵，另一方面又将都评议使司改称为议政府。而这一系列的事件的背后，是以强化王权为目标的李芳远在实践他的意图。定宗意识到自己的王位岌岌可危，最终主动让位于李芳远。朝鲜的第三代君主太宗由此诞生。

　　对太宗即位的一连串经过感到既愤恨又无奈的李成桂，选择避居在咸镜道的咸兴。太宗曾多次遣使恳请李成桂回宫，但这些差使全部被李成桂杀死。后世在形容某人一去不返时所使用的"咸兴差使"一词，正是源于这个故事。不过，太宗和李成桂之间的对立归根结底只是个人立场的对立，太宗一贯奉行强化王权的方针，按李成桂的性情并不会反对。1403年，李成桂返回汉城（今首尔），最终为两人之间的对立画上了休止符。汉城于1394年被确定为新王朝的首都，周遭修筑了长达二十千米的城墙。从此以后，汉城成了李朝五百年的首都。

定宗时期都评议使司已经改名为议政府，到1405年，议政府的权限又极大幅度地遭到削减。即，议政府所司庶务改为六曹（吏、户、礼、兵、刑、工六曹）分掌，相关政务由六曹直接呈报国王。这一措施在最初阶段必然无法顺利实行，直到1413年以后这一体制才得以定型，从而大致确立了王权对臣权的优势地位。如此一来，李朝的国家体制便在太宗时代固定了下来。可以说，太宗李芳远才是构筑李朝五百年基业之人。

伟大的发明：训民正音

太宗的继任者是堪称李朝第一明君的世宗。世宗的统治时期，在太宗巩固了国家体制的基础上，各类文化事业百花齐放。随着1403年铸字所的设立，传承了高丽传统的金属活字铸造术得到了进一步的发展。世宗时期铸造了"甲寅字"，出版事业蓬勃发展，大量的书籍得以出版刊行。

世宗时期出版刊行的书籍有以下种种：描述李朝建国过程的《龙飞御天歌》、历史书《东国通鉴》、地理书《新撰八道地理志》、农书《农事直说》、医学书《乡药集成方》、历书

《七政算内篇》和《七政算外篇》，等等。值得关注的是，实用类书籍得以大量出版。李朝史的基本史料《李朝实录》中从太祖到太宗的三代实录也是在世宗时代编辑而成的，为以后的实录编纂奠定了基础。

不过，世宗时期在文化事业领域最值得炫耀的成果还是"训民正音"的制定。勤奋好学的世宗设立名为集贤殿的机构，以汇集俊秀英才，振兴学问。而训民正音正是汇聚在集贤殿的学者们不懈努力的结果，它于1443年制定，三年后（1446年）颁布、刊行。训民正音是世界文字史上最新形成的文字之一，而且是一个有着非常明确的创作时间和创作者的稀有的案例。

训民正音的字形究竟是根据何种原理创设而成在很长的时间里都是一个谜。围绕这一谜题一度存在其他文字起源说和象征说两种对立见解，直到1940年在庆尚道地区发现了《训民正音解例》的文本，这一问题才得以解决。《训民正音解例》著成于训民正音颁布之时，该书针对训民正音的子音、母音，以及其造字原理做出了条理清晰的说明。根据《训民正音解例》的内容，最终确定训民正音是参照发声器官的形态创造而成的。

训民正音的制定是朝鲜文化史上划时代的事件。朝鲜为何要选择在这个时间点创造属于本民族的文字呢？关于这个问题，我们有必要从语言学和历史学两个方面来考量。

从语言学方面来讲，朝鲜语的构造本身需要独立的表音文字。朝鲜语的音节特征与日语不同，以子音结尾的情况非

训民正音的解说

在此对 1443 年制定的训民正音进行简单的解说。

训民正音最初规定 17 个子音（辅音字母）和 11 个母音（元音字母）。子音 17 个，是将发音时发声器官的形状象形化之物。大致分为 7 个种类，发音相似的，其字形也很相似。

子音 17 个：

牙音　ㄱ (k) ㅋ (k') ㆁ (ng)

舌音　ㄷ (t) ㅌ (t') ㄴ (n)

唇音　ㅂ (p) ㅍ (p') ㅁ (m)

齿音　ㅈ (ch) ㅊ (ch') ㅅ (s)

喉音　ㆆ (h) ㅎ (h') ㅇ (×)

半舌音ㄹ（r）半齿音ㅿ（z）　（' 为有气音，× 为无声）

母音 11 个，以 ·（天）、ㅡ（地）、ㅣ（人）为基础，由此组合而成。

ㆍ	ㅡ	ㅣ	ㅗ	ㅏ	ㅜ	ㅓ	ㅛ	ㅑ	ㅠ	ㅕ
(ʌ)	**(ū)**	**(i)**	**(o)**	**(a)**	**(u)**	**(ə)**	**(yo)**	**(ya)**	**(yu)**	**(yə)**

以上 28 个字母为基本，由它们进一步构成合成子音、合成母音。朝鲜语的音节多数以“子音 + 母音 + 子音”的形式构成，这种情况下最初的子音被称为初声，母音被称为中声，最后的子音被称为终声。以母音作结尾的音节（开音节），没有终声。训民正音在制定时使用初声 39 个、中声 25 个、终声 36 个。

其具体如下：

ㄱ ㄲ ㅺ ㅴ ㅲ ㄴ ㅥ ᄮ ㄷ ㄸ ㅼ ㅵ ㅳ ㄹ ㅁ ㅱ ㅂ ㅃ

ㅽ ㅸ ㅅ ㅆ ㅄ ㅿ ㅇ ㆀ ㆁ ㆆ ㅈ ㅉ ㅾ ㅶ ㅊ ㅋ ㅌ ㅷ

ㅍ ㅎ ㆅ

ㆍ ㆎ ㅏ ㅐ ㅑ ㅒ ㅓ ㅔ ㅕ ㅖ ㅗ ㅘ ㅙ ㅚ ㅛ ㆉ ㅜ ㅝ ㅞ ㅟ ㅠ ㆌ

ㅡ ㅢ ㅣ

ㄱ ㄳ ㄴ ㅦ ㅨ ㄵ ㄶ ㄷ ㄹ ㄺ ㅫ ㄻ ㄼ ㄽ ㅭ ㅀ ㄾ ㄿ ᇙ

ㅁ ᇚ ㅯ ㅰ ㅂ ㅄ ㅅ ㅺ ㅼ ㅿ ㅇ ㅈ ㅊ ㅋ ㅌ ㅍ ㅎ

因此，将以上初声、中声、终声组合，能够表现出的音节数为 39×25×37（包含没有终声的情况），即 36075 种，可谓是数量庞大。实际上有些组合不会使用，音节数也随之变少，但为了表示朝鲜语，标记多数的音节是有必要的。可以认为，这里有训民正音必须以表音文字被创作出来的基本理由。

现如今朝鲜语使用的基本字母为 24 个，有初声 19 种、中声 21 种、终声 27 种。

下面是标记方法，以"한글"（训民正音）为例，其构造为：

$$한 = ㅎ + ㅏ + ㄴ \quad 글 = ㄱ + ㅡ + ㄹ$$
$$(h) \quad (a) \quad (n) \qquad (k) \quad (\bar{u}) \quad (l)$$

"한"意为伟大，"글"意为文字。训民正音制定文字并非像拉丁字母一样按顺序排列字母ㅎ ㅏ ㄴ ㄱ ㅡ ㄹ，而是用一个音节字就是一个文字的形式来标记。从这一点来看，训民正音受到了汉字字形的影响。

训民正音制定时原则上是按照发音进行标记，但此后逐渐向注重单字（词）独立性的方向转变。因此，现在的韩国和朝鲜两国使用的文字和发音有着相当大的差距。对于学习它们的外国人而言，这是一个令人头疼的问题。

《训民正音》

世宗主持制定的训民正音，于制定三年以后的 1446 年开始颁布、刊行。从制定到刊行的这段时间，训民正音的使用一事遭到了多方面的反对，但是这些反对声音最终都被世宗的热情压制

常之多。换而言之，朝鲜语中的音节在很多情况下都是按照"子音＋母音＋子音"的形式构成。因此，朝鲜语相较于日语等语言有着更多的音节数量。日本语中存在的音节不超过一百个，一个音节可以用一个文字轻易地加以表示，然而在朝鲜语当中却存在着将近一万个音节。

音节的数量如此之多，倘若一个音节需要用一个文字表示，那么就必须要有近一万个文字，这种情况与汉字相同，而如此一来要想学习和使用这种文字就成了极为困难的事情。虽然也有借助汉字制作的越南"字喃"等文字，但是利用这种方法创作的文字通常烦琐复杂，难以实现广泛普及。

要解决这一问题，创造子音和母音种类，通过其组合来表示音节才是最为合理的方法。至此，我们也得出了训民正音是由子音和母音构成的表音文字的必然理由。因此相较于日语等文字，朝鲜民族文字的制定非常困难。为了制定训民正音，必须要对音声学有缜密的研究。

从历史的方面来看，训民正音制定的一个十分重要的前提是各种民族文字的形成。在形形色色的民族文字当中，尤其值得注意的是蒙古的八思巴文字。八思巴文字是亚洲最早体系化的表音文字。我们可以认为，这种表音文字的构想本身就对训民正音的创立产生了极大刺激。

训民正音的拼写方法十分独特。换而言之，训民正音并不是按照拉丁字母顺序将子音字和母音字连成一串，而是选取了仿照汉字的偏、旁、冠的顺序将子音字和母音字组合成一个音节的形式。训民正音作为表音文字，同时也吸收了汉字的造字方法，将东方与西方的造字原理充分融合在了一起。训民正音制定的背景中，有着我们将会在接下来讲述的国际视野的开阔。

罕见的独裁者——世祖

世宗时期创设集贤殿的出发点虽是想将其打造成一所学问研究机构，但集贤殿却逐渐带有了国王直属机关的性质。而且集贤殿的成员开始左右国政，使集贤殿起到了昔日都评议使司的作用。到了世宗之后的文宗时期，这一情形更为显著，太宗时期确立的王权优势地位已松动瓦解，王权和臣权的对立又以另外一种形式显现出来。而遏制了这一变化趋势，重新树立起王权的优势地位的则是世祖（大王）。

世祖是世宗的第二子，又称首阳大君。兄长文宗去世后，年少的端宗（文宗之子）即位，集贤殿官员集中权力的行径致使首阳大君产生了强烈不满。在端宗在位期间，首阳大君先是将重臣皇甫仁、金宗瑞以谋反的罪名铲除，后又一手控制了国政中枢。也就是说，首阳大君将议政府、吏曹、兵曹的长官职务兼于一身。纵观整个李朝时代，身为王族又登上了领议政（宰相）地位的首阳大君可谓是空前绝后。此外，首阳大君还担任了中外兵马都统使，将军事大权牢牢地掌握在自己的手中。

最终，面对独揽大权的首阳大君，年幼的端宗决意让位，首阳大君即位为王。这是一场没有流血的政变。面对首阳大君的所作所为，世宗时期以来的重臣成三问、朴彭年、河纬地等人企图策划端宗复位，却反遭逮捕，并被处以车裂等酷刑。世人将反对世祖即位而遭到处刑的六位重臣称为"死六臣"。此外，大量的官僚离开了政界。因这次政变而下野之人很多移居妻子或母亲的故乡，这在一定程度上促进了朱子学在地方的普及，也成为士林派势力登场的一个重要原因。

世祖废除集贤殿，又将议政府限制为审判死刑罪案的机关。这些都是为了抑制臣权、强化王权而做出的改革，是太宗时代的路线方针的复活。自李朝建国初期以来一直延续的王权和臣权之间的对立，以王权取得优势的形态稳定了下来。

开阔的国际视野

《海东诸国纪》

从《混一疆理历代国都之图》的制作可以看出，14 至 15 世纪是朝鲜人的国际视野显著扩大的时期。《海东诸国纪》也是反映了当时朝鲜人视野开拓的珍贵史料。

《海东诸国纪》的作者是申叔舟，同书还附有一篇 1471 年创作的序文。《海东诸国纪》一书的内容由海东诸国总图、日本本国图、日本西海道九州图、日本国一岐（壹岐）岛图、日本国对马岛图、琉球国图，以及日本国纪、琉球国纪、朝聘应接纪几个部分组成。也就是说，这部《海东诸国纪》不仅绘制有日本、琉球地图，还对两国的国情，以及朝鲜和两国的外交情况进行了记录。《海东诸国纪》描绘的各种日本地图参照了《行基图》系统，是日本地图史上宝贵的史料。

出身于李朝初期名门高灵申氏的申叔舟是15世纪中期朝鲜最优秀的政治家、外交家，同时也是杰出的学者。申叔舟曾于1443年以朝鲜通信使书状官的身份前往日本，也曾数次到访明朝。在世祖时期，申叔舟曾经随军征讨女真族。种种经历使申叔舟在当时积攒了旁人无可比拟的国际经验。在训民正音制定之际，申叔舟也因在汉语音韵领域拥有深厚学识，在此一事务中发挥了最为核心的作用。

申叔舟著作《海东诸国纪》，是出于当时国际关系上的必要性。首先，在处理与日本的关系时，必须要辨别清楚向朝鲜派遣使节的日本大名等各种势力的真实身份。面对着处于权力分散状态的日本，充分认清"哪一方是可以外交的对象""哪一方拥有抑制倭寇的力量"等问题，对于朝鲜而言是极其必要的。

其次，进入李朝之后，朝鲜与琉球缔结了正式的外交关系，与琉球的贸易往来是李朝输入东南亚物资的重要渠道。《海东诸国纪》的编纂也正是出于当时迫切的现实需求。日本学者应地利明指出，《海东诸国纪》记录中提到的"镰仓殿"正是与当时室町幕府对立的古河公方。应地利明就这一事实，高度评价了朝鲜对日本认识的准确性。

申叔舟在临终之际曾留下遗言，告诫朝鲜人切不可放松对日本的警惕，并且要做好同日本开战的准备。申叔舟的遗言并不是杞人忧天，一百年之后丰臣秀吉的侵略活动证明了这一点。

朝鲜使节眼中的中世日本

　　与《海东诸国纪》一同为日本人所熟知的朝鲜人著作还有《老松堂日本行录》一书。世宗即位后的 1419 年，朝鲜军队向被认为是倭寇根据地的对马岛地区发动了攻击，这就是日本人常常提到的"应永外寇"，朝鲜方面则称之为"己亥东征"。此次作战乃是业已退位的太宗授意的行动。事件发生后的第二年，在室町幕府派遣的使者随行下，朝鲜的使节来到了日本。《老松堂日本行录》正是此次朝鲜使节代表宋希璟创作的日本纪行集。宋希璟出身新平宋氏一族，1402 年文科及第，1411 年出使明朝。他与申叔舟一样具备出访中日两国的经验。

　　《老松堂日本行录》之所以在日本闻名遐迩，是因为书中记述了日本农业种植一年三熟的情况。应该也有很多人在日本历史教科书等书籍中，看过下面这一段记录吧：

　　　　宿阿麻沙只（尼崎）村咏日本

　　　　日本农家秋耕畬，种大小麦，明年初夏刈大小麦种苗种，秋初刈稻种木麦，冬初刈木麦种大小麦，一畬一年三种，乃川塞则为畬，川决则为田。

　　这段史料揭示了室町时代日本的农业发展状况。不过，同书中的以下这段文字记述，不知何故却鲜有人提起：

过利时老美夜（西宫）店

处处神堂处处僧，人多游手少畦丁。

虽云耕凿无余事，每听饥民乞食声。

日本人多，又多饥人，又多残疾，处处路边会坐，逢行人则乞钱。

《老松堂日本行录》是朝鲜人第一部真正的日本纪行集。17 世纪以后的朝鲜通信使也创作了大量的日本纪行文章，与那些纪行文章相比，《老松堂日本行录》对日本的观察充满了新鲜感。17 世纪以后纪行文章的内容类型单一，从儒教价值观角度观察日本的倾向十分强烈。相比之下，《海东诸国纪》和《老松堂日本行录》的观察充满了新鲜感和令人惊奇之处。反之，我们也能从《海东诸国纪》和《老松堂日本行录》二书的内容判断当时儒教的风俗尚未在朝鲜扎根。

《老松堂日本行录》能够传世至今也可以说是一个奇迹。这部著作的命运十分坎坷。宋希璟亲手撰写的原稿在其去世后下落不明，直到其玄孙（孙子的孙子）宋纯时方才失而复得。宋纯为原稿做了华丽的装订，但 1597 年丁酉倭乱（庆长之役）之际，该书再度遗失，辗转流落到日本。当时被日本俘虏的一个叫作郑庆得的人在德岛偶然发现了《老松堂日本行录》的手抄本，于是照本誊抄，将自己的抄本带回了朝鲜。

宋希璟的六世孙宋征造访郑庆得家中时见到了郑氏的抄本，最终使该书重返宋希璟的本家。《老松堂日本行录》最初得以刊印是在 1800 年。

　　李朝时代的书籍有许多与日本有着颇为深厚的因缘,《老松堂日本行录》亦是其中之一。据村井章介所言,宋纯装订的原本现如今由位于东京本乡的古书店井上书店收藏。

第二章　明王朝的发展

明初政权的"南与北"

明王朝的重心

朱元璋推翻了蒙古族统治的元朝，建立起新的王朝，因此在中国的历史学界有一种将朱元璋评价为"民族解放斗争"之英雄的观点相当强烈。诚然，朱元璋根据"胡虏无百年之运"的说法来主张恢复汉民族统治的正当性。然而从整体来看，对夷狄充满憎恶的"民族主义"特质却在朱元璋言辞中意外地稀薄。对朱元璋而言，元朝当然也是中国的正统王朝。只是元朝的统治方式引发了动乱，从而丧失了天命，之后接受了天命的汉民族王朝得以建立起来。

在向蒙古草原撤退的蒙古人中间，因遭到明军攻击陆续出现了一些投降者，这部分投降的蒙古人回到了明朝。对于脱离了游牧生活近一百年的蒙古人而言，北方草原绝对不再是适合居住的地方。明朝接纳了这部分蒙古人，并将他们编入了被称为"卫所制"的军队制度当中。就这样，明朝一代，尤其是北方地区，延续了元代多民族社会结构的特点。尽管发生了王朝的更替，但是却并没有出现一个单一、纯粹的汉民族国家。明初时期残留了浓厚的元代风气。

另一方面，明朝政权的基础无疑是建立在南方地区。朱元璋为了在长江流域巩固政权基础，在明朝政权建立初期录用了大批南方人士担任官吏。自12世纪，金军攻占都城开封，宋王朝南渡以来，中国的南半部得到了进一步开发，经济和文化水平不断提升，长江流域以南，尤其是长江下游江南地区的重要性迅速增加。从财政基础的角度来看，南直隶（现在的江苏、安徽等地）、浙江、江西、湖广四省的税收就占了全国数额的一半以上。此外，在明朝建立后不久开始举行的科举考试中，中举合格者几乎全部是以文章见长的南方知识分子。朱元璋选择长江南岸的南京作为首都，意味着明朝的政治中心与南宋以来的经济、文化中心重合了。

在中国历史上，明朝以前曾经在长江以南设置都城的王朝，自三国时代的吴国开始，先后共有六个，然而它们均止步于统治中国的南半部分。明朝是第一个定都于长江以南，又将黄河流域囊括在版图当中的王朝。明朝犹如一个既要保持腰部下沉姿势，又要尽力伸手向上的人——在经营南方重心的同时还要顾及北方的统治，这自然导致了南北不均衡的问题。即是说，无论是在人才层面，还是在经济层面，明初政权存在着过

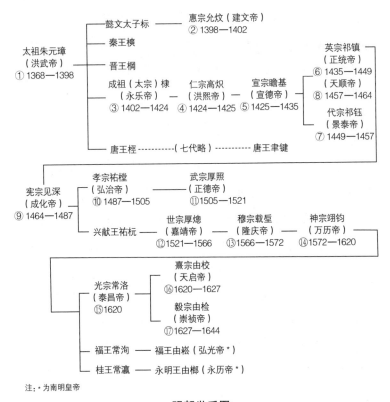

明朝世系图

注：* 为南明皇帝

度偏倚南方地区的问题，这样就出现了华北脱离政权基础，明朝对蒙古等北方势力威慑力不足的危险。如果不能够像元朝那样维持一个广阔的多民族国家，那么明朝将极有可能会收缩成为一个实质上以长江流域为中心的汉民族地方政权。

　　洪武帝除了抑制南方出身者的势力，着手选拔出身北方的人才，还为了充实北方薄弱的统治，在自己的诸子当中挑选有能力之人配置在长城一线。洪武帝共生育了二十六个儿子，长子朱标被立为太子，除此之外第二子秦王被分封至西安，第三子晋王被分封至太原，第四子燕王被分封至北平，年长的皇子们承担起了防卫北方蒙古的重任。而其余皇子，也被分封至全国的各个要地。

建文帝和燕王

在洪武帝的诸子当中，第四子燕王朱棣被认为最有能力且英勇善战。当时仍然残留着元大都时代气息的北平，是一座蒙古人、女真人及西域各族人民杂居的国际都市。二十一岁便前往北平赴任的燕王，一边接受一流武将们的锤炼，一边在对蒙古的军事演练中度日。燕王曾与晋王合作，在与蒙古交战中数次取得胜利，其父洪武帝为此慨言道："朕无北顾之忧矣。"（《明太宗实录》）

另一方面，皇太子朱标是一位充满学者气质的温厚之人，但是他却在洪武帝之前亡故。明朝在选定皇太子的后继者问题上，花费了五个月左右的时间。这是因为，朱标的长子——年轻却略带神经质特征的朱允炆和英勇善战且颇具领导能力的燕王都是众人认可的候选人。洪武帝本人也曾考虑将燕王立为后继者，但却遭到了臣下的反对，最终选择了朱允炆。1398年，洪武帝去世，十六岁的朱允炆随即登上帝位，是为建文帝。建文帝和他的父亲一样，是爱好学问的理想主义者。建文帝即位后，起用浙东著名学者宋濂的高徒方孝孺为顾问，陆续制定新政策。新政策立足于儒教经典，内容以缓和刑罚和减轻赋税为主，其目的在于建立德治政治。

相对于以北平为根据地，军事色彩强烈且继承了元朝遗留下的多民族社会基础特性的燕王势力，南京的建文帝政权毋宁说是以南方出身的学者为中心，带有文人的、纯粹汉民族文化的色彩。用洪武帝时代已成为问题的"南与北"的对比来说，建文帝政权可谓是洪武帝时代具有的南方人政权性质更加纯粹化之物。而与之相对，可以说燕王势力体现了跳出南方人政权的格局，将重心转移至更北方的愿景。

建文帝所要直面的最大难题是如何对待分封在各地且手握兵权的叔父们。尤其是北平的燕王素有阴谋篡权的野心，必须尽早铲除。倘若置之不理，则燕王必将会成为南京政权的威胁。随着南京确立了削藩（渐次削减诸王的封地）方针，南京的建文帝和北平的燕王之间的关系骤然紧张起来。1399 年，南京方面以燕王意图谋反为理由发出逮捕燕王的命令，而燕王则高举"清（靖）君侧之恶（难）"的旗号举兵。至此，历时足足四年的靖难之役正式拉开了帷幕。

最初，人数众多的政府军在战场上取得优势，不断推进。燕王能够直接指挥的原本仅限于护卫王府的少数部队，然而此前那些对南京政府不满的华北人士，尤其是归降明朝以后构成北京周边卫所的蒙古人集团陆续集结在他身边。他将蒙古骑兵编入自己的军队强化战斗力。政府军始终无法给予燕王军决定性的打击。建文三年（1401 年）末，燕王率领全军从北平出发，前去与政府军决战。第二年六月，燕王攻陷南京，据说建文帝放火焚毁宫殿自尽身亡，但是他的遗体却不见踪影。燕王于七月登上皇帝宝座，定新年号为永乐，并且决定迁都北京。

燕王凭借武力取得了完全的胜利，但是从大义名分来讲，他毕竟还是犯下了弑君篡位的大罪。建文帝身边那些刚正不阿、铁骨铮铮的儒学者们，或是为建文帝殉节自尽，或是遭到逮捕，有的即便被强迫服从燕王也断然拒绝。在这些人当中尤以当世第一学者方孝孺的归向最为世人瞩目。燕王为招揽方孝孺亲自出马，反而遭到对方激烈的诘难。燕王用古代周朝时期周公辅佐侄子成王实施善政的故事为自己辩护，而方孝孺立即反驳道："成王何在？"（方孝孺的话外之意是：燕王你要辅佐的侄子建文帝不是已经被你杀死了吗？）燕王强迫方孝孺起草即位诏书，方孝孺却在写下"燕贼篡位"四字后放声大哭。燕王在盛怒之下命人将方孝孺的亲族眷属873人押解至其面前一一处死，见方孝孺最终仍无回心转意的迹象，才不得不下令将他处死。结果这样一来，燕王在"篡位者"的头衔之上又给自己增添了"残忍暴君"的污名。

永乐帝即位后，试图抹杀正统君主建文帝存在过的痕迹，取消了建文帝的年号。所以在约两百年后的明末时期建文帝年号得到恢复之前，永乐帝一直被尊为直接继承了洪武帝的明朝第二代皇帝。

迁都北京

对于永乐帝而言，注重大义名分且敢于反抗他的儒学者势力盘根错节的南京当然不是一处可以舒心度日的场所。然而，永乐帝又不得不顾虑南方人的抵抗，因此无法立刻迁都。于是，永乐帝仍然将南京作为都城，而自己却长期滞留北京，

永乐帝

通常认为，永乐帝的理想典范是唐太宗。但据宫崎市定的说法，永乐帝曾自比为元世祖忽必烈

在北京处理政务。结果正式实现迁都是在永乐帝即位十九年以后，即1421年的事情。然而迁都仅仅四个月以后，落成不久的新宫殿就被落雷击中，三处建筑被火焚毁。这次灾难被视为上天的警告，于是众官员围绕着返回南京还是驻留北京的问题展开了激烈的争论。

迁都三年后，永乐帝去世。此后，朝廷围绕着是否还都南京的问题展开了近二十年的议论，最终却未能得出定论。究其原因，首都位置的选择不仅涉及军事、经济的便利性，更是牵扯到国家基本性格的重大问题，绝非可以轻易定夺之事。永乐帝的继任者洪熙帝体态臃肿、行动不便，不像他的父亲那样注重武功，而是偏好文治，且性格温和。洪熙帝即位后立即决定还都南京，将北京定为"行在"（临时都城）。洪熙帝终止了我们后文将要提到的郑和大航海等一系列永乐帝时期执行的对外发展政策，转变为重视内政的守成方针。还都南京是洪熙帝转变方针的一环。然而，洪熙帝即位后仅十个月猝然去世，其子宣德帝即位。宣德帝有着类似永乐帝的武人风范，他中止了父亲洪熙帝制定的还都南京计划，一直居住在北京。在宣德帝之后的正统帝时期，北京正式卸下了"行在"的名号，被确定为明朝的首都。

如前文所述，围绕都城位置问题朝廷的动向几经反复，最终还是定都于北京。然而，在这以后的南京依然按照北京的标准维持着一套中央官制系统，北京和南京如同是椭圆的两个中心，象征着明王朝统合的两极。而可以称作明王朝"南北问题"的南方与北方的紧张关系，仍然会不时地浮现在明朝政治的表面。

新首都北京

永乐帝于 1403 年定都北平之际，将北平改称为北京，这就是一直沿用至今日的"北京"地名的发端。北京的营造始于 1406 年，一直持续到 1420 年，是一场历时长达十五年的浩大工程。明清时代的北京城城墙由内城和外城两部分构成，内城与其说是正方形，不如说是东西两侧稍长的矩形，内城南侧延伸出的部分是为外城，内城与外城构成一个"凸"字的形状。相较于元代的大都，其整体位置略微偏南。

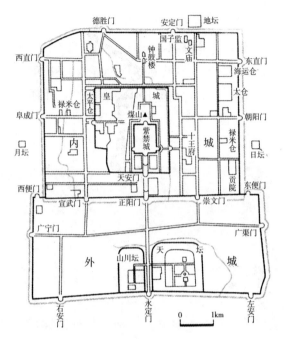

明代后期的北京城

　　现在的北京市区无疑大大超出了明代城墙的范围，原来的城墙已经不复存在，但地铁环线经过之处大致相当于昔日内城城墙的所在

　　从现在的北京地图中也可以看到，如同棋盘一般井然有序的道路网线纵横分布于内城的东西南北。内城是依据整齐的城市规划，在永乐帝时期建设的部分。永乐年间尚未修筑外城。为了养活首都北京的人口，明朝不得不从南方调运谷物等大量物资，而其主要通道便是大运河。大运河的整备和北京的建设乃是同步进行的，其终点位于北京东侧的通州。从通州运送的物资汇集在内城的南侧，于是以正阳门（内城正面的南门）附近为中心逐渐形成了新的商业区。在定都北

京一百多年之后，嘉靖年间发生了蒙古人入侵并包围北京的事件，当时为了守卫城外的商业区而建设了外城。明朝最初的计划是要在北京内城的四周全部筑起新的城墙，但是由于资金不足，只能在南侧修筑起城墙，于是形成了北京城"凸"字形的特征。

《皇都积胜图》
描绘明代北京城的画卷

如果说北京的外城是北京连通遥远江南地区的窗口，那么内城北侧的大门就是北京连接蒙古草原等北边地域的窗口。即使到了中华民国时期，往来不息的骆驼商旅依然将北京和蒙古草原各地联系在一起。春季的风中时常夹杂着黄沙且气候十分干燥、现在还能够见到许许多多摊贩售卖烧烤羊肉串的北京，诚然是一座令人强烈感受到与草原地带有联系的北方城市。可以说多亏了蒙古骑兵，永乐帝才能在靖难之役中取得胜利，因此他颁布了对蒙古人的优待政策。也是因为这样的优待政策，据说1430年代的北京居民有三分之一都是蒙古人。今天北京的诸多地名中仍保留着"胡同"叫法，其意思是街巷，但其实"胡同"一词源于蒙古语中表示水井的"huddug"。在缺乏优质水源的北京，能够提供饮用水的水井是尤为珍贵的存在。由此可见，明清时代的北京城保留着浓厚的蒙古时代印记。

永乐时代的发展

远征漠北

永乐帝时代不同于专注内政的洪武帝时代，凭积极向外拓展势力而大放异彩。积极开拓进取，既是自年少时起便被称赞具备"雄武之略"的永乐帝本人的性格使然，也隐藏着永乐帝试图通过建立赫赫武功来掩盖自己"篡位者"污名的动机。首先，为了在北方压制在靖难之役期间恢复力量的蒙古势力，五十一岁的永乐帝于 1410 年，亲自统率五十万大军越过长城讨伐蒙古。汉人皇帝亲征长城以北的沙漠地区并且取得胜利，这在中国史上是空前绝后的。

明代之人将广义上的蒙古族分为"鞑靼部"和"瓦剌部"。鞑靼部是指元朝后裔蒙古族。最初，元朝后裔蒙古族被称为北元等，但 1380 年代蓝玉率领明军远征后，元朝直系一族失去了有能力的后继者，从此被称为鞑靼部。瓦剌部则是指自元代开始就居住在蒙古高原西北部且与蒙古皇室结有姻亲关系的部族。不过，蒙古内部集团的集结时有不同，通常并不会像这样明确区分出上述的两个部族。再者，蒙古人是不会使用

"鞑靼"之名来称呼自己的，这个称呼只是明朝的自说自话。以后，我们将明朝所指的鞑靼集团称为"（狭义的）蒙古"，其所指的瓦剌集团称为"卫拉特（蒙古）"。[①]

永乐帝远征蒙古高原与其说是明朝和包含鞑靼、瓦剌在内的广义上的蒙古族全体的对立，不如说是带有明朝介入鞑靼和瓦剌围绕蒙古高原霸权产生的纷争的性质。以鞑靼为对象的第一次远征和以瓦剌为对象的第二次远征均取得了一定程度的成果。然而，皇帝以鞑靼为对象的第三次远征及以后的连续亲征，仅仅是因为有诸多臣下反对，加之一直不曾与对手的主力遭遇，浪费了高额的军费，便以失败收场。当时，迁都不久后北京的宫殿即遭大火焚毁，还都南京的呼声骤然高涨，使永乐帝以北京为中心建立起如同元朝一样幅员辽阔国家的宏伟构想大受打击。这三回亲征蒙古正是永乐帝急切地为稳定动摇者而采取的措施。最终在第五次亲征的归途中，六十五岁的永乐帝一病不起，于返回北京前病死。

东北的女真族

蒙古高原的东侧，现在的中国东北地区是女真族（一称"女直"）的居住地。金被元灭亡以后，东北的女真族归入了元的统治之下。洪武帝平定东北之际，女真人又陆续归入明的统治之下。从洪武帝到永乐帝时期，明朝会向前来朝聘的女真人首长授予指挥、千户等武官职位，并授命其开设卫所。明朝

---

① 这里作者说的"以后"指后文，但为了统一行文、方便中文读者，本译稿文中沿用了"鞑靼"和"瓦剌"两种称呼。——译注

在东北地区不推行民政，只是实施军政，将女真人吸收进军事组织。虽说如此，但因为女真族被当作"外夷"，被要求向明朝朝贡，所以女真族究竟是明朝的内臣还是外夷，其地位十分暧昧。女真族卫所的首长们在取得了明朝颁发的朝贡证书后便可以独立与明朝进行交易，永乐年间女真族建立的卫所有近两百个。虽然也有人农耕，但女真族的生活以集体狩猎、采集为主要生产方式，与明的交易使女真族取得了莫大利益。

明朝将女真族大致分为三类：东北南部地区的建州女真、松花江流域的海西女真和更北方的野人女真。现在俄罗斯沿海州北端、黑龙江沿岸永宁寺遗址留存的两块石碑是明朝的统治向北方延展的物证。两块石碑分别刻有《敕修奴儿干永宁寺碑记》和《宣德重建永宁寺记》，据碑文记录所示，在永乐帝时期和宣德帝时期名为"亦失哈"的宦官曾率领远征军到达此地，设立奴儿干都司作为统治机关，将黑龙江下游至库页岛纳入统治之下。不过，奴儿干都司在日后自然消亡，从世人的记忆中消逝，直到19世纪末来到此地的清朝官员公开介绍了碑文的内容，才使奴儿干都司重新受到世人瞩目。

郑和的大航海事业

永乐帝一边在北京巩固势力，一边显露出向南方发展的进取心。其中一个例子，便是明朝通过介入安南的王位篡夺事件占领了安南的北半部地区施行直接统治。然而，明朝在安南北部的稳定统治历时不足五年，安南的反明运动就呈现出激化态势。永乐帝死后数年，明朝势力便撤出了安南。

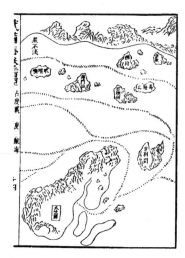

《郑和航海图》（部分）

与郑和航海有关的大量记录，随着后来明朝对外政策转为守势而散失。17世纪初编纂的《武备志》偶然收录的航海图，沿着郑和航海线路，标明了沿岸诸港的位置、行程等，是涉及郑和航海活动的珍贵史料

永乐帝向南方发展的事业中最负盛名的便是郑和率领的南海远征。郑和生在云南的一个贫困穆斯林（伊斯兰教徒）家庭，后来成为宦官随侍永乐帝。郑和因在靖难之役中立下功绩，其才能得到了认可，于是被提拔为南海远征的指挥官。永乐帝自1405年开始，在其统治期间曾先后推行了六回远征，在对外扩张上持消极态度的洪熙帝决定中止这一举动，但是宣德帝时期仍然进行了第七回远征（1431—1433年）。郑和率领的南海远征活动是一项前后历时近三十年的宏大事业。

郑和在第一回航海时，率领大船六十二艘、兵将近两万八千人，从现在上海附近的刘家港扬帆启航，途经占城（占婆）、爪哇、苏门答腊，穿越马六甲海峡，抵达印度西海岸的卡利卡特（古里）。当时苏门答腊和爪哇已经有大量华侨定居。在抵达苏门答腊的巨港（旧港）时，郑和的舰队介入了当地华侨的纠纷，任命"旧港宣慰使"负责监督当地的华侨等事宜，以使海外的中国人感受到明朝的威信。郑和的第一回至第三回航海都以卡利卡特为目的地，没有向印度西海岸以西前进。卡利卡特在元代时就已经有诸多中国商人造访，对中国人而言这里在一定程度上处于熟悉的贸易范围之内。与之相对，从第四回航海开始，郑和舰队改为向印度西海岸以西的波斯湾、阿拉伯半岛等伊斯兰世界的中心区域前进，并且劝导当地穆斯林统治者向明朝朝贡。第四次航海期间，郑和的主力舰队在通过马六甲海峡后沿印度西海岸向西抵达了波斯湾的霍尔木兹（忽鲁谟斯），在向霍尔木兹王呈交国书后便携带收获的狮子和麒麟（实际是长颈鹿）等赠品踏上归途。郑和的分舰队在苏门答腊与本队分离，取道摩鹿加群岛，抵达东非的摩加迪沙（木骨都束）和马林迪（麻林），后经阿拉伯半岛的亚丁（阿丹）返回中国。在这以后，郑和的航海均以波斯湾及其西方地区为目的地。在第七回也是最后一回航海期间，郑和的分舰队抵达了麦加。

自 13 世纪以后，伊斯兰化的浪潮波及了东南亚地区。郑和航海的目的是向南海和印度洋的各个地区展示中国的实力，使这些地区和中国形成朝贡关系，可以说身为穆斯林的郑和是充当外交使节的理想人才。通过航海活动，印度洋沿岸的十多个国家向明朝派遣了朝贡使节，而另一方面中国人对南亚和西亚的相关知识也增加了。

宦官和周边民族

在永乐帝的对外扩张过程中，宦官及非汉民族人士表现得极为活跃，这一现象十分耐人寻味。亦失哈和郑和便是最佳的例子。如我们在前文提到的，郑和是一名穆斯林，本姓马。马姓是中国穆斯林的代表姓氏之一，是"穆罕默德"首字的谐音。郑和的家族在其曾祖父拜颜时期移居云南，元朝时应属于"色目人"阶层。根据记载，郑和本人相貌堂堂，魁岸奇伟，声音洪亮且口才极佳。

最初，洪武帝时期吸收了汉代和唐代宦官弊害的教训，宫廷内的大门上悬挂了一块"内臣不得干预政事"的铁牌。在具备儒学素养的文人官僚掌握权力的建文帝时期，宦官们也没有施展的余地。永乐帝重用宦官的背景，是他自靖难之役以来试图获取文人官僚真心支持的期待屡屡落空。与此同时，通过在和外国的交流、抗争中的磨炼，永乐帝的视野得到了极大的开拓，使其奉行了实用主义。既不对宦官卑贱的身份轻蔑视之，也不对非汉民族存在偏见，如果自己的心腹部下有能力，又精通外国事务，便会予以提拔乃至托付重任，这就是永乐帝的行事风格。

宦官在政治舞台活动是明代政治体制的一大特征。后文中将会提到的正统年间的王振、正德年间的刘瑾、天启年间的魏忠贤等人都是受到皇帝宠信而专权跋扈、恶名昭著的宦官。这一点无法忽视，但其实从制度上，明代的宦官就获得了相当大的权限。明代的宦官参与军队监督和赋税征收等原本由一般官僚所负责的事务。通常所谓的"宦官"，是指掌管包括后宫在内的宫廷内部事务之人，而被剥夺了男性功能可说正是这个原因。但明代的许多宦官踏出了宫廷的范围，为了监视地方官和调度皇室需用的物资等事务常驻地方，充当了皇帝的手足和耳目。宦官得以在宫廷之外活动的这种制度，也可以说是源自永乐帝时代。

明朝的朝贡世界

明代的朝贡关系和海禁

“朝贡”是帝政时代中国在对外关系领域中频繁使用的一个关键词语。今时今日，我们通常考虑的国际关系都是以主权国家的存在作为前提。换言之，不受他国干涉，对本国的国内事务拥有自主决断的最高权力的独立国家，纵然存在着大小、强弱之分，但在形式上是以对等的立场进行外交（乃至战争），这便是所谓的近代国际关系模式。与此相对，在古代中国的传统国际秩序观当中并不存在国家之间对等的关系，以“中华”和“夷狄”的上下关系为基轴构想而来是其一大特征。作为文化中心的“中华”对待文化水平较低的“夷狄”，即便谈不上直接控制，也可以认为维持着一种潜在的上下关系。周边诸国定期向中国派遣使者呈献贡品的这一所谓“朝贡”礼仪，是支撑中国传统国际秩序观的要素。

自汉代开始的朝贡关系，到了唐代随着东亚国际秩序的制度化整备而迎来了成熟期。在此之后的宋、元两代，相较于朝贡关系，反而是民间商业基础贸易的繁盛时期。针对此状况，明朝到 16 世纪后半叶为止，禁止民间海外贸易，采取朝贡贸易一元化的方式，执行严格的对外贸易管理政策。

明朝自洪武帝时期开始便执行禁止民间对外贸易的政策。就海外贸易而言，这就是所谓的"海禁"。"海禁"最初的目的是抑制张士诚、方国珍等的元末动乱集团残党，并不是必须禁止小规模的沿海贸易。但明代中期以后，"寸板不许下海"的严格出海禁令在不知不觉间已成为明朝的国是，原则上不允许民间商人从事海上活动。像郑和的大航海那样的海外发展昌盛局面，乍看是显示了民间贸易的繁荣，然而永乐帝时代同样奉行"海禁"政策，倒不如说劝诱外国前来朝贡的大远征和禁止民间贸易是明朝互为表里的施政策略。

洪武帝以来，特别得益于永乐帝热衷推行的朝贡贸易振兴政策，向明朝朝贡的国家大为增加。9 世纪末遣唐使废止以来长期中断的日本朝贡贸易也在此时重启。洪武帝在即位不久后就向日本派遣使节劝其朝贡，但当时的日本正逢南北朝动乱时期，明朝难以判断究竟谁才是日本之王，加上还有倭寇活动和胡惟庸疑似勾结日本之事，两国关系一直未能安定。1392年，随着南北朝合而为一，日本的政治趋于安定化，加上永乐帝积极推行朝贡诱导政策的影响，1404 年，足利义满从永乐帝那里取得勘合（贸易许可证），两国终于结成了朝贡关系。在此后的近一百五十年时间里，遣明船一直担负着中日贸易的重任。此外，足利义满还接受永乐帝的册封，取得"日本国王"的称号。考虑到遣隋使、遣唐使时期中日之间只有朝贡之实，并无册封之举，这次册封关系的达成，可以说是"倭五王"以来的首次，标志着中日关系史又进入了一个特殊的时期。

琉球与马六甲

15 世纪至 16 世纪初的一百又数十年间，是与明朝海禁政策互为表里的朝贡贸易的稳定期。这一时期作为东亚和东南亚之间贸易节点而繁荣的地域，东有琉球，西有马六甲。令人意外的是，琉球和马六甲两地尽管在 15 世纪初期就已经形成了各自的政治结构，享受了一百多年的商业繁荣，却在 16 世纪中叶以来民间贸易的蓬勃发展中逐渐失去了优势地位。

洪武帝即位不久，于 1372 年向琉球派遣使节，同年中山王察度向明朝朝贡。当时琉球形成了中山、山南、山北三股势力，它们各自向明朝朝贡。15 世纪初，尚巴志夺取了中山王位，随后又将山南、山北纳入支配之下，实现了三山的统一。

琉球向明朝进贡，合计达 171 次。这一数字远远超越了安南（Vietnam）的 89 次，稳居向明朝进贡排行榜的第一位。顺便一提，日本的进贡为 19 次，马六甲的进贡为 23 次。琉球遵循两年一贡的规定，每次都派遣两至四艘进贡船由福州入港，再经陆路前往都城。除了两年一回的进贡，每逢皇帝即位等事件发生，琉球都会临时入贡，因此琉球可谓是连年派遣进贡船。在琉球，被统称为"闽人三十六姓"的福建移民承担了与中国交流的事务。此外，14 世纪末以后，琉球还向明朝的国子监（相当于国立大学）派遣留学生，这一活动在整个明清时代持续了下来。

　　频繁的入贡使琉球获得了大量中国产品，这些产品当然并不是仅仅在琉球内部消费。倒不如说，琉球充分利用了连接东海和南海的地理位置，使自身成为连接中国和东南亚、日本、朝鲜的贸易节点。琉球向中国输入的贡品当中也包含胡椒、苏木等东南亚产品，琉球与暹罗、安南、爪哇、旧港、马六甲、苏门答腊等东南亚地区保持着繁荣的贸易往来，琉球的外交文书集《历代宝案》对此有翔实的记载。在中国商人海外活动受阻的时代，入手了大量中国商品的琉球商人占据了东亚、东南亚海域主角的地位。

　　如果说琉球是这个时代连接东亚和东南亚海域东侧的节点，那么连接这片海域西方的印度洋和南海的节点就是马六甲。马六甲王国的始祖本是旧港人，在 14 世纪末遭到爪哇和暹罗的排斥而逃亡至马来半岛南部并在此地建国。马六甲建国不久，就迎来了郑和大船队。新兴的马六甲王国向郑和寻求保护，郑和着眼于马六甲的将来，于是给予对方承诺。明朝和马六甲结成册封关系并将其纳入自己的保护之下，同时告诫暹罗的大城王朝不得侵略马六甲。郑和在马六甲设立了远征据点，自第三回航海远征起，便将此地作为必经的中转地。

　　在明朝的保护下，马六甲作为贸易据点急速成长起来。在此之前，中国的船只要一直行驶至印度的沿岸，伊斯兰商人的船只也要一路航行到中国、东南亚地区，各种直接前往目的地的航海活动随着马六甲的兴隆成为历史，马六甲以东和以西地方的船只汇集到马六甲进行商品交换的贸易形式兴盛起来。

　　在马六甲，琉球人也是引人注意的对象。葡萄牙人托梅·佩雷斯（Tomé Pires）于 16 世纪初时，在书中记录了以下有关马六甲琉球人的情况：

> 正如我们诸国谈论米兰那样，中国人和其他所有国家的人都谈论琉球人。他们为人正直，不贩卖奴隶，即便用全世界来交换也不肯出卖自己的同胞，他们宁死也不肯。……他们的肤色白皙，穿着比中国人更优良的服饰，气度不凡。……琉球人自由地贩卖自己的商品，在收取货款时，假如有人欺骗他，他便会用手中的剑来取回货款……（《东方诸国记》）

不过，自 1511 年葡萄牙人占领了马六甲以后，琉球的船只便不再驶往马六甲。即便经历了葡萄牙人的占领，以及 1641 年荷兰人的占领，马六甲直至 19 世纪前半叶新加坡建设为止，也一直持续着繁荣。另一方面，琉球在经历了 1609 年萨摩入侵事件之后，作为日本和中国的两属国家也仍然维持了其东亚贸易据点的地位。但是，琉球和马六甲最为繁荣的阶段应当还是明朝奉行海禁，两国得以享受特权地位的 15 世纪至 16 世纪初期。

处于守势的明王朝

土木之变

永乐帝的对外扩张政策随着其后继者洪熙帝的即位而出

现反转，在接下来的宣德帝时期一部分扩张政策又得以恢复。然而，政策的振幅终将会收束，扩张政策的终结明确定格在1449年，是年明朝皇帝本人在对瓦剌的战争中兵败被俘，这一突如其来的巨大变故被称为"土木之变"。在详细介绍这一事件之前，我们先来了解下当时蒙古高原方面的状况。

永乐帝死后，明朝的干预逐渐削弱，蒙古高原进入了多方势力相互抗衡的时代，其中以统一蒙古高原为目标不断扩张势力的是瓦剌的脱欢和他的儿子也先。也先为了巩固经济基础，对和明朝展开朝贡贸易有着异常高的热忱。前面章节叙述的中心是东南方面的海上朝贡贸易，事实上明朝与蒙古、女真等北方诸民族之间也在进行着朝贡贸易。北方民族在与明朝的朝贡贸易中取得的物品是如何被用在游牧民简朴生活中的呢？虽说豪华的绸缎服饰等可以成为王公贵族自身权威的象征，但也先所求的，毋宁说是能够在西域商路上流通贸易的商品。也先确保了对天山山脉东端的商业要地——绿洲城市哈密的控制权，通过与畏兀儿商人的合作，从东西贸易中获取利益。

也先的西方贸易对象是帖木儿帝国。帖木儿是与朱元璋大致处于同一时代的英杰人物，他以撒马尔罕为都城，将察合台汗国、伊尔汗国、金帐汗国置于自己的统治之下，在蒙古帝国的西半部领土上构筑了一个大帝国。如果说蒙古帝国东方领土的继承者是明王朝，那么其西方领土的继承者便是帖木儿帝国，两者之间尚且留有一定的间隙。据说帖木儿曾计划远征明朝，但是这个计划随着他在1405年去世最终不了了之。也先所盘踞的北方地区恰好处在明王朝和帖木儿帝国的间隙位置。15世纪前半叶，继承帖木儿之位的沙哈鲁的统治时代正是帖木儿帝国的全盛期，不难想象，也先利用和明朝之间的朝贡贸易所取得的商品，在帖木儿帝国获取了巨大的利益。

也先向明朝派遣的朝贡使节人数急速增加，从最初决定的五十人扩大到一千人以上。向所有的使节团人员提供恩赏势必给明朝造成巨额的财政负担，因此明朝拒绝了对方的要求，对使节加以限制。结果，贸易上的冲突演变成了瓦剌军队于1449年向明朝发动大举进攻。面对瓦剌军队的入侵，当时掌握着实权的宦官王振不顾百官群臣的反对，怂恿正统帝率领明军迎击。然而在也先的精锐军队面前，准备不足的明军束手无策以致一败涂地，最终明朝皇帝在北京以北约一百千米处的土木堡被瓦剌人俘虏。史称这一事件为"土木之变"。

面对突如其来的变故，北京的百官群臣陷入了极大的恐慌之中。兵部左侍郎于谦主持北京城的防务，正统帝之弟被拥立为君（景泰帝），以克服当下的危机。也先原本是为了朝贡贸易，并没有推翻明朝统治中国全境的野心，更希望避免由战争造成的经济破坏。因此，也先对待被俘虏的皇帝礼遇有加，要求恢复两国间和平的交往，并在一年后将皇帝释放。

万里长城和九边重镇

回到明朝的正统帝，在1457年爆发的政变中重登帝位（天顺帝）。受到土木之变的冲击，明朝对蒙古政策转变为注重守备，并且在此后相当长的时间里都不曾出现变化。后来弘治帝重用的国防政策专家刘大夏，便是慎重派的代表人物。在听过宦官的进言之后有意对蒙古用兵的弘治帝曾问刘大夏："太宗频出塞，今何不可？"刘大夏答道："陛下神武固不后太宗，而将领士马远不逮……度今上策惟守耳。"（《明史·刘大夏传》）

再看土木之变以后的北方情势，也先击败了一直以来与自己合作的鞑靼部首领脱脱不花，自称"大元天圣可汗"，成为北方世界名副其实的统治者。

原本"大汗"的地位是由成吉思汗的子孙，即"黄金家族"的内部成员继承，这早已经是北方民族的原则，不属于"黄金家族"的瓦剌没有资格得到这一地位，而也先却打破了这一"铁律"，为自己冠上了"大汗"的称号。不过，其强盛转瞬即逝，也先被部下杀害，北方世界再度进入了分裂的时代。鞑靼和瓦剌诸集团在激烈争斗过程中，进入了明朝的边境地区，占据了一直由明朝控制的河套地区（黄河北部的几字大转弯一带）。

为了防止游牧民从河套地区进入内地，明朝在这一地区紧急新建了达一千两百千米的土垒长城。除此之外，明朝还将河套地区东部的长城加以修缮，完成了一道东起山海关、西至嘉峪关的连绵不断的长城。若将重叠的部分算在内，其长度近五千千米，故其"万里"（明代一里约为现在的六百米）的称呼也是毫不夸张。现在长城遗留的城墙几乎全部为明代修筑。清代的支配区域包含了长城以北的广大范围，遂使长城完全全成了无用的长物。

修缮长城的同时，明朝在北方设立了九处军管区（九镇）。这些位于北方的军管区各自设置有总兵官，平常有数万人的军队屯驻，明朝为此投放了大量的军需物资。虽说在地理上位于中国的边境，但是明末时这些地区爆发激烈的动荡，将当地从历史的边缘转换成世间关注的焦点。

明代中期的国家与社会

成化、弘治的盛世

土木之变中曾被也先俘虏的正统帝，后来通过政变重登帝位，这位经历了数次不幸的皇帝最终在 1464 年死去。此后继位的成化帝（1464—1487 年在位）、弘治帝（1487—1505 年在位）两位皇帝的时代，在明末之人回忆时常被誉为"盛世"。不过，这一时代为何被认为是盛世呢？当时并没有什么特别值得关注的事件发生。从对外关系来看，如前文所述，15 世纪后半叶是明朝始终奉行防御策略的时期。但是防御策略十分成功，到长城建设以后的 16 世纪初为止，蒙古的攻势虽然不曾终止，明王朝却再也没有直接面临如国家危机般的重大事态。

从皇帝个人的资质来看，成化帝、弘治帝两位皇帝并不具备卓越的领导才能。应该说，这是两位很不起眼的皇帝，即使在明清史研究者当中恐怕也很少有人能够在脑海中清晰地描绘出这两位皇帝的性格特征吧！成化帝的性格宽容柔和，但是另一方面却有点优柔寡断。他对待政务并不热心，也很少接见百官臣僚。

　　成化帝之子弘治帝的母亲是成化年间广西民变平息后被俘获至北京的纪姓土司的女儿。由于惧怕遭到当时执掌宫廷大权的万贵妃嫉妒，弘治帝的母亲只得偷偷产下婴儿，成化帝一直不知道有皇子诞生。自从万贵妃所产之子夭折以后，成化帝便一直没有获得子嗣（据说是万贵妃强迫其他妃子流产或将其子谋害）。作为成化帝唯一的儿子，弘治帝在六岁时才充满戏剧性地与父亲相见，于是被册立为皇太子。弘治帝的性格同样是温和仁厚，后世的评价是他缺乏些许刚毅的气息。然而，弘治帝却能够听取臣下的意见，对待臣下的过失也十分宽容。

　　从经济层面来看，成化、弘治时期几乎没有显著的产业发展，但是与其前后时期相比，确实能看到民众的生活稳定且日趋富裕。明初的严格政策和之后的对外征战时代终结以后，财政方面的紧张态势得到缓解。16世纪中叶以后对外局势的紧张升级导致税负增加的情况，在这一时期尚不存在。1487年，丘濬的《大学衍义补》完成，这是一部借解说儒教经典《大学》的形式论述明初以来政治利弊得失的帝王学著作，该书中提道："今承平日久，生齿日繁，天下田价比诸国初加数十倍。"

　　从这一时期开始，地方志文献中屡屡出现披露风俗奢靡、学问普及等情况的记录。自洪武帝即位以来已过去了一百多年的时间，终于迎来了民力恢复的时期。前文中曾经提到的刘大夏被弘治帝问道："天下何时太平？朕几时做得如古之帝王？"刘大夏如是答道："求治不宜太急……自然顺理，便是太平。"（李廷机《皇明名臣言行录》）这一时期的"盛世"，也许可以说正是这两位资质平凡的皇帝才能实现的"安然无事"的太平局面。

皇帝与中央官制

明朝的统治体制在这一时期固定了下来，接下来本文将对当时的行政制度进行简单说明。由于明朝的制度大体上被清代沿袭，我们会结合两代的情况加以阐述。

通常人们指出的明代官制特色是皇帝独裁体制的强化。确实，从中央官制结构图来看，唐代存在的三省（即中书省、门下省、尚书省）都被废止，皇帝与六部直接对接。胡惟庸案以前，六部由中书省统辖，行政上的诸多问题均由中书省的最高负责人——丞相传达给皇帝。元代丞相权力极其强大，皇帝多数是在丞相的拥立下即位。洪武帝为了扫除这一弊害，借胡惟庸案的机会废除了中书省和丞相，改由皇帝直接受理六部的报告，亲自处理各种要务。

除了六部，中央政府还设立了诸多掌管监察、军务等的官衙，这些官衙全部直属于皇帝。不过，仅靠皇帝一人不可能处理如此庞杂的业务。因此永乐帝时期设置了内阁，由数名内阁大学士担任皇帝的顾问并参与重要的政务讨论。内阁作为皇帝亲信发挥了重要作用，却与其他行政官厅不存在统属关系，始终是皇帝的顾问机关。起初，内阁成员的官品较低，后来地位逐渐上升，首席大学士甚至被称为"宰相"。

清代中期，雍正帝在位时又添设军机处作为咨询机关（1729年）。军机处是为了弥补内阁制度按部就班的缺陷而设立的反应更为灵敏、组织更为严密的机关。当初设立军机处只是战时的临时性措施，然而军机处的存在却一直延续到了清末时期。

地方行政制度

以明初的空印案为契机，行中书省遭到裁撤，改为各省设立都指挥使司、承宣布政使司和提刑按察使司。清代不设置都指挥使司，而是在布政使司、按察使司之外，基本上在每省设置巡抚一名，每两省设置总督一名。总督和巡抚在明代时均是都察院为监察地方而派遣的官僚，最初只是临时性派遣，后来逐渐形成定制。到了清代，总督和巡抚成为地方官制中的最高级官僚。"省"的数量也出现了若干变化。明代设置十三个省，此外北京和南京的周边不设置省，而是作为直辖地，分别被称为北直隶和南直隶。清代除去藩部和东北地区等特别行政区域，中央政府直接控制的是十八个省（包含直隶在内）。各个省内分设数个府，各个府又统辖若干个县。地方行政机构的最末端便是"县"（州、厅属同级）。县的数量并不一定，明代初期大约有一千两百个县，清代后期达到一千六百个县。明初，洪武帝进行第一次人口调查时，全国人口约六千万，清代后期则有三亿以上，一县所拥有的人口数量在五万至二十万人之间。

各县设有知县（相当于现在的县长），负责处理全部行政

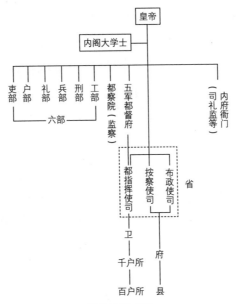

明代行政机构

　　大体上看，明代官制一般分为行政关系、军政关系、宦官司掌的诸机关三个部分。中央政府的行政实务中心，是由吏部（官僚人事）、户部（财政）、礼部（礼仪科举）、兵部（军事）、刑部（司法）、工部（土木事业）组成的六部，此外还有作为监察机关的都察院，作为司法机关的大理寺，管理公文书的通政使司，监察、弹劾官员的六科，等等。军政事务最高机关为五军都督府，下辖各省都指挥使司以及卫（编制为五千六百人）、千户所（一千二百人）、百户所（一百一十二人）等地方军事机关。以司礼监为首的宦官二十四衙门负责管理皇城内的事务

事务。由中央政府任命的正式官员只有知县和若干辅佐官员。中国自隋代就施行名为"回避制"的制度，原则上禁止本地出身者担任本地的地方官，绝大部分的地方官都要前往自己陌生的地方赴任。在广大的中国，方言之间存在着巨大的差异，有时会出现赴任官员完全听不懂当地人言语的情况。

　　知县属下实际负责处理事务的是被称为"胥吏"的事务

员。胥吏大部分使用当地出身之人，任期和人数并没有严格的限制，也有因为亲戚朋友的关系而长年居于官衙，将职务据为私有之人。为何胥吏的职务会成为众人追捧的对象？因为这是一种相当牟利的职务。胥吏没有正式的薪俸，在负责官司、纳税和其他官衙事务之际，收取百姓支付的手续费。在官司落败或未能足额缴清税金而受到惩罚时，为了让胥吏手下留情，庶民百姓不得不边哭边向他们支付法外的手续金或贿赂。胥吏工作的一面是公务，他们正是倚仗着官衙的权威，才能够威胁庶民百姓，牟取金钱，而其另一面则是私人事业。在古代中国秩序井然的地方制度的末端，是一个"公务"与"私业"混淆的暧昧领域，有很多人赖此为业。

知县被称为"父母官"，被要求如同父母般全方位关心、照料百姓生活。皇帝同样被称为百姓的父母，知县可以说是作为皇帝的分身直接面对子民的。因此，知县的职务就是要像对待亲子一般，在所有领域照顾百姓，综合处理事务。

但是地方行政事务中的两大支柱，是征税和审判。明初设立里甲制和里老人制就是为了将征税和审判一类的末端事务交由民间处理。洪武帝充分认识到元代胥吏的弊害，因而想要尽可能地削减胥吏从中间环节榨取利益的机会。实际上，在明代中期以前，前往县衙门面见地方官的机会并不很多。明末之人在回顾明代前期时往往会用"有白首不见官长，安于畎亩，不至城中者"（顾炎武《日知录》）等语句来形容当时的情况。

明代中期以后，里甲制走向崩溃，纳税和徭役使百姓前往衙门的机会日渐增加，另外纠纷发生之际直接前赴衙门诉讼的人数也大为增加。诉讼每十天（一旬）受理两回，受理日期分别为第三天和第八天（逢三日、逢八日），而在清代，每次受理一百至两百张诉讼状的情况已是屡见不鲜。从当时民间流传的"八字衙门向南开，有理无钱莫进来"谚语来判断，世人对审判的公正性仍然存有疑虑。即便如此，还是会有许许多多的庶民百姓提出控诉，请求审判。

　　按照原则，审判须要由知县亲临县衙大堂在众目睽睽下进行，然而受理全部的诉状无论如何是不可能的。大体上，知县会指称事实模糊不清，或者以"一切小事，不许辄便告官"（朱元璋《教民榜文》）为由叱责诉讼者，然后将诉状驳回。

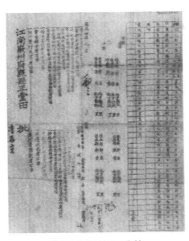

清代中期的诉讼状

　　清代中期以后的诉讼状如图中所示，写在这样带格子的纸上。这份诉讼状内容并不是告发犯罪，而是"弟娶亲殴（欧）氏，悍泼异常，不守妇道，姑老莫制。……动则持刀做命，悬梁自缢，撒泼多端，一室不安，将来必有不测。……迫叩宪天，俯怜下情，恩准存案，以防不侧（测）"。（节选自《徽州千年契约文书》，原文状为"雍正四年黟县胡可佳状纸"）

提出诉讼的一方为了引起知县的注意往往在诉讼状中夸大其词。"无谎不成状"的谚语正是形容当时的这类情况。

地方官需要处理大量虚实参半的诉讼案件,唯有揭露真正的恶人,秉公断案且令当事者心服口服,让旁观者钦佩,方才被称赞为优秀地方官。不仅要前往陌生之地赴任,还要警惕那些动辄相互勾结且行为不端的胥吏,又要一边统管十余万人的征税和审判工作,一边承受当地人的谣言和非议,如此看来,"父母官"是一种相当艰难的职业。

科举和绅士

当时包含知县在内的大半官僚都是通过科举录用的。众所周知,始于隋代的科举,到宋代已经成为录用官吏的主要途径,元代虽一度中断,但是直到清末的 1905 年,科举才被废止。鉴于明代和清代的科举制度基本相同,本小节将一并加以概括说明。

科举制度的最大特色在于它的开放性。除了奴仆、戏子等"贱民"以及有前科之人,科举考试的资格几乎向全部男性开放。当然,这样的机会并非意味着实质的"平等"。事实上,真正长期为应对考试而埋首学习的只有富家子弟,或是虽然出身贫寒但执着于科举考试的知识分子家庭。当时不存在由国家管理的义务教育。学习只能依靠亲人以及本人的自觉意识和自我努力,科举只是检验学习成果。正是这种极为放任的教育制度,使家庭环境的差异成为难以逾越的鸿沟。对于那些家徒四壁、夜以继日为家中劳作的贫民之子而言,科举是与他们毫不相干的话题。

以科举考试为目标的儿童，从五六岁时便开始在教师的指导下阅读、背诵经典，学习句子对仗的方法，继而学习对经典的解释和被称为"八股文"的科举应用文体写作方式。在所谓的经典当中，首先必修的是"四书"，即《大学》《中庸》（以上两篇均出自《礼记》）《论语》《孟子》，教科书则是普遍使用朱子注释本。在这之后要学习"五经"，科举考试的内容会从《易经》《书经》《诗经》《礼经》《春秋》这五部经典中选择。

所谓的"八股文"，是指从明朝开始在科举考试中使用的一种特殊的文章格式，其篇幅一般在四百至五百字。因为文章中必须要包含四个对仗句式（每一对分为二股），所以称为"八股文"。对仗句式不是简单的文字数量上的一致，而是必须多行长句前后相互照应，要有严密工整的句式对应技巧。

出题的方法，以必修的"四书"题为例，是从"四书"当中抽取一部分内容出题，应试者必须将这一部分内容的主旨（这就意味着要将"四书"的内容完全背诵下来，这样才能根据题目出示的片段了解原文章整体内容），用作者（如《论语》的作者孔子）的语气加以陈述。换言之，这就是在考察应试者对圣人意图的领会达到了何种程度。说到科举考试的学习，人们也许很容易理解成简单的背诵，但背诵只是前提，基本形式是这样的"小论文"。而儒教经典以外还有属于"策"的部分，或是要应试者陈述对古今政治的见解，或是出一些明代的天文等自然科学领域的问题，等等。不过，总体来说，以儒教经典为中心的考试方针不曾出现变化。

应试者最先要面对的是在州、县、府的学校举办的被称为"童试"的考试，考试合格便可以取得"生员"（雅称"秀才"）的资格。应试者在成为"生员"以后，才可以参加为录用官吏而举行的科举。由此可见，童试并不属于科举。虽然各个县设立有县学，县学对参加科举考试的生员进行监督，但与我们理解的学校不同，县学不会每日教授学业，生员基本上要在家中学习。科举大致分三个阶段，生员在省城取得"乡试"合格后成为"举人"，然后前往首都参加礼部举办的"会试"，以及由皇帝亲自担任考官的"殿试"，最终的合格者被称为"进士"。上述取得的资格都是终身持有，例如应试者成为举人之后，即使会试落榜，也无须从最初的考试重新接受考核，可以无数次挑战会试。

据说明末阶段全国生员数量达到五十万人，相对于此，三年举办一次的科举考试中，乡试合格人数规定为一千两百人，会试、殿试合格人数为三百人。显然，科举考试无异于在细微的夹缝中争求一丝机会。顺便一提，科举也包含着录用武官的"武科"，但是就社会评价和关注度而言，武科远远比不上文科。

从前文叙述的科举考试内容中我们可以了解到，科举考试并不涉及对详细的法律知识和赋税计算等实务性能力的考察。这样的实务均属于胥吏和幕友（地方官私设的秘书）的工作范畴。古代中国的官僚被要求具备审视大局、可以应对多样性状况并施行适宜统治的真正的道德能力。以前文述及的地方官主持审判一事为例，地方官需要具备的资质，并不是依照正确的法律规定下达适当裁决的审判能力，而是使恶者恐惧忏悔、众人心悦诚服的完美人格式的高尚道德情操。在"官僚"的问题上，今日观点与当时观点的巨大差异即在于此。

在现代的官僚制度下，人们之所以必须遵从官僚（公务员）的指示，并不是因为这些官僚比普通人伟大，而是因为现代官僚是在依照法律和行政规定执行公务。现代人遵从的并不是官僚个人，而是官僚所执行的法规。

与此相对，当时（明清时期）的中国人服从于官僚，是因为官僚作为"人"较之庶民更加伟大——这样的道德能力已经通过科举考试予以认定。正是具有这样的能力，为官者才能立于庶民之上。一旦通过了科举考试，为官者较之一般庶民所具备的道德优越性便得到了认可。这种优越性将伴随他的一生，即便他实际上没有做官，或是卸下官职隐退，也不会离他而去。在明清时代的中国，拥有做官经验之人和保有科举资格之人常被称作"绅士"或"乡绅"。这类人是地方社会的实力派，他们屡屡发展成为与地方官平起平坐的势力。尽管不是现任官僚，却拥有这样的势力，这是因为通过科举考试便是对他们自身"伟大"的证明。正因如此，现任官僚和卸任后的绅士都被赋予了免除徭役等特权，在社交礼仪中身份地位也要比一般庶民高出一段。

当然，八股文是否真的有检测出完美人格的能力，对此也存在着一定的异议。当时出现的批判声音也并不稀有。在一个擅长作文技艺的小人物们为求发迹而钻营忙碌的世界里，以冷眼看待官场者亦有很多。但是，由具备真正的道德能力之人居于上位实施统治的这一坚定信念本身在中国的帝政时代是难以动摇的。而在以向万人开放的公平方式谋求"真正的道德能力"时，即使已经意识到各种各样的缺陷，仍不得不采用的，便是以儒学（主题是人格陶冶）为中心的教养考试。

不想当皇帝的皇帝

在某种程度上看似已在成化、弘治治世时期稳定下来的明朝统治，进入 16 世纪后在新的国际形势下面临着极大的变动。在这一转换时期继承了皇帝宝座的是正德帝（1505—1521 年在位）。假如有"值得期待的皇帝像"，那么可以说正德帝大概是在实践中走上了与世人期待完全相反的道路。不过正德帝确实是明朝历代皇帝中令人印象最深的一位。

正德帝十五岁即位，在父丧未了期间，便与他还是皇太子时就担任他近侍的刘瑾等八名宦官（世人称之为"八虎"）一起，沉溺于狩猎、音乐等游戏。在反宦官派官员们弹劾刘瑾之际，刘瑾在正德帝面前一场哭诉便渡过了危机。此后，专权的刘瑾构陷反对派官员，将他们列入"奸党"的名单，着手进行打击报复。当时的受迫害者当中还有明末思潮的领袖王守仁（王阳明），在被左迁至贵州山区以后，王守仁的思想发生了极大的转变，关于这部分内容我们将在后文提及。

正德帝伙同以刘瑾等人为首的宦官、倡优，以及僧人、道士，前往西华门附近的别苑"豹房"居住，在那里过着放荡的生活。不久之后，刘瑾被以谋反的罪名逮捕并处决，但此事过后正德帝行事更加大胆，以致群臣胆战心寒。

起初，正德帝听任其宠信的武官江彬安排，微服出宫，在北京街市和城郊游玩嬉戏。后来江彬诱惑正德帝前往他的家乡宣府，言称："宣府乐工多美妇人，且可观边衅，瞬息驰千里，何郁郁居大内，为廷臣所制。"于是正德帝心驰神往，决定微服前往宣府，却在居庸关一度被臣下阻拦回京。然而仅仅数日后正德帝便成功"突破"居庸关，抵达宣府。在巡游途中，正德帝四处搜罗美女，纵情于酒色之中。

正德帝先后四次发动对蒙古的作战，虽然没有取得什么战果，但很是洋洋得意，乐在其中。在第四次对蒙古出兵之际，正德帝颁布命令："近年以来，虏酋犯顺，屡害地方，且承平日久，诚恐四方兵戎废弛，……今特命总督军务威武大将军总兵官朱寿统率六军，随布人马，或攻或守。"(《明实录·武宗实录》)并且勒令内阁起草敕书。所谓的"总督军务威武大将军总兵官朱寿"，其实正是皇帝本人。此后，正德帝又加封自己为镇国公，赏赐俸禄五千石。

从中我们可以看到，正德帝不以皇帝地位为尊，反而想要凭将军的身份大展身手，拼命获取赫赫战功，受到世人瞩目。正德帝出巡至太原历时达半年之久，这期间顶风冒雪、履艰涉险，随从人员亦有多人在途中病倒，而正德帝跨下乘马，腰别弓矢，丝毫没有显露出疲倦的神态。

正德帝在四度出巡归来之后，又计划前往南方游幸。为实现南巡，正德帝不惜将反对的大臣们投入监狱，廷杖击杀了十一名阻谏者。1519年，受封于江西南昌的宁王朱宸濠起兵，

正德帝

《明史》评价正德帝"天性聪明"。或许其人正是如此

正德帝敕令"总督军务威武大将军镇国公朱寿"（实际上就是他自己）出征平叛，打算一并实现南巡的夙愿。当正德帝率领军队从北京出发后，时任江西地方副都御史的王守仁已经俘虏了朱宸濠，但为了满足正德帝的自尊心，不得不在南京举办了再度捕拿朱宸濠的仪式。此次南巡的归途中，正德帝在大运河乘船时不慎跌落水中，随即染病，回到北京的"豹房"不久之后便去世了。正德帝在临终之际向他亲近的宦官说道："前事皆由朕误，非汝曹所能预也。"正德帝去世时年仅三十一岁，生前荒淫无度，没有留下子嗣。

第三章　两班的世纪——16世纪的朝鲜

柳希春和《眉岩日记》

《眉岩日记》

全罗南道的康津靠近朝鲜半岛最南端。1989年的夏天，笔者曾造访康津。因为朝鲜实学的集大成者，号"茶山"的丁若镛长达十八年的流配生涯便是在康津之地度过的。丁若镛居住的茶山草堂留存至今，在草堂不远处的岩石上由他亲手题刻的"丁石"二字依然清晰可辨。眺望着草堂前方广袤的南海，笔者不禁浮想到茶山流配生活的情景。

从康津翻过一座山便是海南。第二天，笔者拜访了世代居住在海南莲洞的海南尹氏的宗家，并参观了尹氏家族的宝物馆。宝物馆中展示着海南尹氏家族传承的庞大古文书的一部分。海南尹氏是与本章的主人公柳希春有着深切渊源的家族。

　　1936 年至 1938 年间，朝鲜总督府内部设立的朝鲜史编修会刊行了《眉岩日记草》（以下略称《眉岩日记》）一书。该书作者柳希春，1513 年出生于海南，1577 年去世。《眉岩日记》是柳希春从在其流刑之地忠清南道恩津的 1567 年（旧历十月）开始，直至他去世前夕为止的十一年间所撰写的日记。《眉岩日记》由柳希春的宗家收藏，朝鲜史编修会将之列入朝鲜史料丛刊刊行。全书共分五册，是一部光是正文便超 2100 页的巨著。从第三册开始，书册夹带的纸片上印刷着"依照昭和十二年（1937 年）一月四日施行的《朝鲜产金令》，本书不在书籍顶端使用烫金"这样的字样，反映出了刊行之际的时局。《眉岩日记》是现存为数不多的生动地反映了 16 世纪朝鲜社会状况的史料，具有极其珍贵的价值。本章将主要依据这部日记，以担任过政府高官的柳希春为中心，透过各种视角对当时的社会状况加以观察和分析。

　　16 世纪即使在李朝长达五百年的历史当中，也是一个有着格外重要意义的世纪。李朝的国家体制通常又被称作"两班官僚制"，两班官僚制制度化的时间正是在 16 世纪。16 世纪，也是支撑着这一体制，素有"两班"之称的朝鲜独特的统治精英阶层的形成时期。应当说，16 世纪是鸟瞰李朝五百年历史的节点。

柳希春的生涯

　　柳希春是父亲柳桂邻和母亲崔氏的第二个儿子。其父柳桂邻本贯（原籍，祖先出生地）为庆尚北道的善山，即善山柳氏，出身于全罗南道的顺天，居住在妻子娘家所在地海南。柳桂邻终身无缘为官，但是根据柳希春自身的说法，其父记忆力超群，凡经史文章仅需暗诵一遍，便能终身不忘。柳氏家系中，柳希春的曾祖父柳阳秀曾在科举预备考试的进士试中取得合格成绩，但其家族却世代无人出仕为官。

相对于默默无闻的柳氏本族，柳希春的外祖父却是著名的崔溥。崔溥于1482年文科及第。1488年，崔溥在从任职地济州岛返回的途中遭遇风暴，漂流至中国的浙江省，曾一度被当地人怀疑是倭寇，险遭杀害，但最终平安归国。《漂海录》即是崔溥记录下的当时的状况，该书在崔溥死后经柳希春的努力得以刊行。

柳希春有兄长一人、姐妹三人。兄长柳成春较希春年长十八岁。柳成春于1514年文科及第，其才华颇受肯定，得以入选湖堂。所谓"湖堂"，是一种向那些将来可能有所作为之人提供无偿薪金令其专注于学问的体制。后来，柳希春本人也得以入选湖堂。然而，柳成春在1519年的己卯士祸（后述）之际遭到革职，此后便沉溺于诗赋饮酒，于二十八岁时英年早逝。从此，柳希春不得不担负起支撑家族的重任。

柳希春于1537年在科举预备考试的生员试中合格，又于次年文科及第，初次踏上了仕途。然而，围绕国王中宗的继承人问题，朝鲜中央政界爆发了乙巳士祸（1545年），柳希春也因受牵连而失势，被处以流放之刑。柳希春最初的流放地是济州岛，由于该地太过靠近他的故乡海南，故而被移往咸镜北道的钟城。在这个严寒之地，柳希春熬过了十九年的流配生活。

不论是茶山的十八年，还是希春的十九年，都是何等漫长的流配生活啊。不过，丁、柳二人在流配期间都能够专注于学问，这是他们身为知识分子有节操的证明。

等到流放柳希春的势力被驱逐出政界，柳希春于1567年移往忠清南道的恩津。现存的《眉岩日记》就是柳希春在流放恩津以后撰写而成的。1567年，宣祖即位，朝廷着手恢复乙巳士祸中罪人的名誉，柳希春终于得到昭雪。不仅如此，柳希春还得以回归中央政界，从弘文馆副提学（正三品堂上官）最终晋升至司宪府大司宪（从二品）的高位，如此完结了自己的一生。弘文馆是为国王设立的专司儒学教育的机构，其成员有着官僚的品阶，是一种很有荣誉感的职位。

柳希春博闻强识，这大概得益于父亲柳桂邻的遗传。柳希春生前的著作颇多，但除了日记和文集，仅有《国朝儒先录》《新增类合》等作品传世，可谓寥寥无几。柳希春与洪州宋氏出身的宋骏之女结婚，育有一子一女。柳希春的夫人也以文才著称，夫妻二人时常相互赋诗为乐。柳希春夫妇还对"象戏"（象棋）兴趣浓厚，或夫妻对弈，或与友人对局为乐，这自然也反映在了日记中。柳希春甚至将每一次对弈的胜负都悉心用笔记录了下来。

柳希春将公私事情一日不漏地记录在日记当中。作为16世纪的日记史料，其翔实之程度，在全世界也是屈指可数。为自己和亲友的升迁而喜悦，为彼此的不幸而慨叹，每日清晨询问夫人梦境的内容而引发的诸多感触，等等，全部可以是柳希春日记的素材。某一天，柳希春的鼻子下新长出了黑胡须，夫妇二人欣喜不已，这一刻的微笑便被保存在了日记当中。还有，柳希春每次收到珍贵赠品时，也会将情形翔实记录到日记中。柳希春纵使历经沉浮，最终还是得以位列高官，成为新晋的两班，他的那份纯真浪漫、质朴忠厚通过《眉岩日记》的文字传递给了今时今日的读者们。

丰富多彩的登场人物

《眉岩日记》中有数量庞大的人物登场。柳希春会将每日的访客，以及与人在官府和他人府邸的相会情况明确记录下来，这为考察当时的人际关系提供了不可多得的材料。日记当中出现的人物，大致可以划分为四类，其中出现最为频繁的自然是柳希春的亲族成员。柳希春的亲族谱系状况我们会在后面的章节中介绍。几乎每天都会有家族以外的亲族前来拜访柳希春。毕竟，柳希春是一族当中发迹最快之人。

朝鲜在区分亲族之间的亲疏远近时，有着类似于日本所谓"亲等"的说法，通常称之为"寸"。《眉岩日记》中甚至出现过"十一寸"亲族的记载。所谓"十一寸"，是指双方因五代或者六代的祖先而产生联系的亲族，连这种程度的亲族的身份都能鉴别。在日记中也可以看到一些谎称是柳希春的亲族，实欲行欺诈之事的骗子的身影。

继亲族成员之后，日记中出场的重要人物便是柳希春在政界的前辈、同辈和晚辈。与柳希春关系尤为密切的人都曾和他一样因为士祸的牵连而遭到流放，或是革职，又再度回归政界，东山再起。此类人以素有"朝鲜第一朱子学者"美誉的李溷为首，还包括宋纯、闵起文、金鸾祥等多位当时一流的政治家和学者。

柳希春入职弘文馆有很长一段时间，与馆中同僚也保持着很深的关系。弘文馆录用了众多知名学者，让我们来看一下与柳希春同期的弘文馆在职之人：与李滉并称为朝鲜朱子学双璧的李珥是柳希春的下属，后来在壬辰倭乱时担任宰相的著名

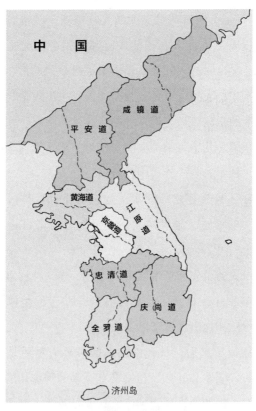

李朝八道图
（本图系原文插图）

人物柳成龙则是柳希春任职弘文馆时的晚辈。柳希春对李珥、柳成龙二人都曾给予过高度评价。

　　拜访柳希春的频繁程度仅次于亲族之人的是一些"猎官者"。他们企图通过接触柳希春为自己的出仕和晋升增加机会。怀有这种目的前来拜访的人物很多，其中柳希春出生地和居住地全罗道的地方官是柳希春家中的常客。这些猎官者绝少空手而来，他们带来的赠礼是柳希春一家维持生计的重要收入来源。

　　上述几类人以外，与柳希春交往密切之人也是形形色色。著名的"文科及第三兄弟"许篈、许篈、许筠，其中便有许篈、许篈二人对柳希春以师礼相待，频繁造访柳希春的府邸。关于幺弟许筠的情况，后文中将另有交代。在日本和中国均享有盛誉的朝鲜医学集大成之作《东医宝鉴》一书的著者许浚，也时常造访柳希春的住处，还会带来诸多药物。壬辰倭乱时期以"义兵将军"留名的金千镒，也曾是柳希春的座上客。仅仅根据《眉岩日记》里面的出场人物，我们就可以十分清晰地勾勒出一幅 16 世纪的朝鲜历史画卷。不，更确切地说，如果追踪到后辈子孙的时代，我们能够发现在 17 世纪重要事件中登场的人物很多时候也与柳希春存在着某种联系。究竟应当说柳希春人脉过于广阔，还是朝鲜的政界太过狭隘？这个问题需要我们另行判断。将《眉岩日记》作为本章叙述中心的理由，就在于此。

两班官僚制

宫崎市定的朝鲜科举论

凡是提到"科举"，很多（日本）人一定会联想到宫崎市定的著作《科举——中国的考试地狱》。该书主要针对清代科举实际情况进行介绍，并由此论及中国社会的诸多状况，是一部通俗易懂且十分优秀的关于中国传统社会的论著。将此书纳入名著行列是绝对地名副其实。

宫崎先生的"中国科举论"广为人知，但是他的"朝鲜科举论"却好像很少有人知道。这是一篇题为"关于宣祖时代的《科举恩荣宴图》"的小论。在这篇文章中，宫崎市定在解说京都阳明文库所藏的《科举恩荣宴图》的同时，用其渊博的学识将朝鲜的科举特征与中国的进行了比较。

宫崎先生介绍的这幅图，描绘的是宣祖十三年，即公元1580 年实施科举之际，宣祖亲自宴请合格者的情景。1580 年正是柳希春死后的第三年，在这幅图中登场的科举考官朴淳、姜士尚，也是《眉岩日记》中频繁登场的人物。柳希春本人也曾几次被选任为科举的考官，他自豪地将此事记录在了日记里。

此图描绘的十二位文科合格者中，有十一人居住在都城汉城。由此，宫崎市定主张：相较于中国，李朝的科举存在着很多的缺陷。宫崎又进一步介绍了以下的事实来补充强调自己的这一主张：相对于三年一度的正式科举文科（朝鲜称之为"式年文科"）须进行的三次考核，朝鲜会不时举行只考核一次或两次的临时文科；而且朝鲜并没有像中国那样为科举考试设立特别的考场，应试者可以带着数名"侍从"一齐参加考试。

宫崎市定着眼于这些地方确实十分敏锐。李朝时代科举存在种种漏洞，确实如他所说。然而，究竟是什么导致了李朝时代科举漏洞百出？李朝的科举制度到底发挥着怎样的作用？这些问题不得不另外再行讨论了。

李朝时代的科举制度

朝鲜自高丽时代的公元958年以来，就将科举作为官吏录用制度定期实施。不过，在高丽时代成为高级官吏途径的荫位制度，即录用高官子弟担任官吏的制度，在当时拥有巨大的意义，科举所占比重相对较低。朝鲜王朝的开创者李成桂在登基之年宣布要实施科举，第二年李朝便进行了第一次科举考试。从此以后，李朝的科举逐渐制度化，直到1894年废除科举为止，500年间李朝一直举办科举考试。科举分为三种类型：选拔文官的文科、选拔武官的武科，以及选拔专业技术人员的杂科。武科在高丽时代并不存在。三科之中尤以文科最受重视，这一点与中国的情况相同。

说到"文科"，除了三年一度的式年文科外，还存在各种各样名目的文科考试。每逢国王即位或者世嗣诞生等事件，都能以之为名目举办文科考试。式年文科的考试分为地方举办的乡试、都城举办的会试、国王亲临主持的殿试三个阶段。殿试合格者名额规定为33人。33名合格者按照成绩逐级排列：乙科3名，丙科7名，进士23名，乙科第一名称为"状元"。之所以没有设立甲科，是因为李朝初期存在对明朝的顾虑。从1467 年开始，合格者改分为甲、乙、丙三级，而进士的称号则用于接下来论及的文科预备考试。

与文科不同，文科预备阶段的考试实施的是名为"司马试"的制度。正规的司马试同样是三年一度，在地方进行第一次考试，在都城进行第二次考试，从而决定合格者。司马试有两种类型，分别为注重文学才华的进士试和考验经典理解能力的生员试，二者的定员人数都是 100 名。

哈佛大学的瓦格纳（Wagner）教授认为，李朝 500 年间文科合格者为 14592 名，而笔者的计算结果为 14333 名。柳成春、柳希春兄弟只是这 14000 余名合格者中的两人，然而他们两人肩负着围绕在他们周围的众多族人的希望。

与中国科举的比较

笔者在此有意效法宫崎市定，从稍稍不同的角度将中国和朝鲜的科举进行比较。李朝科举的最大特征，在于特定的少数家门占据了多数的科举合格者名额。这里提到的"家门"其实是一个暧昧、模糊的概念。我们首先来考察作为最大的亲族集团单位的同族集团。所谓"同族集团"，是指成员姓氏与本贯都相同的父系血缘集团。就柳希春的情况而言，柳希春所属的是以善山为本贯的柳氏家族，他即是善山柳氏同族集团的一员。

李朝时期，拥有 300 名以上文科合格者的同族集团共存在5 个。首先是具有王族身份的全州李氏，人数为 843 名，其后依次为安东权氏 354 名、坡平尹氏 330 名、南阳洪氏 317 名、安东金氏304名。这5个集团的合格者大致占据了全体文科合格者总人数的15%。

表2 李朝时代文科合格者统计

时期	第一期	第二期	第三期	第四期	第五期	全期
	1392—1494	1495—1567	1568—1674	1675—1800	1801—1894	1392—1894
合格者数	1470	1627	2966	4544	3726	14333
	安东权51 广州李26 晋州姜25 文化柳25 昌宁成25 全义李25 密阳朴24 光山金20 安东金19 全州崔19 庆州李19 南阳洪19 金海金19	全州李41 光山金39 安东权38 安东金28 坡平尹28 晋州姜27 庆州金26 顺兴安25 昌宁成24 骊兴闵23	全州李198 安东权77 坡平尹73 南阳洪66 清州韩66 安东金58 光山金50 晋州姜47 密阳朴47 全义李47	全州李352 坡平尹117 南阳洪115 安东权107 清州韩106 延安李98 密阳朴94 安东金89 青松沈81 潘南朴78	全州李247 安东金110 南阳洪97 坡平尹94 清州韩85 潘南朴85 丰壤赵84 安东权81 骊兴闵79 大丘徐76	全州李843 安东权354 坡平尹330 南阳洪317 安东金304 清州韩286 密阳朴250 光山金247 延安李238 骊兴闵228
前10名家门	259 （17.6%）	299 （18.4%）	729 （24.6%）	1237 （27.2%）	1038 （27.9%）	3397 （23.7%）
前30名家门	541 （36.8%）	630 （38.7%）	1384 （46.7%）	2373 （52.2%）	2071 （55.6%）	6629 （46.2%）
家门数	336	361	407	441	368	834
只有一人及第的家门	52	60	60	87	66	325
本贯不明	229	59	58	61	44	451

　　拥有 100 名以上合格者的同族集团范围则有所扩大，共计 38 个集团。这些集团的文科合格者合计 7502 名，超过了全体的半数。虽然尚不清楚李朝时代究竟存在着多少个同族集团，但是如果以现在的 3000 多为基准数字，那么就是不到 2% 的同族集团培养出了全部文科合格者半数以上的成员。如此惊人的垄断状态，与连培养出数十名文科合格者的宗族集团都很难见到的中国明清时代状况显然有着巨大的差异。

　　单纯地将朝鲜的同族集团和中国的宗族集团加以比较，恐怕是有问题的。虽然二者都是奉戴一个共同祖先的父系血缘集团，但组织原理却有着很大差异。因此我们在这里稍微将亲族集团的范围缩小一下。例如，即便以将李朝时期的某个人物作为祖先的仅由其男系子孙构成的集团（一般用"门中"称呼这类集团）为单位，已知的拥有 100 人以上文科合格者的集团也有 3 个。这 3 个集团的文科合格者情况是朴绍（潘南朴氏）的子孙 129 人、徐渻（大丘徐氏）的子孙 120 人、洪麟祥（丰山洪氏）的子孙 111 名。至于拥有数十名文科合格者的"门中"，虽然不能说很常见，但也并不是罕见的存在。倒不如说，这才是名门所应具有的资格。

　　从不限出身录用杰出人才这样的科举原初目的来讲，这样的事态很严重。在宫崎市定的眼中，这很荒唐。在探讨其原因之前，笔者要对朝鲜科举的特征再稍加介绍。

　　与李朝大致处于相同时期的中国明清时代，科举的殿试合格者在 51000 名以上。再看一下人口数量，李朝的人口数量从 400 万增加至 1200 万，而中国的人口数量从明初的 6000 万发展到清末的 3 亿，朝鲜的人口规模大约是中国的 1/20。所以以人口比率来看，朝鲜文科合格者大抵是中国的 5 倍之多。

中国的文科考试没有规定人数，一次文科考试的最终合格者大约为 300 人。从人口比率上看，大致是朝鲜的一半，这是朝鲜合格者数量变大的原因之一。然而，更根本原因却是朝鲜在正规的文科以外频繁举行临时科考。其结果，朝鲜的 14000 余名文科合格者中间正规的式年文科合格者的比例不超过四成。相对于朝鲜，中国的明清时代几乎没有举办过临时性文科考试。

如上，李朝的科举较之中国科举具有两点重要的特征：一是少数血缘集团垄断的状态，二是以人口比率来看李朝的文科合格者数量较多。事实上这两点特征是密切结合在一起的。与实施日程从最初就被严格规定的式年文科不同，临时实施的文科考试，从日程公布到举办考试，时间非常短暂。而且很多情况下，临时的文科考试不在地方举行初试，从最开始就在汉城举办，仅这一点就对地方的应试者极为不利。评分的情况也是如此，临时文科要在短时间内，通常是在考试当天决定考生是否合格，很是欠缺评分的严谨性。有势力的家族在临时文科考试当中无疑处于极为有利的地位。虽然同样采用了科举这种制度，但朝鲜与中国的科举方式却非常不同。

科举和两班

李朝时代的科举存在混乱的一面，但是若说其完全无法发挥出广纳人才的本来职能，也并非绝对如此。这一问题在过去的研究中几乎被忽略，因此我们打算在此重新唤起大家的注意。根据笔者的调查统计，朝鲜拥有文科合格者的同族集团达到834个，其中仅拥有一名文科合格者的同族集团有325个。再者，以15至16世纪为中心，文科合格者中间存在着许多本贯不详之人。我们可以推定这些本贯不详者自身所属的同族集团应该尚未形成。本贯不详者共计451名，他们在自己文科合格之后才开始形成自己的同族集团，换言之，这些人是新兴同族集团实质上的始祖。

这些数字从一侧面反映了出身无名家门的文科合格者不断出现的事实。即是说，虽然绝大多数文科合格者出自集团，但通过科举实现一如字面意义所示的立身发迹的途径，绝对没有被关闭，虽然其道路很狭窄。让我们再度将视线投向柳成春和柳希春兄弟身上。柳氏兄弟生活的家庭从其父亲的事迹来看，绝不是无名的家门。然而，若不是柳成春和柳希春兄弟二人科举合格，有此快事，恐怕也不会有名为善山柳氏的同族集团形成。所谓"同族集团"的组织，是指科举合格者为了夸示自己出身，将祖先中的某个特定人物当作始祖，并且在始祖以来的谱系中确定自己的位置，由此形成的集团。因此，柳成春和柳希春兄弟，特别是曾经担任弘文馆副提学这一光荣职位的柳希春，可以说是善山柳氏实质上的始祖。

柳希春兄弟这样的例子，在15至16世纪时并不罕见。很多富有才学的年轻人都会参加科举，尤其是挑战文科，通过考试合格而出人头地。而名为"两班"的李朝时代独特社会阶层正是在这个过程中产生的。即是说，"两班"是一个阶层概念，指祖先为科举合格者的父系血缘集团成员。而科举正是通往"两班"的跳板。

前文中曾经提及李朝时代科举的一大特征，便是李朝的科举处于极少数家门独占的状态，但实际上这种独占的状态也在随着时代的变化而变化。从表2"李朝时代文科合格者统计"的数据中可以看到，随着时代的推移，独占的情况愈加严重。16世纪以前，这种独占的状态并不明显，是科举依然发挥其本来作用的时期。《眉岩日记》的文章风格中流露出柳希春的那份质朴纯真，也正是当时两班具有的质朴纯真。

士林派政权成立的意义

柳希春的近亲中，因15世纪末到16世纪前半叶反复发生的所谓"士祸"而牺牲之人颇多。首先便是柳希春的兄长柳成春。柳成春在1519年的"己卯士祸"中遭到牵连，被革职停用，此后再也没能返回官场。柳希春的外祖父崔溥先是在1498年的"戊午士祸"时被夺职，后又在1504年的"甲子士祸"时被处以死刑。柳希春妻子（宋氏）的外祖父李仁亨，同其查顿（姻亲）金宗直，在戊午士祸之际，被人掘开坟墓，尸体被拖出斩首。真可谓惨不忍睹。

概说等类型的书籍中称，所谓"士祸"，是指针对进入中央政界有着"士林派"之称的新兴政治势力实施打压的事件。那么，什么是"士林派"呢？按照概说书上的说明，"士林派"是指批判当时把持中央政界的腐败勋旧派，主张实现儒教道德政治的地方出身的新兴势力。这些概说书中的说明尽管在某些细微的地方存在着问题，但大体上是正确的。不过，只有笔者一人还有弄不明白之处吗？士林派为什么能进入中央政界？他们又为何要特别倡导实现儒教的道德政治？与他们对立的勋旧派不也是朱子学的信奉者吗？种种问题着实难以消解。

对士林派出现的历史意义，有必要以较为广阔的视角来定位。在此笔者想将着眼点放在王权和臣权问题上。如前文所述，李朝自创建以来，王权和臣权，尤其是王权和宰相权的角逐在反复地进行。双方的早期角逐历史可以追溯到世祖时代，结局以王权取得优势地位暂且告一段落，但正是因为世祖的强势个性，才有可能如此。另一方面，旨在令宰相权取得优势的高阶官僚，虽拥有毫不逊色于王族的开国功臣家系，多数却已经趋于没落。士林派是旨在使反复动摇的王权和宰相权的关系更加稳定的政治集团。

士林派进入政界的舞台是素有"三司"之称的司宪府、司谏院和弘文馆。其中，司宪府、司谏院的官僚被称为"言官"，负责向国王提出谏言。虽然言官具有针对时政的自由发言权，但是其人事权仍然被国王和宰相操控，从而无法独立于王权和宰相权充分发挥作用。弘文馆地位的上升以及其独立人事权对于克服言官受到的制约有着重大意义。

弘文馆最初的任务是管理经书和史籍，以及回答国王的咨询。弘文馆作为咨询机关，最初仅限于回答与言官谏言有关的国王咨询，但到了成宗时代，弘文馆独立谏言的权限得到了认可。司宪府、司谏院没有提到的问题，弘文馆有权向国王提陈意见。另外，弘文馆从文科合格者中选取优秀人才，制作了名为"弘文录"的名册，依照此名册补充弘文馆馆员，其人事方面的独立性获得了认可。弘文馆的一系列变化，也支持和强化了司宪府、司谏院的言官活动，于是三司体制得以确立起来。

三司体制在成宗时代整理完备，这与成宗抑制宰相权的意图相关。成宗大肆起用新兴的两班充任三司的官员，借此来封锁把持着宰相权的功臣、势族的力量。因此，士林派得以在王权的庇护下不断地壮大势力。然而，这也恰恰成了士林派的弱点。也就是说，当士林派势力过于强大时，王权和宰相权就会联合起来抑制士林派。其具体的表现就是"士祸"。继成宗之后登基的燕山君是世代罕见的暴君，他将批评其暴政的三司视为眼中钉，于是引发了最初的士祸——戊午士祸。

郎官权限的提升对克服三司体制的弱点有着重要的意义。郎官是指六曹的正郎（正五品）、佐郎（正六品），他们本来的任务是接受上级的指示将政策具体化。然而，到了燕山君被流放以后中宗即位（中宗反正）的时代，郎官取得了参与政策立案的权限，而且自荐后任者的权限也得到了认可。郎官和三司之间频繁的人事交流往来，使宰相权明显趋于弱化。

士林派登场的背景正是以上政治运营层面的变化。所以我们可以像下面这样考虑士林派登场的历史意义：以王权和宰相权的对立为轴心的两极构造之下，一股名为"士林派"的政治势力加入其中，从而形成了更为稳定的政治构造。在这个过程中，臣权分裂成为宰相权和三司、郎官权，因而王权得到了相对的强化。

但是，王权的强化也面临很大的制约。士林派常常主张他们自己的意见就是公论。"士林"一词，本身就是知识分子集团的意思。因此，士林派的登场使政治参与阶层得到了极大的扩展，王权不得不受到来自公论的巨大制约。

亲族之"网"

环绕着柳希春的亲族群

科举应试之际，应试者务必要表明自己的"四祖"。所谓"四祖"，是指父亲、祖父、曾祖父和外祖父四人。由此可见，当时的社会在判断某人出身之际，对其四祖的情况十分重视。与父方和母方的亲族一并受到重视的，是配偶者的家族，即"姻族"。亲族和姻族之间有着极其严格的区别，但鉴于具体情况过于复杂，本稿将二者统一称为"亲族"。

从《眉岩日记》中的登场人物来判断，与柳希春有着重要关系且频繁交流的亲族有四个，分别是父系的亲族、妻子的亲族、外祖父崔溥的子孙和柳希春女婿尹宽中所属的海南尹氏一族。四个亲族集团的情况可以参照本小节的图。

图1所示为柳希春父系祖先和兄弟、子孙们的情况。位于柳希春之右的姐夫吴千龄，在1555年达梁浦（海南郡）遭到七十余艘日本船入侵之际战死。就像从1510年爆发的"三浦倭乱"中看到的那样，当时的朝鲜采取了抑制对日贸易的政策。因此倭寇（后期倭寇）活动猖獗，这次被称为"达梁倭变"的入侵也仅仅是其中一块碎片。堪称最大规模的倭寇活动莫过于后文中将要提到的丰臣秀吉入侵。在丰臣秀吉的

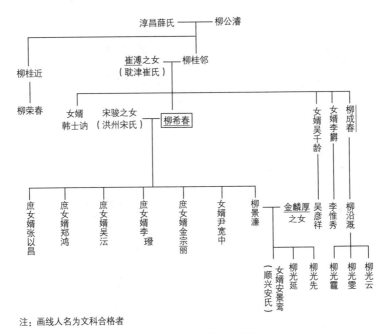

注：画线人名为文科合格者

图 1　柳希春父系系图

军队入侵之际，柳希春的亲族、同僚、后辈中间也出现了许多牺牲者。在这个意义上，可以说柳希春的人脉与日本有着不浅的因缘。

图 2 所示为柳希春妻族的关系网。就像看到的那样，这张关系图中囊括了许多文科合格之人，相较于柳希春的父系亲族要华丽很多。类似的现象不仅出现在柳希春身上，也同样出现在他父亲柳桂邻的身上。柳桂邻虽是无缘官位之人，可是妻子却是名人崔溥的女儿。默默无闻却拥有无限未来的青年和有势力家门的女子缔结婚姻，是当时向两班上升的典型模式。柳希春通过妻族，与士林派巨头金宗直也搭上了关系，这一点也颇

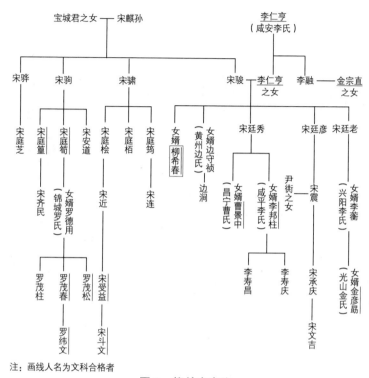

注：画线人名为文科合格者

图 2 柳希春妻族

有意思。

图 3 所示是柳希春的外系亲族，即母亲一方的亲族。外祖父崔溥没有儿子，二女婿罗晊出身于全罗南道罗州有势力的家门。罗氏一族在 17 世纪的党争中历经跌宕沉浮，对此笔者将会在后文提到。

图 4 所示是柳希春女婿尹宽中的海南尹氏一族。海南尹氏一族在尹孝贞的三个儿子文科合格以后，开始踏入两班的行列。四子尹复与柳希春同期文科合格，二人即所谓的"同年

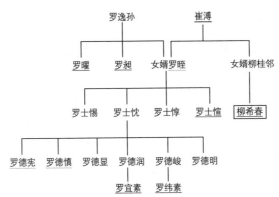

注：画直线人名为文科合格者，
画波浪线人名为武科合格者

图3 柳希春母亲一方的亲族成员

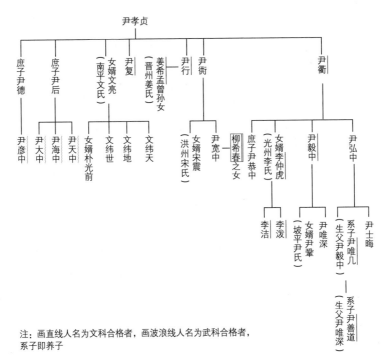

注：画直线人名为文科合格者，画波浪线人名为武科合格者，
系子即养子

图4 海南尹氏一族

榜"。此外，长子尹衢的次子尹毅中是柳希春在弘文馆时的下属。所以善山柳氏和海南尹氏之间的关系极深。尹孝贞的女婿文亮是于高丽末期从中国带回棉花的种子，在朝鲜最早进行棉花栽培的文益渐的后代子孙。

尹衢长子尹弘中的儿子尹士晗被发现与其父亲的姜室关系暧昧，因而被杖杀。事后，尹弘中过继了尹毅中的次子尹唯几作为自己的养子，而尹唯几的养子则是著名的17世纪文学家代表尹善道。柳希春本身喜好经学，在文学方面的才华并不突出，意外的是他的周围却有众多的著名文学家。柳希春的夫人首先就是一名杰出的文学家。与柳希春交情匪浅的宋纯则是16世纪文学家的代表人物之一。在18世纪创作的著名地理书籍《择里志》中，作者李重焕曾对全罗道之人做出如此评价："俗尚声色，富侈人多，儇薄倾巧。"我们暂且不论李重焕的评价对错与否，全罗道涌现出众多文学和绘画方面的名家代表是不争的事实。柳希春的人脉关系网络从一个侧面十分清晰地反映出上述的事实。

以上四幅关系图中登场的人物，全部可以被认为是广义上的柳希春的"亲族"，其阵容可谓十分华丽。最能证明这一点的，便是四幅图中所包含的二十九名文科合格者。出生于朝鲜半岛南端偏僻地域海南的柳希春，构筑了一张巨大的亲族网络，这一亲族之"网"的存在既是两班阶层兴旺发达的原因，同样也是其结果。

双系的亲族观念

在《眉岩日记》当中，柳希春曾指称《海东诸国纪》的作者申叔舟是自己的"族人"。申叔舟为何会成为柳希春的族人？笔者手中并没有掌握与此相关的史料。既然二人的姓氏相异，那么柳希春所谓的"族人"就应该是通过婚姻建立的联系。从这件事情也可以看出，柳希春时代的父系和母系是不存在区别的，都是符合同族观念的存在。这便是双系的亲族概念。双系的亲族概念既然对自己前代的成员适用，那么对后代的成员同样适用。用日式说法，即内孙和外孙皆是同族之人。柳希春的亲族网络庞大且密集，也是受益于当时的亲族概念。

双系亲族概念的存在，使财产继承没有儿女的区分，男女均分继承成为惯例。如果出现女儿在继承财产前去世的情况，那么财产将由该女子生育的子嗣继承。就像我们在柳希春父子的例子中看到的那样，非名门男子与名门女子结婚之所以存在意义，也是由于男女均分继承。

居住形态同样如此，随妻子一方居住的情况非常普遍。柳希春的父亲柳桂邻虽生于顺天，却定居于妻子娘家所在地海南。柳希春生于海南，却移居妻子娘家所在地潭阳。《眉岩日记》当中提到了柳希春孙子柳光先的婚礼。柳光先和居住在全罗北道南原的金镝之女成婚，在女方的家中举行婚礼，仪式结束后仅在柳希春家中停留数日，便马上前往南原。朝鲜语称男性娶妻为"장가가다"（有"走婿"之意），当时确实存在着"走"（가다）的现象（即所谓的"男归女家"）。

柳希春一族的居住模式属于当时两班的典型。即是说，这是一种通过投靠妻子一方或母亲一方多次变更居住地，直到某一人立身发迹方才停止移居，之后子孙后世将该处作为世居之地的模式。16世纪的朝鲜是一个不断进行着大规模移居和定居的流动社会。

族谱编纂之始

"族谱"是记录以某一人物为始祖的血缘集团成员构成情况的系谱。中国多称之为"宗谱"，朝鲜一般称之为"族谱"。1423年编纂的《文化柳氏永乐谱》揭开了制作族谱的序幕，16世纪逐渐有众多的同族集团开始编纂族谱——两班出现以后，他们为了炫耀自己身世的正统性便开始了这项工作。如果去首尔仁寺洞和清溪川的古书店街，就能够发现堆积着大量的族谱。时至今日编纂族谱也很盛行。

在朝鲜族谱编纂史上，通常将17世纪上半叶以前编纂的族谱称为"初期族谱"，这类族谱的编纂形式与后世存在很大差异。初期族谱最大的特点在于，以某一个人物为起点，将此人的后代子孙（不区分内孙和外孙）一概收录。假定将柳希春的父亲柳桂邻作为始祖编写族谱，那么其女婿李爵和吴千龄的子孙后代全部会录入其中，这是初期族谱的编纂方式。如此编纂族谱的方式在中国是不曾出现过的，鲜明地反映了当时双系亲族观念在朝鲜的盛行。

柳希春周围的同族集团也有很多编纂了族谱。其中柳希春妻子的堂兄弟的女婿所属的锦城罗氏族谱，其编纂过程十分有趣。锦城罗氏的族谱于1767年开始编纂。在此之前，锦城罗氏一族属于罗州罗氏。1692年，罗州罗氏编纂族谱之际，兴起了"土唐两罗说"。所谓"土唐两罗说"，是指罗州罗氏中存在土著系统和中国移民系统这两个派别之说。顺便一提，罗州罗氏一族中相传其始祖是来自中国的移民。1692年族谱编纂时，此问题没能得到解决，致使族谱一直是草案，未能刊行。于是，在1767年，主张"土罗"者将本贯变为锦城（罗州的别称），仅编纂了自己一派的族谱。

从罗州罗氏和锦城罗氏的例子中我们可以看到同族集团可变性的一面。也就是说，单一的同族集团可能一分为二，而本贯不同的两个同族集团也可能合二为一。这一现象多是由当时的政治、社会情势造成的，但罗氏一族分贯的具体理由不明。柳希春所属的善山柳氏同样如此，据说善山柳氏本来出自文化柳氏。关于这一点我们无法确定其真伪，若事实确是如此，那么柳成春、柳希春兄弟二人的发迹很可能就是善山柳氏从文化柳氏分化的契机。

小说《洪吉童传》的作者问题

《洪吉童传》是朝鲜最早的谚文小说。据说该书的作者是许筠（1569—1618），这是自朝鲜文学史研究的开拓者金台俊发表《朝鲜小说史》（1937年刊）以来的通说。接下来，是对《洪吉童传》内容的概括：

世宗时代，在汉城东大门附近居住的洪大臣养育了两个儿子——仁衡和吉童。由于洪吉童是妾室所生之子（庶子），故而备受虐待。最终，洪吉童不堪折磨离家出走，投身于群盗中，最终成为盗贼群的魁首。洪吉童将盗贼们组织成名为"活贫党"的集团，四处夺取地方官通过不法手段积蓄的财宝，并将夺来的财物分发给平民百姓。政府为此大力搜捕洪吉童，然而在面对通晓风术的洪吉童时收效甚微。最后政府不得不采取怀柔政策，打算给予洪吉童兵曹判书的高位。但洪吉童却拒不接受，率领手下渡海而去，在一处名为硉岛国的地方建立了理想乡。

真是痛快淋漓的故事！这部小说的作者许筠正是奉柳希春为师的许筬、许篈兄弟的末弟。若是柳希春能够多活数年，想必一定能和许筠会面。然而，最近发表的观点认为，《洪吉童传》的作者并不是许筠（白承钟：《针对古代小说〈洪吉童传〉的再探讨》）。其提出的一项重要根据，就是《洪吉童传》当中的重要桥段——庶子问题。许筠生活的时代，对庶子的差别对待还不像后来那样严酷，这一点成了批判通说的根据。

笔者也曾想过批判通说的观点是否才是正确的。柳希春没有庶子，仅育有庶女，当庶女成婚时他付出了非同一般的心血。此外，海南尹氏一族的庶子众多，这些庶子时常拜访柳希春，彼此之间相谈甚欢。再者，"两班"取"行列字"，即同世代（辈分）之人名字中使用共通的文字已经成为通例，而海南尹氏的庶子与嫡子会取用相同的行列字。《稗官杂记》的作者鱼叔权是15世纪时的著名宰相鱼世谦的庶孙，鱼叔权和柳希春同样交往甚密。阅读《眉岩日记》，从中不难发现严格的嫡庶区别，然而却怎么也找不出能够让人联想到家族虐待的内容。

《洪吉童传》描述的庶子差别，实际上直到 18 世纪时方才凸显。由此一来，谚文小说的起始时间不得不比通说有所推迟，而这又属于另外的问题了。

乡村社会和地方统治

潭阳乡案

朝鲜的 16 世纪之所以能被称为两班的世纪，是因为这一时期士林派两班进入中央政界，而地方统治层面上以两班为核心的体制也是在 16 世纪确立的，这一点同样很重要。在以两班为中心的地方统治体制确立之际，发挥了重要作用的是被称为"乡案"的两班名册。

"乡案"以"邑"为单位制作。所谓"邑"，是对道以下的府、郡、县等行政单位的统称。中国的郡、县属于上下级关系，而在朝鲜则属于并列（平级）关系。朝鲜在决定郡或县的名称时主要参照当地的人口规模和政治上的重要性。所谓"乡案"，是指居住在邑中的两班的名册。换言之，凡是乡案中记录有某人姓名或者一族信息，便可作为其是两班的凭证。所以乡案的入籍必须要经过严格的资格审查。

乡案入籍之际最为看重的便是家世。内、外、妻三族，即父方、母方、妻子方的家世都会被纳入审查的对象，同时还要追溯三族各自的三代祖先，审查其中是否存在不符合两班身份的人物。与柳希春交情甚笃的宋纯出身潭阳，也曾担任过政府高官，可是他的妻子出身南原且系无名家门，所以宋纯没有入籍乡案的资格。为此，宋纯在归乡期间，出席潭阳两班的集会（称为"乡会"），于长老中间奔走游说，方才得到了入籍乡案的认可。宋纯之事是许筠介绍的一则有名的逸闻，反映了入籍乡案的难度。

柳希春居住地潭阳编辑的乡案由潭阳乡校收藏，近年来，通过金炯泽的发掘、介绍，得以为世人关注。现存的潭阳乡案，时间跨度为16世纪末直至18世纪初，共计四类。其中较为古老的两类乡案，录入了1597年至1654年之间的成员信息，其中可见柳希春亲族的姓名，如图5所示。柳希春的两个孙子柳光先、柳光延兄弟，以及柳光先之子柳益源都被录入乡案中。乡案表明，柳希春一族作为两班在潭阳得到了承认。

但是，图5中最值得注意的是，柳希春妻子的祖父宋麒孙的子孙几乎都出现在此乡案中。其中，"宋麒孙——宋骏——宋廷彦——宋震"和"宋麒孙——宋骈——宋庭桧——宋近"二支家系，没有出现过一个科举合格者。按照"两班"本来语意——科举合格者及其直系子孙，这些人的名字不应当出现在乡案之中。尽管如此，宋震和宋近两支家系的成员却能入籍乡案，作为两班取得社会的认同。我们从这里可以看到，两班已不是其本来的概念，作为社会阶层的两班概念已成立。宋麒孙一族世代居住在潭阳，其族中出现过数名科举合格者，再加上和其他科举合格者缔结婚姻关系，使其一族全体作为"两班"得到了社会的认同。

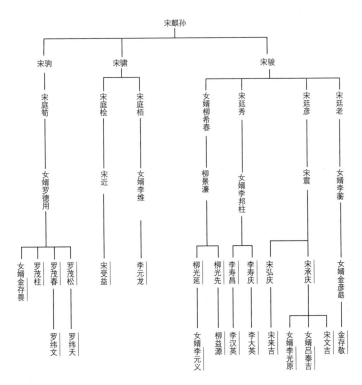

注：画线人名为乡案登录者

图 5　潭阳乡案登录者（洪州宋氏相关人物）

两班是一种身份吗？

　　笔者说过作为社会阶层的"两班"成立了。然而，读者中大概也有人抱有"两班不是一种身份吗？"的疑问。为什么呢？用前面的例子来说的话，是因为宋震和宋近的子孙生来就能作为"两班"获取认同。我们在概说书等书籍中所看到的说明，多数情况下是将两班当作李朝时代的支配身份。然而，将两班当作一种"身份"的理解并不正确。针对这一点，笔者将稍作说明。

1653年制成的潭阳乡案，我们从中看不到任何一名柳希春子孙的记录。倘若两班是一种身份，那么这种现象是不可能发生的。也就是说，作为"两班"一度获得的社会认同，可能会随着时间的流逝而消亡，这是两班不能被视为身份的第一个理由。

另一个理由，是作为"两班"获得的认同仅在乡案制作单位"邑"的范围内有效。假如宋震和宋近的子孙从潭阳移居他处，那么他们在迁入地应该是怎么都不可能作为两班获得认同的。柳希春一族于柳希春一代从海南移居潭阳，他们在潭阳能够作为"两班"获得认同，最主要得益于柳希春是文科合格者且曾担任过政府高官。如果将"两班"当作一种身份概念，也不能很好地说明这个现象。

笔者此前在《两班》一书中曾转引了宋俊浩教授的观点，来说明理解李朝时代的两班概念的困难之处。在这里，笔者将再次引用宋俊浩教授富有深意的观点：

> "两班"作为朝鲜时代（这里指李朝时代）存在的一个特权阶层，其概念的正确定义极为困难。不过，在此有一点可以指明的是，两班并不是通过法制程序规定的阶层，而是通过社会习惯形成的阶层，因此两班与非两班之间界限的标准是相对的，是主观的，这是事实。在讨论朝鲜时代的社会阶层之际最应该警惕的一点，就是

其与中世纪欧洲、德川时期日本存在的阶级制度高度相似的错觉。如果说德川时期日本社会存在的士农工商区分始终是基于法制规定，所以带有强制性的意味，那么朝鲜时代的士农工商（工商属于例外——宋氏）则是完全不同的存在。

不过，若是以两班与非两班之间的界限标准是相对的、主观的存在为由，就认定二者之间是模糊、暧昧的，这无疑是错误的。实际上，两班与非两班之间有着非常明确的区分标准。只是这种界限标准并没有成文化，且并不是在任何情况下都适用的客观存在，往往会因为实际状况不同产生设定上的差异。即是说，在某些特定地域的特定状况下，这是相关者在意识构造上设定的一种主观的且相对的标准。（宋俊浩《朝鲜社会史研究》）

因此"两班"不能被当作一种身份。我们更不能将"两班"与地主等经济概念上的阶级直接挂钩。两班的概念如此捉摸不定，才是导致李朝时代情况错综复杂的关键所在。

留乡所和京在所

乡案中录入的两班成员会定期召开集会。这种集会被称为"乡会"，《眉岩日记》记载的乡中大会，就是乡会。柳希春在潭阳赋闲时确认了就任弘文馆副提学，潭阳的两班便特别召开乡会为之庆祝。由此可见，柳希春晚年时已经是潭阳乡会的成员，换言之，他已经是乡案的入籍者之一。出身海南的柳希春在其移居的潭阳被录入乡案，这属于快速入籍乡案的异例。柳希春的发迹，以及其妻族宋氏一族在潭阳的威势，使柳希春快速入籍乡案一事成为可能。

乡会存在的目的之一是维持邑内两班的亲睦，炫耀两班的势力，而更重要的目的是选出留乡所的差役人员。所谓"留乡所"，是辅佐邑的长官（守令）维持地方统治的机关，其任务是监督乡吏（专职地方行政事务，相当于中国的胥吏）和纠正地方风气。留乡所在15世纪时经历了数度存废，15世纪末以后成为常设机关。留乡所的地位仅次于守令任职的衙门，又被称为"贰官"，带有准公家的性质。留乡所的差役由乡会从乡案入籍者中挑选，这意味着地方两班组织成了地方统治体制的一翼。

高丽时代，吏族掌控着地方统治的实权。然而进入李朝时代后，吏族的一部分逐渐转化成两班，而保留了吏族地位的成员，其称谓变成了"乡吏"，失去了昔日的权力。15世纪末以后，留乡所成为常设机关，留乡所的运营也由两班掌控，乡吏完全跌落为实务担当者。16世纪以两班为中心的地方统治体制的确立，正是基于上述意义而言。

乡会选出的留乡所差役，其首长称座首，辅佐职务称别监。据《眉岩日记》记载，柳希春在汉城期间也曾多次就潭阳座首人选被征求意见。由此可见，座首选任事宜，甚至会牵扯到在京城中央政府任职的乡案入籍者，需要征求这些人的意见。据日记记载，柳希春的内兄宋廷秀曾担任潭阳的别监、座首等职务，宋廷老（宋廷秀的兄长）的女婿李薱也曾一度担任潭阳座首。从就任座首的情况也可以看出宋麒孙一族是潭阳的名门望族。座首、别监的职务好像是选举地方势族大家中未取得科举合格的人物来担任。

与邑中设立的留乡所相对应的机关是京在所。京在所是各邑在汉城的联络处，类似于现在的日本某某县驻东京事务所。京在所的职能是照顾各邑上京办理公务的人员，维系都城与地方之间的联络。京在所的负责人也被称为"座首"。京在所的座首本来是从各邑在住者中间选出，到了柳希春生活的年代，变成了从籍贯在地方但身居京城之人中间选任。京在所座首的任命权，同样由乡案入籍者掌握。

京在所于17世纪时废止。留乡所和京在所并存的16世纪，中央和地方的意见沟通较之其他任何时期都更为顺利。而这成为可能的最重要原因，就是地方出身之人得以就任高阶官职，即新兴两班簇生。柳希春是新兴两班中间的一个典型，然而17世纪以后与之相类似的例子却逐渐稀少。诚然，朝鲜的16世纪是名副其实可以被称为"两班的世纪"的时代。

开发的时代

两班在全国范围内移居和定居成为可能的原因之一，在于15至16世纪开发事业的进展。特别是南部的全罗、庆尚两道，农地开垦的进展极为显著。《眉岩日记》中也保留了对当时开垦状况的丰富记录。

在柳希春故乡海南，海岸地区开展了大规模围垦造田作业。朝鲜半岛的西海岸是世界上少数几处潮汐落差极大的地段。在这里稍稍牵扯到一个额外的话题：19 世纪后半期，欧美诸国来到朝鲜寻求与朝鲜通商时，朝鲜半岛的西海岸巨大的潮汐落差令欧美船只苦恼不已。在 15 至 16 世纪时期，朝鲜人利用潮汐落差进行围垦作业，造就了大片水田。

《眉岩日记》某一日的记录中，包含了以下的内容。海南的前县监（县的长官）任应龙来拜访柳希春时说道："海南人中间传言，柳希春住在乡下的田舍时，不在海边围垦造田，家中没有良人，也没有可供使唤的奴婢，乃是清贫无比之人。"换言之，不参与围垦造田的柳希春属于非常罕见的个例，当时有势力的人家都在进行大规模围垦造田作业。实施围垦作业自然不得不动员大量的劳力。被动员起来的围垦劳力，往往是拥有良人身份却因贫困居住在两班家中，如奴婢般被驱使之人。

与柳希春有着查顿（姻亲）关系的海南尹氏一族，其富裕程度在道内闻名。支撑海南尹氏财力的，就是围垦作业开发水田。海南尹氏的宗家现在所藏的古文书中，包含了大量 17 至 18 世纪时期的财产继承文件。从这些文件中可以看出，海南尹氏一族拥有的大量农地集中在海南海岸地区。

《眉岩日记》的"（1574 年）五月一日条"内容中出现了一位名为高尚颜的成均馆（相当于国立大学）的儒生。高尚颜是庆尚北道龙宫人，1576 年文科及第，历任庆尚道各地的地方官。高尚颜在退隐后，基于自己地方官时代的见闻，写成《农家月令》一书。这部农书长久以来沉寂在高尚颜子孙的家中，直到近年才得到学界的介绍，为世人关注。《农家月令》一书详细介绍了水田稻作的插秧方法。由此可见，在插秧期降水量不稳定的朝鲜，水田稻作的主流不是采用插秧方法，而是采用直接播种法，但16世纪时的庆尚道地区已经开始普及插秧技术。

《眉岩日记》中经常提到柳希春拥有农地的全罗道地区的农业发展情况。全罗道地区还是以直接播种方法为主，农业的发展与耕地拓张密切相关。此外，日记中还提到了从济州岛引进的名为查山稻的品种，较之以前种植的水稻收获量多出一倍。

16世纪时，男女均分继承财产已经成为惯例。而这种继承法之所以成为可能，是因为农地开拓事业的不断发展。两班会在新的移居地开垦农地，然后定居。16世纪的两班已将自己的一只脚踏入了有待开发的农村地区。

两班的经济实力

在某天的日记中，记载着柳希春和夫人之间讨论家计的谈话。当时，柳希春夫妇在潭阳拥有水田七石九斗落只、旱田一石十八斗落只，略有不足，于是夫妇二人决定购买少量农地。所谓"斗落只"，是按照播种量表示农地大小的单位，读作"majigi"，与日本的一斗蒔土地意思相同。朝鲜的一石为二十斗，十五至二十斗落只相当于现在一公顷。据此推算，柳希春在潭阳拥有九至十二公顷的农地。除了潭阳，柳希春很可能在其出生地海南及其他地方也拥有一定数量的农地，只是具体规模无从知晓。与农地同等重要的财产是奴婢，柳希春在日记中曾提到自己拥有约一百名奴婢。

在反映当时两班经济实力的史料当中，继承财产时制成的继承文书价值最高。柳希春一族的继承文书中，留下了柳希春的儿子柳景濂为其三位子女划分财产的文书。根据这份文书，柳景濂为其子女留下的财产为农地五百余斗落只，奴婢五十六人。柳景濂一代时如后文所述，其一族家势不振，因此柳希春生前所拥有的财产规模多少大于这个数字。三十公顷的土地和约一百名的奴婢，在当时两班中财富规模应该属于中上水准。

柳希春经历了漫长的流配生涯，而流配时期的生活想必十分艰苦。兄长柳成春的孙子柳光雯因父母早逝曾一度寄宿在被流放至钟城的柳希春家中。后来，柳光雯回忆起处在贫困流放生活中的柳希春夫妻对自己的庇护，对柳希春夫妇二人感激涕零，无以言表。

不过，柳希春回归中央政界以后积蓄了一定规模的财富。说起来，李朝时代官僚的薪俸非常优渥。李朝初期以科田或职田等名目授予官僚们一定土地的收租权，16 世纪中叶以后改为仅支付俸禄。"俸禄"分为每月支付一次的"俸"和每三个月支付一次的"禄"，且以"禄"为中心。柳希春晋升的最高位阶为从二品，从二品一年的禄额为米四十九石、麦二石、大豆十七石、小麦八石、绸缎五匹、棉布十四匹、楮货八张。楮货是用楮树制作的纸币，楮货一张可抵米二石。官僚们只是依靠俸禄很难积蓄财富，身为高级官僚的柳希春除了俸禄，还拥有各种各样"表"和"里"的收入来源。

俸禄以外属于"表"一类的收入之中，首先是"进上"

的分配。所谓"进上"，是指地方向国王和中央政府的诸多机关献纳特定物品的制度。向中央机关"进上"的物品会分配给隶属于该机关的官僚，这是弥补俸禄不足的一项重要收入源。此外，高级官僚只要在任职期间，就可以分配到一定数量的"公奴婢"。归王室和政府机关所有的奴婢是为"公奴婢"，归私人所有的奴婢是为"私奴婢"。柳希春在自己拥有的私奴婢之外，又获得了配给的公奴婢，供其使唤、收取贡物。

至于"里"一类收入，通常是种类繁多的馈赠礼品。这些馈赠礼品从某种角度来看大多数带有贿赂的性质，但是贿赂本身并不一定是不当行为。问题在于程度，只要贿赂不超过一定的限度，任何人都不会过问。《眉岩日记》提到了柳希春在潭阳重建家园一事。当时柳希春依靠潭阳和周边地区的地方官，动员了工程所需的必要人力。此类行为如果被发觉可能构成问题，但因为柳希春的地位人们往往会选择沉默。

通过"表"和"里"的渠道所获得的副收入是俸禄的数倍，正因如此，柳希春回归政界十年时间，能够留下颇为可观的财产。然而，读过整部《眉岩日记》之后，留给读者的却是柳希春一家生活格外拘谨的强烈印象。相较于谚文小说《春香传》中描绘的18世纪的两班奢侈生活，柳希春的饮食起居生活十分朴素。当然，《春香传》是一部虚构小说，但是其中浓墨重彩地表现了18世纪的社会面貌。

16世纪的两班，特别是柳希春这样的新兴两班生活质朴，与货币经济不发达有着深刻的关系。柳希春的生活大体上属于实物经济。当时仍处于米和棉布承担着货币角色的阶段，楮货普及极其有限。积蓄财富的方法充其量是投资土地，即使收取大量礼品，也只能马上消费掉。想要理解 16 世纪儒者主张的政治论点和社会论点，必须要在头脑中对当时的经济状况具有一定的认识。

两班的精神世界

藏书家柳希春

《眉岩日记》当中提到了诸多书籍的名字。藤本幸夫对此曾有过简单的介绍，根据藤本的研究，日记中出现的书名超过了五百个。而且，这些书籍中的大部分柳希春都曾读过，可以说他是一位非常厉害的书籍爱好者兼藏书家。柳希春利用各种方法获取书籍。他曾在校书馆任职，这期间的公务之一就是尽力收集儒家经典等各类书籍。他通过熟人获取书籍，有时也用自己的藏书与他人交换，这些事情均被记录在了《眉岩日记》当中。至于那些难以入手的中国书籍，他则会拜托前往明朝的使节团成员帮忙购置。

另外一种值得关注的书籍获取方法，是通过书店购买。日记中有数处提到"册侩某来"的字眼。一般认为，1551 年朝鲜开设了最早的书店。现存 1554 年出版的鱼叔权著作《考事撮要》一书中有标明书籍市价的"书册市准"。前文中曾对鱼叔权的情况有所交代，柳希春和鱼叔权二人时常会交换书籍方面的信息。同为藏书家，想必彼此间有着说不尽的话题。

柳希春涉猎的书籍涵盖诸多领域，范围极为广泛。中国刊本在当时属于贵重物品，因此柳希春阅读的大多数是朝鲜刊本，其实朝鲜刊本中也包含了许多中国书籍。素来以"严谨正直"著称的柳希春，也会对《剪灯新话》一类的软文学作品表现出浓厚的兴趣。据说柳希春在因乙巳士祸失势前，曾留恋妓生（艺妓）且艳闻不断。至于柳希春在日记中显示出的诚实、正直个性，很可能是在流放生活以后才形成的。

15 至 16 世纪在朝鲜的印刷史上是呈现出一派繁荣景象的时代。国家曾多次制作铜活字，不仅出版了大量活字本印刷刊物，也有木雕版本印刷在地方的衙门、寺院、书院等场所盛行。

众所周知，朝鲜是世界上最早制作金属活字的国家。然而，在对朝鲜这项成就的评价上却存在着意见分歧：一种倾向是高度评价其"世界最早"，另一种是不认同其历史意义。从后者的立场来看，相较于自古腾堡开启的西欧金属活字和印刷技术的大发展在文化、社会、政治领域产生了重大意义，朝鲜的金属活字铸造没有发挥出那样的作用。笔者认为，以上两种立场都很极端，想在此指出汉字的特性。一言概之，其实汉字并不适合活字印刷。拉丁字母类的少数文字适宜活字铸造的机械化，而汉字却必须准备数以万计的活字，其烦琐的流程无法掀起一场"印刷革命"。如果剥离了文字的问题，那么议论也就失去了意义。

在探讨朝鲜金属活字的意义时，必须考虑到朝鲜的实际情况。15 至 16 世纪时期，金属活字的大量铸造以及使用金属活字的官板（官府刻板刊行的书籍）出版，对促进地方版和私版的刊行产生了重要意义。总而言之，使用整齐优美文字制作的金属活字成了地方官衙、寺院和书院制作木雕版时效仿的典范，由此带来了全国范围的出版业繁荣。柳希春丰富的藏书也是这一情况的反映。印刷文化的发展为落后的农村地区出现两班提供了可能，两班的登场也支持了出版行业的繁荣昌盛。

启蒙精神

《眉岩日记》提到的书籍之中，包含了很多儒教相关书籍的"口诀"和"谚解"。口诀是指在汉文中标注朝鲜式的助词，谚解是指将汉文翻译成朝鲜文字（训民正音）。依照口诀诵读汉文的方式在李朝以前就已广为流行，而谚解自然是在训民正音制作以后才开始出现的。16世纪时的谚解中，最值得注意的是儒教经典和乡约的谚解，柳希春乃是与此有着密切关系之人。

早在世宗时代，朝鲜已经有人接受王命尝试制作儒教经典四书五经的谚解，却未能在当时刊行。在长期不断的努力后，宣祖十八年（1585年）才最初刊行了四书和《周易》《书经》《诗经》的谚解，即"七书谚解"。

七书谚解的刊行是柳希春去世后的事情，但是在《眉岩日记》中也记录了许多涉及经书谚解的内容。在诸多的谚解当中，柳希春最推崇李滉的成果，并建议将其谚解出版。柳希春本人也曾在经典的解释方面陈述过诸多见解，并将训民正音译解记录在自己的日记中。七书谚解是以李珥增补删减的李滉谚解为基础，在特设机关"校正厅"的编辑整理下最终成形的。

以"朱子增损吕氏乡约谚解"为题的乡约谚解于1573年

刊行全国。这是一部对朱子增补删减的中国宋代吕氏乡约的谚解。"乡约"的目的在于用儒教的理念教化民众。使乡约在朝鲜得到推广的金安国是柳希春的老师。所以柳希春对乡约的实施颇为热心，并努力改良吕氏乡约使其更符合朝鲜的实际情况，而不是原样照搬。

柳希春晚年时将心血倾注在新版《类合》的编纂工作上。《类合》是 15 世纪时朝鲜编著的汉字入门书籍。与《类合》相同的中国书籍《千字文》非常有名，也为朝鲜所使用。众所周知，《千字文》是将一千个基础汉字以四字一句的形式组成的诗文。其实将一千个不重复的汉字组成诗文的方法非常勉强，且不便于记忆。《类合》按照数目、天文、身体等项目将汉字分门别类，这种编纂模式更便于学习。

柳希春在原有《类合》的基础上，为每个汉字用训民正音标注音、训。这部《新增类合》于 1576 年，即柳希春去世前一年刊行。全书分上下两卷，共计收录了三千个汉字。

作为与《新增类合》相似的书籍，1527 年出版的《训蒙字会》十分有名。只不过《训蒙字会》是一字一字地解释汉字意义，具有强烈的辞典特征。相对于《训蒙字会》，《新增类合》是与《千字文》一样用于背诵学习汉字的书籍，具有更强的启蒙性。在编纂《新增类合》的过程中，柳希春常常听取他的孙子柳光延的建议，对汉字的训注进行更改。这不禁让人眼前浮现出柳希春作为爷爷和蔼可亲的样子。

有的书中煞有介事地写道，世宗时代制定的训民正音曾一度被蔑斥为"谚文"，知识分子对训民正音不屑一顾。然而，当时的情况确实如此吗？当时的知识分子在学习汉字时，应该是用朝鲜式发音学习汉字读音的。这样说来，使用训民正音标注汉字发音，必定有助于学习效果的提升。使用训民正音为汉字的字意添加朝鲜语翻译，其效果更加明显。因此，训民正音的制定对于辅助学习汉字自然是意义重大。

燕山君在位期间禁止使用训民正音，致使训民正音的普及并不顺利。然而，在16世纪以后，随着谚解类型的著作和《训蒙字会》《新增类合》等书籍的刊行，训民正音加快了普及。16世纪正是因为有训民正音的制定和推广才会被称为启蒙的世纪。

16 世纪的大儒们

16世纪是朝鲜朱子学的确立时期，也是其黄金时期。以李滉（1501—1570，号退溪）、李珥（1536—1584，号栗谷）二位大儒为代表，李滉的论争对手奇大升（1527—1572）、李珥的论敌成浑（1535—1598）等人，无一不是生活在16世纪之人。在这些大儒中间，可以隐约看到柳希春的身影。对柳希春来说，李滉是值得尊敬的大前辈，奇大升、李珥则是才华受其高度评价的后辈。

朝鲜的朱子学围绕朱子学基本理念"理"和"气"的本质展开了理气论争，形成了主"理"的李滉和主"气"的李珥两大学派。关于两大学派的形成和其后的发展，此处暂且不表。目前的问题是，为何这些大儒会在16世纪一齐登场？

众所周知，朱子学在李朝完成了国教化，而早期的朱子学极具实践性。朝鲜王朝在构筑新国家体制的过程中，将朱子学的理念当作了基础。换言之，朱子学作为政治学的一面受到了重视。从郑道传的《朝鲜经国典》到成宗时代的《经国大典》完成的过程清楚地证明了这一点。另一方面，朱子学哲学的一面和修养论的一面却没有得到深入探究。以上就是截至15世纪的朝鲜朱子学的实际情况。

16世纪，哲学领域展开朱子学理气争论，意味着朝鲜朱子学开辟了新的局面。为何会是哲学领域呢？其理由就在于士林派的登场与进入政界。士林派的课题前文中已经有所表述，在于如何稳定国王和臣下的关系。为此，士林派强调国王应践行圣人的教诲，与此同时臣下要注重"人"的修养。何为人？人何以为人？这个问题对16世纪朝鲜知识分子来说是极具实践性的问题。16世纪朝鲜朱子学的道学性质是后世批判的对象，同样也是优秀的时代产物。

从《眉岩日记》中，我们能明显发现，这一时期尚未出现因朱子学上见解的差异结成政治党派的情况。即使是展开激烈论争的李滉和奇大升二人也对彼此充满了敬意，李滉便吸取了奇大升的批评，对自己的见解进行了大幅修正。柳希春能够和三位大儒交往密切，是因为他具备出众的人品，但也应该说这是充满了追求新政治规则的活力的16世纪特有的现象。

文学之心

柳希春周围出现过许多文学家，柳希春的前辈兼亲密好友宋纯便是16世纪朝鲜文学家中的代表人物。宋纯本贯新

平，生于 1493 年，是著名的《老松堂日本行录》作者宋希璟
的玄孙。宋纯于 1519 年文科及第，政界的变动使他在出仕和
隐居之间数度徘徊。在隐居生活期间，宋纯创作了大量的诗歌
作品。

　　　　经营兮十年，作草堂兮三间，明月兮清风，咸收拾
　　　　兮时完，惟江山兮无处纳，散而置兮观之。（选自《朝鲜
　　　　的诗心》，尹学准编，日文译者为田中明。原出处《俛仰
　　　　集》，杂著，《俛仰亭杂歌二篇》其二。）①

　　这首杂歌是 18 世纪以后被称为"时调"的定型韵文诗歌，
在当时被称为"短歌"。 在这首时调中宋纯缅怀了一番隐遁生
活。"时调"被认为源于高丽时代，在 16 世纪时确立了自身的
文学地位。宋纯是为"时调"文学地位的确立做出了积极贡献
的人物之一。

　　　　花散去，栖鸟飞绝，时节易，长叹嘘唏。
　　　　风抚略，芳华缭乱，落红尽，更了无痕。
　　　　心不平，奈何春已逝，此恨难销空悲怆。
　　　　（选自《朝鲜的诗心》，尹学准编，日文译者为田中明）②
　　这不单是一首抒情诗歌，同时也反映了当时历经多次士
祸沉浮的知识分子的心境。16 世纪时调作家中间能够与宋纯

---

① 日文原书中只有这首杂歌的日文译文，此处为译者查找到的汉诗版原文。
② "时调"原文为韩文，本诗为本书译者依据韩文原作和日文译作所译。

并称之人，乃是开城的妓生黄真伊。当时的妓生，往往也是优秀的艺术家、知识分子。下面的这首时调便是现在广为人知的黄真伊之绝唱。

> 冬至明月夜漫长，折取真中犹半强。
>
> 春风罗衾香裯暖，且把韶华此间藏。
>
> 待到君来共欢享，渐舒卷，续得良宵寸寸长。
>
> （选自《朝鲜的诗心》，尹学准编，日文译者为田中明）[①]

宋纯同样作为长歌"歌辞"的作者在文学史上留名。宋纯以其在故乡潭阳建造的俛仰亭为主题创作的《俛仰亭歌》正式宣告了"歌辞"的成立。训民正音制定后仅仅过去一个世纪的时间，其表现方法变得成熟洗练，继宋纯之后，郑澈（号松江）创作的所谓《松江歌辞》是歌辞文学的一个高峰。郑澈是与柳希春关系亲近的人物之一，经常在柳希春的日记中登场。郑澈同样是深陷在党争漩涡中的人物。

16世纪"时调"和"歌辞"文学创作兴隆的背景之中有两点极为重要：其一是此前提到的训民正音的普及，其二是党争的影响。由于屡经士祸的摧残，当时朝鲜知识分子的生涯十分坎坷。他们随时都面临着垮台、流放、死刑的威胁。时代的窘境令知识分子或是陷入深深的思索，或是选择了屈服顺受。

[①] 本诗为本书译者依据韩文原作和日文译作所译。此时调亦有19世纪朝鲜人申纬所作汉文译本《冬至漫长夜》，其文如下："截取冬至夜半强，春风被里屈幡藏，有灯无月郎来兮，曲曲铺舒寸寸长。"

随着本国文学从过去以汉文学为主体的创作中脱离，开创了使用训民正音的新世界，"文学之心"最终也在朝鲜知识分子以外的阶层中间开花结果。

时代的转变

此后的希春一族

朝鲜史编修会出版的《眉岩日记草》第五卷，以附录形式收录了从柳希春的文集中挑选的汉诗等作品。附录中还刊载了两篇反映柳希春死后柳氏一族状况的重要史料。

其中一篇史料，是 1600 年朴长卿等五人向巡察使李弘老呈交的上书。朴长卿等人在上书中描述了柳希春之子柳景濂的贫困窘况，要求为其提供救济。书中称柳景濂"性本迂疏（疏），利居众后，责在人先，弃塚离乡，不知几日"。1600 年，壬辰倭乱终于终结了，但是战争带来的战祸还没有平息，柳景濂一家恐怕也是受战祸影响，处于颠沛流离的状态。接到朴长卿等人请求的李弘老当时担任潭阳府使，为了保证柳希春的祭祀不至于断绝，他指示手下每月向柳氏遗族馈赠些许物品。

另一篇史料，是 1634 年赠谥官韩兴一造访柳希春本宅时的相关记录。当时韩兴一为了通报朝廷赐予李德馨、成浑谥号一事去了庆尚道，在回来的途中经过光州之际，造访了位于潭阳大谷的柳希春故居。负责迎接韩兴一的柳家主人是柳希春的曾孙柳益源和柳益清。柳益源和柳益清二人分别以镇安县监、承议郎的身份出场。大概是身为柳希春后世子孙的缘故，二人才获得了这样的末职。

在这两篇史料里面都可以看到柳希春妻子的六寸侄婿罗茂松的名字。当柳希春的后代们贫困交加之际，正是以罗茂松为中心的亲友向柳氏一族伸出了援助之手。

这些文件说明了柳希春死后，柳氏一族走上了没落的道路。尽管柳成春、柳希春二兄弟有一并文科及第的荣耀，而且柳希春登上弘文馆副提学的荣誉地位，也都无法阻止柳氏一族的没落。柳希春以后的柳氏一族再也没有出现一名科举合格之人，这才是柳氏家族走向没落的最大原因。而没落的结果，就是柳氏一族的名字从潭阳乡案中彻底消失。

柳希春一族的兴衰轨迹是 15 至 16 世纪大举出现的新兴两班之中的一个典型。通过科举合格取得的两班地位，很可能会因为后世子孙的碌碌无为而轻易失去。

舞台的变化

柳希春一族的没落只是时代狂潮中的一朵浪花。《择里志》的作者李重焕对 15 至 16 世纪朝鲜政治史做了如下概括：

> 盖我国官制异于上世。虽置三公六卿，董率诸司，然归重台阁，设风闻避嫌处置之规，专以议论为政。凡内外除拜，不于三公，而专属吏曹。又虑吏曹权重，至于三司差拟（拟），不归之判书，而专任郎官。故吏曹正、佐郎，又主台阁之权。三公六卿官虽高大，少有不厌事，则铨郎辄使三司诸臣论之。朝廷风俗，崇廉耻、

重名节。故一遭弹驳，不得不去职。是以铨郎之权，直
与三公等埒。此所以大小相维，上下相制。三百年无大
权奸，而无尾大难掉之患。此祖宗朝惩丽朝君弱臣强之
弊。默寓防禁之微机也，是以三司中有名德者，极选为
之。而又令自荐。其代不属长官，所以重事权，而一付
公议也。是以凡有升品，必以铨郎，以次升补，而后及
于他司。一经铨郎，苟无大故，又可以平步上公卿，故
名与利俱付。而年少新进，无不希觊。行之已久，先后
通塞之间，不能无争端。

16 世纪是三司和吏曹郎官地位确立，以及王权和臣权关
系稳定的时代。然而，就像李重焕在这段引文最后部分提到的
那样，"争端"最终于 16 世纪末浮出水面。此即为"党争"。

党争之始

李重焕在前面的引文之后，又陈述了党争的发端：

宣庙朝金孝元，有盛名，当荐吏曹参议。沈义谦即
戚里也，积孝元不许。孝元以名家子，有学行文章，又
喜推贤让能，大得年少士类之心。于是士类哗然，指义
谦为防贤弄权而攻之。然义谦虽戚里，曾有退斥权奸、
扶植士类之功，年老位高者多拥护之。于是先辈与后辈
歧二，由微至著。癸未甲申间，东西名号始分。以孝元
家在东，故谓之东人。义谦家在西，故谓之西人。东人

推孝元，柳成龙、金宇颙、李山海、郑芝衍、郑惟吉、许篈、李泼等。西人推义谦，朴淳、郑澈、尹斗寿、尹根寿、具思孟等。此乃朋党之始也。

金孝元和沈义谦分别居住在汉城的东西两面，由此衍生出"东人"和"西人"的称号。士林派的诞生使吏曹郎官权力增大，而吏曹郎官地位的争夺导致士林派内部分裂。士林派的内部争夺与士祸不同，斗争不仅牵扯到政界中枢，还有可能将大范围的人群卷进来。这是由于士林派在背后操纵着公议，士林派的分裂也有可能引发公议的分裂。与柳希春关系密切的许篈、李泼等是"东人"的中心人物。柳希春周围之人及其子孙后代几乎全部为这场16世纪末至17世纪的党争所波及。

狭隘的国际视野

柳希春在任职期间曾多次与中国、日本的使节会面。不过，柳希春并没有对两国的情况表现出积极的关心。前文中曾经提到，李朝建国初期国际关系紧张，故而对异域的情况保持着强烈关注。然而，进入16世纪以后，三浦之乱一类的问题虽然时有发生，国际关系却大体上维持在平稳态势。柳希春的漠不关心，可以被认为是这个时代状况的反映。

16世纪前半叶朝鲜面临的最大国际问题，主要围绕着白银的贸易产生。为了消除对明朝朝贡的负担，朝鲜在世宗朝以后采取抑制金银开采的政策，而随着16世纪初新的采银法的开发，事态发生了急剧变化。新的采银法是指从铅矿中提取白银，据说是 1503 年，金甘佛和金俭同发现了这一方法。利用新的采银法，一直以铅产地闻名的咸镜南道端川产出了大量的白银。如此一来，白银的禁输壁垒上出现了裂隙，对中国的白银输出日益隆盛。此外在 1538 年以后，从日本也流入了大量的白银，被秘密输往中国。

白银的输出由朝贡使节团队中随行的商人承担，商人们将丝织品等高级货输入朝鲜。而勋旧派的政府高官则是这些高级货的需求者。

围绕着白银贸易出现的新事态，引发了各种问题。棉布大量流向日本，奢侈之风盛行，同中国贸易之路上的地方出现了疲敝等问题尤其重大。再者，朝鲜以国内不产出金银为理由，避免了向明朝进贡白银的负担，如果白银的秘密贸易被察觉，将极有可能对本国的朝贡活动造成威胁。于是朝鲜政府采取了严格禁止白银输出的措施。可是关键的政府中枢成员将秘密贸易视为必要之举，因此白银输出禁令实际收效甚微。

士林派政权成立以后，问题出现了转机。士林派对勋旧派奢侈糜烂之风严加批判，在贸易政策上也采取严厉的态度，针对白银的秘密输出活动予以严惩。士林派始终是志在国内，他们为了确立新的政治秩序倾尽全力，却并不具备 15 世纪朝鲜官僚的广阔国际视野。当时的国际条件也令此有了可能性。最终，朝鲜人在国际视野上的狭隘在壬辰倭乱之际暴露无遗。

第四章　明王朝后期的光与影

北边防卫和财政问题

风俗的变化

16 世纪中叶以后，中国人开始明显感觉到世间急剧的变化。松江府（现在的上海市）出身的范濂如是写道："风俗自淳而趋于薄也，犹江河之走下而不可返也，自古慨之矣。"感慨时势的衰退或许是每个时代厌世知识分子的共鸣。但是，根据范濂所言，嘉靖（1522—1566 年）、隆庆（1567—1572 年）年间以来，世风衰退势头丝毫没有遏止的迹象。

豪门贵室，导奢导淫，博带儒冠，长奸长傲。日有奇闻叠出，岁多新事百端。牧竖村翁，竞为硕鼠；田姑野媪，悉恋妖狐。伦教荡然，纲常已矣。（《云间据目抄》

卷二，1593年序）

对于那些目睹了这些变化的同时代人而言，明末时代是充满了混乱与不安的"衰世"。但在另一方面，即从今日的历史学角度来看，明末清初时代是中国历史上为数不多的发展期——从16世纪至17世纪，使人预感到向"近代"发展的种种迹象在中国犹如溃堤之水般喷涌而出。其中就包括了我们在后文中将会提到的都市经济和长距离商业的发展、素有"资本主义萌芽"之称的富农经营与手工制造业的开展等经济领域的新动向，还有伴随着出版业繁荣而出现的信息量的急速扩大、对专制政治批判的高涨、较之陈腐的道德说教更加注重自己内心层面感受的处世态度等一系列思想上和文化上的新潮流。

这个时代是比任何时候都更能让四百年后的我们也直接感受到超越既成体制的活力和迫切探寻社会和个人关系的热情的一个激情洋溢的时代。虽然商品经济的发展等这个时代的一部分变化为此后的整个清代继承，但这种明末特有的狂热社会氛围到了清代中期已逐渐平静下来。

为什么在这一时期会出现这样的变化呢？从世界史的角度来看，16世纪是一个激烈变化的时代。鸟瞰这一时期的北半球，在欧洲和亚洲都可以看到国家、地域间的纷争与统合，新兴阶级的兴起，都市的繁荣发展，人口与物资的流动，社会不安与宗教的改革，探寻秩序根源的新兴社会思想产生，等等共通的现象。这些现象也有着共同的背景——在新大陆丰富的白银支持下，国际商业活跃化同与之相伴的地域的、阶级的紧张关系骤增。当时绝大多数的中国人自然对这种世界动向一无所知，但世界性变动的波浪确确实实对中国地方社会的深处产生了冲击。同时，冲击带来的变动也并非千篇一律，世界的各个地区以自身独特的方法克服这一冲击，从而实现了社会的重组。在此，我们首先将目光投向 16 世纪时中国在对外关系领域直面的变化。

北边局势——越过长城的汉人

北方的蒙古和东南沿海的倭寇——统称为"北虏南倭"的两股势力是整个明代最让政府感到头痛的问题。在 16 世纪，特别是 16 世纪中叶时，北虏南倭对明王朝的威胁达到了顶峰。也先死后的蒙古高原处于群雄割据的态势，此前遭到也先压迫而削弱的东蒙古（鞑靼）系部众和失去领导者后陷入分裂的瓦剌系部众相互争夺，征战不休，对明朝的压力也一度骤减。15 世纪末至 16 世纪初，达延汗（巴图蒙克）统一了内蒙古高原，与明开展朝贡贸易，双方关系密切。达延死后，内部纷争导致朝贡贸易中止。此后，重新扩充实力并取得可汗称号的俺答（达延之孙），为了谋求朝贡贸易的再开，连年侵入华北地区。在自称成吉思汗直系子孙的俺答汗统治下，蒙古再度崛起成为威胁明朝的强大势力。

探寻此次蒙古势力扩大的背景，不单要看到蒙古方面的情况，还要着眼于那些北方边境社会深处的变化。《明实录》嘉靖二年（1523 年）十二月甲子记事载："近年，各边奸民，逃入虏中，为虏奸细者多……迩年生计憔悴，徵（征）输烦苦，加以不才官吏多方刻剥，故宁有去此而就彼者，罪固可诛，情实可悯。"由此可见，为生计所苦而越过长城向北逃亡的汉人数量在持续增加。不光是一般的农民，很多负责北边防务的军人也因为对任务危险和军粮短缺感到不满而叛变，畏罪潜逃至蒙古，就连被明朝当作邪教打压的白莲教教徒也前往长城的北方寻求自由的新天地。

逃亡至蒙古的汉人在俺答汗的庇护下开垦土地，逐渐形成了汉人居住区。这些汉人在自己的生活据点建立了被称为"板升"的大大小小的壁垒城市，1570 年前后，这些居民达到了约五万人的规模。俺答汗的根据地也筑有"大板升"，这就是后来的归化城，也是现在内蒙古自治区的中心城市呼和浩特。

在熟知明朝边防军内幕的军人引导下，俺答汗的军队每年都能够毫无意外地轻易突破长城防线。1550 年，俺答汗兵临北京，围城八日（史称"庚戌之变"）。北京的守军闭门不出，对蒙古军在周边地区的行径束手无策。俺答汗的目的，与其说是要征服明朝，倒不如说是为了重开朝贡贸易而向明朝政府施加压力。通常情况下，俺答汗的蒙古军队会在侵袭过后迅速撤离，不过这一时期的明朝政府面对蒙古的入侵几乎处于无计可施的状态。

明朝财政和白银问题

在这样的状态之下，明朝在北方的军费支出不断增大。原本明初的财政奉行实物主义，占据税收大部分比重的土地税

原则上是要求缴纳米和麦，但从 15 世纪中叶开始，北境防御
用度的军粮改为缴纳白银，明朝也逐步向银财政转变。全国的
土地所有者每年必须要筹措白银以支付税金。北方军费大增，
形成沉重的负担，压在了百姓的肩上。每年都有巨额的银两运
到北方，导致国内白银不足的问题日益严重。由于筹措不到支
付税金所需的白银，滞纳者陆续增加。如此一来，承担了督促
税金、征收税金任务的粮长、解户等服徭役之人，自然成了官
府衙门极力压榨的对象，贫困也就随之而来。他们或是贿赂官
吏以逃避徭役，或是舍弃土地逃亡他乡，税收工作愈加停滞
不前。

　　大约从 1520 年代开始，赋税和徭役的苛重引起了人们
的关注。"近年以来，田多者为上户即金为粮长应役，当一二
年，家业鲜有不为之废坠者。由是人惩其累，皆不肯置田，其
价顿贱。"（《山樵暇语》，俞弁著，1528 年序 [1]）"泛观四方之
民，弘治而上，家余藏帑余积，山林川泽余利也。……今上下
伛伛，然称匮乏诛赋，日繁重力役弗已。"（《张龙湖先生集》，
张治著，卷六，16 世纪中期）正像这些引文所写，伴随着赋
税和徭役的增加，全国开始有了贫困化的切实感受。为了防止
征税之际产生不公平，通过将各种名目的赋税、徭役一概折算
成白银，按照土地和人丁机械地分摊以试图简化征税方法的
"一条鞭法"等改革，乃是明朝直面贫困和财政危机的最后的
救命方案。

---

[1] 此处日文原稿疑有误，出处应为第八卷内容。——译注

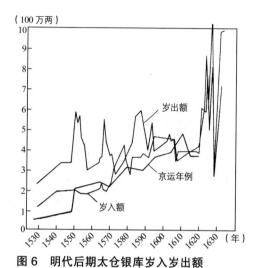

图6　明代后期太仓银库岁入岁出额

　　明代后期，中央国库（太仓银库）为北方防备支出的经常性费用（京运年例），以及国库白银的岁入额和岁出额。由图可知，京运年例剧增，国库陷入赤字状态

东南沿岸的倭寇

日本白银的登场

　　当时明朝全国性的白银不足问题真的已经到了毫无解决办法的地步了吗？明初时期，中国国内以浙江和福建为中心，每年可采掘一百万两以上额度的白银，但15世纪中叶以后，白银的产量低下，已经陷入了无法依赖国内产银的境地。恰恰就在这个时候，日本白银登场了。1530年代，日本白银先是在对朝鲜的贸易中登场。16世纪初，朝鲜的端川银矿开始开采，白银从朝鲜流向日本和中国。然而，到了1530年代，大量的白银开始从日本流入朝鲜，日朝间白银的流向发生逆转。

随着朝鲜对日本贸易采取严格限制，约在 1540 年，日本的白银开始流入中国，生丝和白银交易急剧增长。同时期中国国内对白银需求的日益高涨，自然加快了白银从日本向中国的流动。

在 16 世纪 40 年代到 50 年代的《李朝实录》当中，可以见到许多关于"荒唐船"的漂流记录。这些船只在中国南部和日本之间往来行驶，航海途中遭遇海难，漂流到朝鲜西海岸一带。按照记录中的描述，荒唐船多是一些具有"高建双帆"样式的大型船只，乘员超过一百人。荒唐船的突然出现，反映了中国南部和日本之间贸易的活跃。

然而，中日之间的贸易却没有顺利地扩大。由于明朝历代实施海禁令，民间的海上贸易遭到禁止。另外，自 1523 年大内氏和细川氏分别派遣的朝贡使节在登岸地浙江省宁波为争夺朝贡的先后顺序发生暴力冲突（宁波争贡事件）以来，明朝对日本遣明船的贸易限制愈加严格。白银的流通被明朝制度上的堤坝阻塞。在试图冲破明朝制度堤坝的奔涌之势中，武装走私集团倭寇迅速成长起来。

倭寇集团的成长

明朝嘉靖初年，自 1520 年代前后开始，中国沿海一带出现了走私贸易的据点。一处是位于浙江沿海的双屿，另一处是位于福建南部漳州的月港。李光头和许栋兄弟等有名的海寇头目，将马尼拉的葡萄牙人和日本博多商人招至这些据点进行贸易，从中牟取巨利。其中若说起嘉靖大倭寇时代的巨头，想到的应该便是王直吧。据《筹海图编》记载，王直是徽州歙县人。

> 王直者，歙人也。少落魄，有任侠气。及壮，多智略，善施与，以故人宗信之。一时恶少，若叶宗满、徐惟学、谢和、方廷助等，皆乐与之游。间尝相与谋曰："中国法度森严，动辄触禁，孰与海外乎逍遥哉?"……嘉靖十九年，时海禁尚弛，直与叶宗满等之广东，造巨舰，将带硝黄丝绵等违禁物，抵日本、暹罗、西洋等国，往来互市者五六年，致富不赀。夷人大信服之，称为五峰船主。则又招聚亡命，若徐海、陈东、叶明等为之将领，倾赀勾引倭奴门多郎、次郎、四助、四郎等，为之部落。又有从子王汝贤、义子王潋，为之腹心。(引自《筹海图编·大捷考·擒获王直》)

王直以日本的松浦和五岛作为根据地展开活动。据说其"五峰"的绰号正是来源于此。当时在五岛进出的船只达到数百艘，用中国的物资和日本的白银进行交易，王直被世人称为"徽王"，一手控制着当地的交易。

在东亚沿岸从事掠夺和走私贸易的武装船队，自元末以来通常被称为"倭寇"。嘉靖年间的"倭寇"不是单纯的"倭人"，当时之人也屡屡指出这一点。"近日东南倭寇类多中国之人，间有膂力胆气谋略可用者，往往为贼。……倭奴藉华人为耳目，华人藉倭奴为爪牙，彼此依附，出没海岛，

明仇英《倭寇图卷》中描绘倭寇抢劫的画面

倏忽千里，莫可踪迹。"（郑晓《今言》）根据当时的几处记载，真倭"剃发光头""言如鸟语""身着纹衫"，所以能够轻易地辨识出来，但是奸民利用百姓"畏倭如虎"的心理，装扮成一副"秃头鸟音""短衣跣足"的倭人装束，四处威胁骚扰百姓。

更严重的问题在于，这些走私贸易商人的后盾是东南沿岸港津的富裕势力之家，是堂堂"衣冠之家"，也就是说参加过科举的士绅们与海盗勾结者亦不少。例如，福建南部泉州府的林希元，此人乃是进士出身，是相当有名望的朱子学学者，他的著作甚至被科举考生们奉为必读的书目。然而，奉朝廷特命前往讨伐倭寇的朱纨在弹劾文书中却如是写道："门揭林府二字，或擅受民词，私行拷讯，或擅出告示，侵夺有司，专造违式大船，假以渡船为名，专运贼赃并违禁货物……盖漳、泉地方，本盗贼之渊薮，而乡官渡船又盗贼之羽翼。"（《甓余杂集》卷二）根据朱纨的说辞，林希元是一个与倭寇相勾结，势力凌驾于官府之上的人物。不过,当时对林希元人格的评价并非全盘否定,他同样被誉为为地方社会呕心沥血的"清廉刚正"之人。

嘉靖大倭寇

朱纨自 1547 年受命以来,为扑灭倭寇,采取严厉打击手段,但是他也不由得慨叹:"去外国盗易,去中国盗难。去中国濒海之盗犹易,去中国衣冠之盗尤难。"权势之家的构陷最终使朱纨失势。1550 年,朱纨在失意中自尽身亡。就这样,沿海打击倭寇的力度放缓,自 1553 年前后开始,海盗集团每年劫掠沿海地带,开启了"嘉靖大倭寇"的序幕。导致柳希春的姐夫吴千龄战死的达梁倭变也是这场大规模动乱中的一环。

在浙江沿岸讨伐倭寇的胡宗宪(出身徽州),为逮捕王直而筹划计策,他将王直的族人和部下从狱中放出并给予优厚待遇,同时派遣使者前往五岛劝说王直归顺。在使者"何不立功以自赎,保全妻孥,此转祸为福之上策也"的劝说下,王直心动了,他先是派遣部下确认当局的真实意图,之后于 1556 年末归国,与已经升任总督的胡宗宪在官衙会面。结果,王直遭到逮捕,并于 1559 年被处以死刑,明朝当局成功打倒了倭寇中最大的魁首。

身经百战的王直轻易地踏入陷阱着实是一件不可思议的事情。当时,官府和倭寇间的敌对关系其实晦暗不明,官府对海寇集团的活动有时会熟视无睹,海寇集团也会讨伐竞争对手来和官府合作，如此微妙的共生关系并不罕见，这是我们必须要留心注意的地方。

北虏南倭问题的缓和

此后，在名将戚继光等人的努力下，明朝成功压制了倭寇的活动，接着便转向绥靖政策。1567 年前后，明朝踏上了缓和海禁，允许民间从事海上贸易的政策转型之路。被视为危险之敌的日本仍然是禁止渡航的对象，但民间商人的船舶在漳州取得渡航凭证以后便可以赴东南亚各地，从事海外贸易。

大概与此同时，明朝的北边也出现了变化。俺答汗的孙子把汉那吉因为情感纠葛（俺答汗强娶了把汉那吉的未婚妻），突然投降明朝。明朝以返还把汉那吉作为条件，要求俺答汗交出手下逃亡的汉人。俺答汗原本就希望与明朝开展贸易并与明朝构筑良好关系，于是答应了引渡逃亡的汉人的要求。1571 年，俺答汗与明朝缔结和议（史称"隆庆和议"），俺答汗被明朝册封为顺义王，其据点大板升也因此更名为"归化城"。大同、宣府等国境地带开设名为"马市"的市场，蒙古用马匹、皮毛换取明朝的纺织品、谷物、锅具等生活用品。

在蒙古军事紧张局面缓和的同时，俺答汗的统治方式也出现了极大的改变。在此之前，蒙古一直没有脱离游牧民族的帐篷生活。而在此之后，历代顺义王以汉民族风格的壁垒城市——归化城为据点，吸收汉文化，统治在当地定居农耕的百姓，构筑起一个"牧农王国"（萩原淳平语）。

北虏南倭与白银的流动

"北虏南倭"危机同时在 1550 年代达到高潮，又同时在 1570 年前后趋于缓和，二者的节奏何以如此一致？这想必不单纯是偶然。两者以白银的流动为媒介，紧密交织在一起。北方局势高度紧张，白银便会急速向北方集中，导致明朝国内白银严重不足。而白银的严重不足，又使那些铤而走险从事走私贸易活动的冒险家利润大增。就这样，在北方边境和东南沿海，暴力抗争与商业利益互为表里，繁荣的市场日益扩大，无论是汉人，还是其他民族，在利益驱使下的人们毫无例外地被卷入其中。北有"牧农王国"，南有"倭寇状况"（荒野泰典语），在明帝国南北两侧形成的是没有华夷之分的

西班牙铸造的 8 雷亚尔银币（左为佛头银，右为双柱银）

明末以后流入中国的美洲银货的代表，就是重 26 克，面值 8 雷亚尔的银币。最初的银货都是铸有刻印的板状银块，1730 年以后开始使用机械制造银币。中国人将机械铸造的银币称为"双柱银"（银币刻饰图案为赫拉克勒斯在直布罗陀海峡建造的双神柱）、"佛头银"（将银币上铸造的国王肖像误认为是佛头）等。直到 20 世纪初为止，这种银币在很大程度上充当了东亚海域的国际通货

边境人世界。

自 1570 年前后南北紧张局势缓和以来，流入中国的白银数额急速增长。由于波托西（今属玻利维亚）等地银山的开采而在 16 世纪中叶以后产量大幅增加的新大陆白银，通过在 1557 年取得澳门居留许可的葡萄牙商人的活动，经由南亚流入中国。而 1571 年西班牙人着手建设马尼拉之后，新大陆的白银更是通过太平洋的帆船贸易大量流入中国。

菲律宾的西班牙人在向本国提交的报告书中如此写道："每年这个地方（菲律宾）有 30 万比索的白银陆续流入中国，本年竟高达 50 万比索。中国人还从这里运走黄金，而且金银一旦流走就再也不会回到这个地方。"（1586 年）"（从墨西哥走私到西班牙的白银）落入了英国人、法国人、荷兰人和葡萄牙人的手中，在他们牟取利益后，葡萄牙人又将白银运往东印度。这些白银在印度被交到荷兰人、波斯人、阿拉伯人、莫卧儿人等敌对国民的手中，最后它们还是会流到白银的集中地中国。"（1637 年）由此可见，此后直到 17 世纪前半叶为止，无论是通过东方的航路，还是通过西方的航路，中国一直是新大陆输出白银的最终目的地。

中国国内旺盛的白银需求使得 16 世纪后半叶到 17 世纪的前半叶，中国如同黑洞一般持续、大量吸入全世界的白银。根据最近的研究，推算 16 世纪后半叶流入中国的白银达到 2100 至 2300 吨（其中日本白银约占 1200 至 1300 吨），到了 17 世纪前半叶时更是达到 5000 吨的程度（其中日本白银占 2400 吨）。

明末的都市和农村

官僚、商人的财富积蓄

那么，随着外国白银的大量流入，中国国内的白银不足是否在一定程度上得到了解决呢？令人感到不可思议的是，即使是在大量白银流入的 16 世纪末，依然有很多知识分子在感叹"银不足"。官员郭子章在其于 1582 年前后撰写的文章《钱谷议》中如此说道："今天下比年往往病年歉矣而谷愈贱……今天下比年往往病谷贱矣而民愈饥……此其故非谷之多也，患在银之少也。夫银少则谷不得不贱售而输之官。贱售则谷益乏，谷乏则民养日微。"实际上，观察一下全国米价的动向，直到 1620 年代为止，米价几乎没有上涨。（图 7）

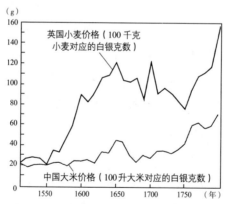

图 7　16—18 世纪中国米价与英国小麦价格

（注）二者均为十年平均值。

出处：彭信威，《中国货币史》，第 3 版，上海人民出版社，1965 年版；
[德] W. 阿贝尔（Wilhelm Abel），《农业危机和经济景气循环》，
[日] 寺尾诚译，未来社，1972 年版。

16 世纪时，英国的小麦价格急速上涨，而中国的大米价格上浮并不明显

众所周知，新大陆的白银引发了 16 世纪欧洲的"价格革命"。当时的中国被视为"世界白银的终点地"，中国的物价多少应该会有所上升吧？但中国人却指出物价低落，在慨叹"银不足"，这究竟是什么原因呢？

这里值得注意的是，16 世纪这个时代，是以官僚和大商人用惊人速度聚敛财富为一大特色的时期。

正如中国人经常说的"升官发财"（做官的同时聚敛财产）那样，通常在古代中国，只要不是那些执着于"清正廉洁"评价的人物，做官与积蓄财产往往就密不可分地结合在一起。然而，这其中也有时代浪潮的影响。根据松江府人士何良俊的观察，在弘治年间（1488—1505 年）以前，松江府的士大夫们尚且没有积蓄太多的财富，高级官僚的财产只不过是一般人的十倍，隐退后的生活也同生员时期没有变化。正德年间（1506—1521 年）以后，官员们竞相追逐利益，他们所聚敛的财产往往达到十万两白银以上。（《四友斋丛说》卷三十四，1569 年序）

大商人聚敛财富也是明末时期的一大特征。当时最有名的是徽州（新安）商人和山西（山右）商人。谢肇淛的《五杂俎》中，记录了如下内容：

富室之称雄者，江南则推新安，江北则推山右。新安大贾，鱼盐为业，藏镪有至百万者，其它二三十万则中贾耳。山右或盐，或丝，或转贩，或窖粟，其富甚于新安。新安奢而山右俭也。然新安人衣食亦甚菲啬，薄糜盐薤，欣然一饱矣。惟娶妾、宿妓、争讼，则挥金如土。

"藏镪有至百万"的情景着实令人难以想象，如果按照米价的标准进行换算，大致相当于现在六百亿至七百亿日元的程度。

前文中曾经提到，倭寇头目王直也是徽州出身。在位处深山之中且耕地稀少的徽州，凡是有些许志向的青年通常都会在少时离开家乡，利用血缘关系网，从事广域的商业经营活动。他们通过获取食盐专卖权等形式，也与国家财政牵扯甚深。

按照"无徽不成镇"（没有徽州商人，便无法形成市镇）的说法，在江南的商业城市之中，必定可以寻觅到徽州商人的商店和当铺。徽州商人往往留下乡里的妻子独守空闺，自己则在江南的风月场中花天酒地、挥金如土。明末的小说中徽州商人多以贪婪好色的形象登场，这或多或少也是出于江南文人的嫉妒吧！

以税赋的形式从全国的农村征收的白银，结果却落入了寄生在国家财政上的官僚和大商人的囊中。可以说这就是明末官僚和商人能够积累起前所未闻的巨大财富的根源所在。官僚退隐之后携带万贯家财回归乡里，在城市中修建宏伟壮丽的宅邸，过着奢侈淫靡的生活。商人们也以城市作为舞台，大肆消费，任意挥霍。如此一来，贫困的农村被弃置一旁，城市则独自享受繁荣昌盛，从而形成了明暗对照鲜明的明末特有的经济构造。城市中堆金积玉，赚钱的机遇良多。而相对地，农村则陷入一派不景气之中，谷物的价格低廉，即使是土地所有者也只会被沉重的赋税压垮。这种状况催生了资产家规避土地投资、专注城市产业投资的风潮，从而使城市与农村之间的经济落差更加巨大。

农村手工业

贫困交加的农村人不得不为了生计奔波劳碌。他们的选择之一，就是从事被当作副业的手工业来补充家计。

欧洲资本主义发展的基础是农村手工业，在这一战后有力学说的影响下，日本一直以来针对中国明清时代农村手工业进行了大量研究。鉴于地域上的差别，我们不能对各行各业一一说明，在此仅举出生丝业的情况为例。在前节讨论海外贸易时曾经提到海外白银流入这一情况，这些海外白银等价交易的中国输出商品的代表便是生丝。生丝主要由农民作为副业生产出来，其最大的生产地位于江南，即长江三角洲地带（现在的江苏省南部、浙江省北部），特别是湖州府，当地所产的生丝被称为"湖丝"，远销海外。

江南水乡地带的主要农作物是水稻。农民要把近一半的收成交给地主充当"田租"，很多时候剩余稻米不足农民家庭一年的食用，农民要靠生产生丝支付税金，以维持生计。农民从商人那里购得蚕卵，待到清明节前后蚕卵开始孵化。桑叶饲料要从种植在堤坝等地的桑树上采摘，当桑叶不足时也可以从商人那里购买。蚕虫在食用桑叶后会进入睡眠状态，然后再度进食、睡眠，反复四次（即"四眠"）之后作茧。这时需要搭建蚕室，准备大量的"蚕山"（即蚕蔟，供蚕作茧的工具，多用藁、竹等制成，其形状如山），并用炭火维持温度。由于当时还没有发明杀死茧中蚕的技术，在蚕作茧后必须等到蚕蛾破茧而出才能进行缫丝，况且此时已经到了插秧季节，农民的工作极为繁忙。每逢新丝做成，太湖附近的商业中心地区都会举办生丝市场，来自全国各地的商人会携带大量白银云集此处。

相较于水稻种植，生丝生产获得的收入更多，似乎是一件有利可图的工作。可是从反面来看，蚕的饲育必须要有调节温度、保持清洁环境等细心的照料，蚕染病的危险也很大。关于明末江南的养蚕业状况，1607—1609 年在任的某地方官曾指出：当时农耕、养蚕的盛况虽然可以与宋代相提并论，但是农民的生活却很贫困。其表述大致如下：

> 育蚕作茧，岂徒手博者。饔飧（飧）器具，皆从质贷办。经月辛勤，眼昏头白，迫缫成，谓卒岁。公私取偿丝市。丝市之利，胥仰给贾客腰缠，乃大驵小侩递润其腹，而后得抵乡民之手，瞀乱权衡，百计绐箅，朱提白锭，殽以连锡，盖未及纳税输官，而质贷之家轻出重入，浚其膏，小民有依然徒手耳！（光绪《石门县志》卷三）

这段记述表明，当时的养蚕业其实是贫困的农民为了补贴家计不得已的选择。这种情况出现的背景，一是明代江南是全国赋税格外沉重的地区，二是明末 16 世纪以来农村贫困状态的持续。

城市的服务业

气压的差异产生风，都市的繁荣景气和农村的贫弱匮乏之间的巨大落差则造成了农村人口向城市的流动。那么，城市的从业情况如何呢？与我们常识中理解的农村从事农业、城市从事工业的情况不同，当时的大部分"工业"是作为"农民"的副业开展的。除了高档的丝织品和棉布的制作等若干业种，高耸城墙内的都市其实并没有什么值得一提的手工工业。因此我们不妨抛开手工工业，将视线集中在明末时期的城市杂业上，当时种类繁多的服务业急速膨胀起来。

弃农之人在转变职业时，优先考虑的是成为奴仆或者在衙门供职（胥吏、衙役）。所谓"奴仆"（包含女性"奴婢"），是指世代隶属于权势之家供人差遣役使之人。主人和奴仆之间，类似于亲子关系，奴仆不可忤逆主人，"主仆之分"是一种绝对的上下关系。尽管是这样的隶属地位，明末时期却有很多的人自愿成为奴仆。

17 世纪的学者顾炎武在《日知录》里提到："今日江南士大夫多有此风，一登仕籍，此辈竞来门下，谓之投靠，多者亦至千人。"（《日知录》卷十三，世风）明末的太仓州地方志如此记述当时的风气："往者乡会榜发，群不逞各书呈身牒，候捷骑所向，进多金，求入为奴，名曰'投靠'。"（崇祯《太仓

州志》卷五，流习。所谓"呈身牒"，是指自愿投身对方门下成为奴仆的证明文件）

卖身为奴者尚无可厚非，但是主动献上金钱并自愿为奴之举着实令人感到不可思议。不过，虽说是隶属关系，可一旦成为权势人家的用人，不但可以衣食无忧，还可以凭借主人家的势力取得比一般人更优越的地位，甚至积蓄财富。这样的地位是饥寒交迫境遇下的农民所憧憬的，如此说来也就不令人惊讶了。胥吏和衙役的情况同样如此，有衙门的权势撑腰自然较一般人地位优越，个中滋味亦是妙不可言。如果不能"狐假虎威"，就只会被轻易地吞食——这样激烈的生存竞争迫使人们纷纷和有权势者缔结隶属关系。

寄生于权势之家奢靡消费之上的各种服务业的盛况也是明末城市绚丽多彩的特征之一。南京的秦淮河畔和苏州阊门之外的山塘等地，正是青楼妓馆林立的游乐之地，文人和商贾往来穿梭于此，游船之上艺妓陪侍，美酒佳肴自是应有尽有。青楼妓馆之中亦不乏生财之道，为妓女梳妆打扮的理发师、推拿按摩的服务者、贩卖衣服配饰的女商人，以及指导歌舞技艺的老师等形形色色的从业者形成了一个庞大的群体。16世纪的上海人陆楫曾批判当时提倡禁奢从俭的经世论者，其言辞如下：

> 自一人言之，一人俭则一人或可免于贫；自一家言之，一家俭则一家或可免于贫。至于统论天下之势则不然。治天下者，将欲使一家一人富乎？抑亦欲均天下而

富之乎？予每博观天下之势，大抵其地奢则其民必易为生，其地俭则其民必不易为生者也。何者？势使然也。今天下之财赋在吴越，吴俗之奢，莫盛于苏杭之民。有不耕寸土而口食膏粱，不操一杼而身衣文绣者，不知其几何也，盖俗奢而逐末者众也。只以苏杭之湖山言之，其居人按时而游，游必画舫肩舆，珍羞良酝，歌舞而行，可谓奢矣。而不知舆夫舟子、歌童舞妓，仰湖山而待爨者不知其几。故曰："彼有所损，则此有所益。若使倾财而委之沟壑，则奢可禁。不知所谓奢者，不过富商大贾、豪家巨族，自侈其宫室车马、饮食衣服之奉而已。彼以粱肉奢，则耕者庖者分其利；彼以纨绮奢，则鬻者织者分其利。……若今宁绍金衢之俗，最号为俭，俭则宜其民之富也。而彼诸郡之民，至不能自给半游食于四方。凡以其俗俭而民不能以相济也……"（《禁奢辨》）

有人评价说，陆楫的观点是远远早于倡导"私恶即公益"、强调奢侈效用的《蜜蜂的寓言》一书作者曼德维尔观点的卓见。确实如此，奢侈消费是经济活化之关键这种观点在某种意义上是正确的。然而，苏州和杭州的繁荣是以农村遭受苛酷掠夺为基础，而且城市的奢侈消费并不能为广大的农村地区带来利润，繁荣昌盛的景象仅仅局限在城市之中。这才是明末经济的最大问题，这一点也是我们不能忘记的。

共同性与秩序

阳明先生的顿悟

　　奢侈与食不果腹的贫苦、激烈的生存竞争、为图谋上位而倾轧他者这样近乎疯狂的世相——当我们想象生存在这个时代的这些不安时，也不禁会想到作为这个时代象征性思想的"阳明学"。以明朝中期学者王守仁（1472—1529）的号命名，今天一般被称为"阳明学"的一股儒学思潮，在他死后，经以王畿（龙溪）和王艮（心斋）等为首的弟子狂热传讲教授，风靡了明末时期的思想界。

　　朱子学是明代的正统学问，并为科举考试采用。在中国的儒学史上，阳明学被认为在很大程度上有着与朱子学相似之处，因此二者也被括称为"宋明理学"。按照"理学"的主张，人间万物的规律（即"理"）是世人本来应当具备的，对人间万物规律的追求乃是做学问的目的。不过，在朱子学者看来，只有通过积蓄广博的学问知识和严格的修养才能够达到"理"的境界——倘若不经历修炼，完全依赖自然情操将会陷入"恶"之中。而王阳明的观点恰恰与此相反，在他看来，要像出生不久的赤子和不治学问的庶民那样很自然地孝敬父母、帮助他人，本心最自然的状态才是真正的道德心。不去保持自己的本心，而是追求心外之"理"，其结果将是丧失活力，导致"支离"，即仅有散乱的形骸。

　　王阳明并非从一开始就抱有这种想法。他的父亲是曾经取得殿试第一名的大官僚，出生在名门之家的他最初自然是热衷朱子学的学徒。他为了究极每件事物所蕴含的"理"，曾经连续注视庭园前的竹子七天。然而，这样得到的体会却是事物的"理"与自我的"心"二者分离、无法结合的深刻疏远感。王阳明自己也在二十八岁时进士及第，开启了自己的仕途，但他触怒了正德帝时期一度极具权势的宦官刘瑾，被贬谪到偏远的贵州龙场驿。不过这最终成了他的转机。身处孤独不便的生活环境中，在精神上也备受煎熬的王阳明，直到有一天恍然大悟："圣人之道，吾性自足，向之求理于事物者误也。"

从根本上解决了过去困惑的王阳明，在刘瑾垮台之后重新回到官场，凭借着大胆的军事谋略在镇压农民叛乱和皇族叛乱过程中充分发挥了才能，从而使自己踏上了顺风顺水的官场生涯。

赤子之心

在探讨阳明学的历史地位时，通常受到注意的是，阳明学所倡导的从世人自身内在层面而非外在规范中寻求规律的态度（即所谓的"心即理"），以及与之互为表里的从无知无学的庶民中发现真正道德性的主张。阳明学的口号之一便是"赤子之心"。阳明学派当中尤为推崇将"赤子之心"作为宗旨的罗汝芳曾经有言："赤子出胎，最初啼叫一声，想其叫时，只是爱恋母亲怀抱，却指着这个爱根而名为'仁'，推充这个爱根以来做人。"（《近溪子集》）难道赤子爱恋母亲怀抱是遵从了"爱恋母亲"的道德规范吗？答案是否定的。赤子的胸中既没有知识，也不存在规范。赤子只是一味地、不分彼此地

王守仁

头裹方巾、身着道袍是明代知识分子普遍的日常服饰

爱恋着自己眼前的一切事物。待到赤子长大以后，人际关系会变得广泛、复杂，但是人与人之间共同性的"根"却深扎于内心——从出生之日起，人的心中已经存在了爱恋之情。

赤子之心本来是人人具备之物。不，毋宁说那些无知无学的愚夫愚妇所拥有的或许才是未经玷污的真情实感。面对着形形色色的男女听众，罗汝芳如是说道：

> 且观时堂上下，人数将近千百，谁不曾做过孩提赤子来？谁人出世之时，不会恋着母亲吃乳，争着父亲怀抱？又谁的父亲母亲不喜欢抱养孩儿？谁的哥哥姐姐不喜欢看护小弟小妹？人这个生性，性这样良善，官人与舆人一般，汉人与夷人一般，云南人与天下人一般，大明朝人与唐虞朝人也是一般。（《近溪子集》）

为农田中耕作的丈夫送去饭菜的农妇、遭到母亲呵斥大声哭泣却依然缠着母亲紧紧拽着其衣襟的孩童——街上来来往往的都是圣人（即"满街皆圣人"，出自王阳明《传习录》）。在继承了王阳明教导之人中也涌现出一批庶民学者，有盐丁、农夫，也有瓦匠、樵夫，等等。

肯定庶民的道德能力，倡导"求之于心而非也，虽其言之出于孔子，不敢以为是也"（王守仁）的阳明学精神，也带有反权威主义（反对儒教要求恪守上下关系秩序的教导）、自立平等的近代主张色彩。不过，这绝对不意味着阳明学否定"孝亲""忠君"等旧有的上下道德。毋宁说阳明学派是这类道德的狂热鼓吹者。庶民生来便具有这样的道德属性，是与圣人相匹敌的道德存在。从这个角度来看，阳明学将忠义、孝行等旧有的道德解读为世人原本自然具备之物，进而将这种观念深深地根植在大众的心中，也许可以说是一种非常反动的思想。

明末社会与阳明学

实际上，一直以来的研究史基本上可以分为强调阳明学的近代性和强调阳明学的反动性两派立场。但是，在此论证两派的观点孰对孰错应该没什么意义。大概可以说的是，阳明学盛行的背景中有本章迄今一直在谈论的明末社会的变化。在竞争社会当中，过去一直维系的上下秩序崩溃瓦解，有实力之人纷纷跃居上位。仅凭腐朽的道德规范已经不可能抑制这些人的欲望和行动。与此同时，在激荡沉浮的强烈不安感之中，世人对于原本共同性志向的确认，成了一股极为迫切的愿望。倡导万人心中原本就具备"爱他人"的真性道德之说的阳明学，与时代的需求相一致，因此得到了世人近乎宗教狂热般的支持。

人世间充斥着赤裸裸的利己主义的竞争时代——16 至 17 世纪正值全球规模的激荡期。笔者认为，阳明学是对时代漩涡中的人们如何做才能够恢复共同性和秩序这个问题的一种原理性解答。若说到从 17 世纪欧洲社会不安中诞生的理论思想家托马斯·霍布斯，其秩序论的基础则是其所构思的人性范式——以"竞争、不信任、追求荣耀"为本质的彻彻底底的利己主义。对不相信这种人性观的人，霍布斯如此说：

> 人性竟然会使人们如此彼此离异、易于互相侵犯摧毁，这在一个没有好好考虑过这些现象的人看来是很奇怪的。因此，他也许不会相信根据激情做出的这种推论，而希望用经验加以证实。那么我们不妨让这种人考虑一下自己的情形：当他外出旅行时，他会要带上武器并设法结伴而行；就寝时，他会要把门闩上；甚至就在屋子里面，也要把箱子锁上。他做这一切时，自己分明知道会有法律和武装的官员来惩罚使他遭受伤害的一切行为。[1]

相对于霍布斯的观点，阳明学将人类的本性诠释为"爱恋母亲怀抱的赤子"。对于那些质疑其人性观的人，阳明学派

---

① 此处翻译与日文原稿略有出处，乃引用英文原著翻译。——译注

则提出了"谁人出世之时，不会恋着母亲"的说法。

　　作为社会理论的基础，霍布斯和阳明学派究竟哪一方的人性观才是正确的呢？在笔者看来，二者都太极端。不过，在这一时期的社会激荡之中，欧亚大陆东西两侧都有人执念于理论性的思考，这一点让我不由得感觉兴致倍添。

阳明学的激进化和对阳明学的批评

　　从人性的自然真情中探寻"理"的阳明学，其强调的"心即理"论说最终也陷入了前所未有的困境之中。举个浅显的例子，要说弟弟爱戴兄长是人的本性，那么顽劣的弟弟拧兄长手腕强行夺取点心的所作所为难道就不是自然真情流露吗？如果将其斥为"恶"，那么衡量善恶的标准又是什么呢？要是

李贽

李贽出生于当时的国际贸易中心福建省南部的泉州

脱离自然的真情转向人心以外的客观善恶标准，不就等于从根本上推翻了阳明学吗？如果从逻辑上来探究"心即理"理论，那么从一开始客观的善恶判断标准就无法成立吧？

实际上，阳明学中间的一部分激进派极度排斥外来的道德，力主追求纯粹真情，其结果却是产生了对既成道德论强烈的批判，以及向"无善无恶"论方向的倾斜。激进派的代表人物是李贽（李卓吾），此人将展现出人间真情的《西厢记》《水浒传》等戏曲、小说作品赞誉为"天下之至文"，又将《论语》和《孟子》评为"伪善者之口实"（道学之口实，假人之渊薮）。李贽的言论对世人产生了极大的冲击。

旨在重建秩序的政治家们自然将李贽之流的激进言论视为"危险思想"。倡导遵循自身自然之心的阳明学，原本是响应"恢复人间共同性"这一世人的迫切愿望而急速发展起来的，与其说阳明学的理论在发展过程中逐渐走向纯粹化，倒不如说它根本无力解决明末社会的混乱问题，反而招致了非难，被斥为"导致明末社会混乱的元凶"。

政治的季节

嘉靖帝时代

接下来，让我们将视线移到北京，探索 16 世纪前半叶以来中央政治的动向。沉溺于自由放荡生活的正德帝在南巡之际，不慎从船中落水而染病，亡故时年仅三十一岁。正德帝没有生下儿子，于是他的堂弟朱厚熜继承了帝位（嘉靖帝，

1521—1566 年在位）。即位之际，嘉靖帝和内阁首辅杨廷和致力于一扫正德帝时代的宦官势力，重建俭朴节约型的财政体系。随着正义派官僚的复权，宫廷政治也回到了正常轨道。然而，不久后爆发的"大礼议之争"使宫廷中再度掀起了狂风暴雨。

　　此次论争与嘉靖帝亲生父亲兴献王的尊号问题相关。旁系出身的嘉靖帝继承帝位，其身份自然成了弘治帝的养子，必须称呼弘治帝为"皇考"（亡父），不得不改称兴献王为"皇叔父"，这是大多数官僚的看法。然而，嘉靖帝更看重亲子之情，执意要尊称兴献王为"皇考"。结果，双方一场争论下来，嘉靖帝将反对派投入大狱，强行通过了自己的意见。在这个过程中，杨廷和辞职，皇帝和官僚的关系也陷入了僵局。

　　原本身体羸弱且专注于道教长生术的嘉靖帝，从其统治过半时起，便避居紫禁城西苑的宫殿之中，对政务不闻不问。当时，还有巧于书写道教祭文（即"青词"）之人得到嘉靖帝的宠信，被提拔为宰相，故而产生了"青词宰相"的说法。颇有文才的严嵩正是在这期间登场，并在之后的二十年间掌握了实权。严嵩是以贪婪无能、大搞贿赂政治著称的恶德宰相，在小说和戏曲作品之中不乏描述其恶行的情节。不过，严嵩的恶行往往在憎恨他的文人笔下被无限夸大，针对严嵩应对北虏南倭困难局面时的功绩，还是有必要再评价的。明代后期，出版文化隆盛一时，以现实官僚为题材的小说、戏曲作品大量涌现，这些作品中被刻意歪曲的人物形象广为流传，反而让我们很难看到某些人物的真实面目。

徐阶与海瑞

最终，一个叫作徐阶的人扳倒了严嵩。徐阶出身松江府，是在科举中取得探花（殿试第三名）的进士，也是王阳明徒孙辈的阳明学者。据记载，徐阶"短小白皙，言谈举止优雅"，拥有出类拔萃的协调能力，有胆识且值得信赖。徐阶在严嵩专权时代不与之冲突，而是默默地培养人脉，待自己获得嘉靖帝信赖以后，再利用掌握的人脉将严嵩推翻。

可以说，明代的中央政治格局从这一时期开始显露出一个变化。这一变化是，中央政治已经不仅仅局限在宫廷内的政策议论和权力斗争，而是通过连贯中央与地方的人脉在全国范围内展开。其关联之广泛，亦不局限在官界内部的人脉。既是经济、文化中心也是信息中心的城市繁荣昌盛，以此为基础，出版业兴旺发达，使中央的消息能够迅速传达到地方。不仅是官僚、士绅、学生，甚至是行商走贩和挑夫轿工等一般庶民百姓也会聚集在酒肆之中议论天下国家之事，他们对同乡出身的官僚的言行尤为关心。如此一来，官僚们不得不顾及全国上下的风评来采取行动。大胆地弹劾当权者等受欢迎的政治表演也盛行起来，这又使得政争的态势更加激化。

说到当时凭借大胆言论博得勇敢之名的人，就不能不提海瑞。海瑞是海南岛出身的举人，在担任下级地方官员期间获得了"为官清廉"的美誉，因而被提升为中央的户部主事。当时的高级官僚们会进献祥瑞之物来歌颂嘉靖帝德行，这令海瑞深感不齿。于是，海瑞上疏奏陈："（陛下）一意修真，竭民脂膏，滥兴土木，二十余年不视朝，法纪弛矣。……二王不相见，人以为薄于父子。以猜疑诽谤戮辱臣下，人以为薄于君臣。乐西苑而不返，人以为薄于夫妇。"直言不讳地批判了嘉靖帝的种种过失。

嘉靖皇帝看过海瑞的奏疏后勃然大怒，将奏疏掷于地上。然而，当皇帝听到左右的进言"闻其上疏时，自知触忤当死，市一棺，诀妻子，待罪于朝，僮仆亦奔散无留者，是不遁也"后，又沉默无语。加上徐阶的从中运作，海瑞虽被投入狱中监禁，却一直被延缓执行死刑。第二年嘉靖帝去世，听到这个消息的监狱吏卒们预测海瑞即将被释放、复职，于是争相奔走通告，欢喜雀跃。见此情形，认定自己马上将被处以死刑的海瑞，坦然地痛快吃喝，但当他中途听到嘉靖帝去世的消息后，猛然将刚刚吃下的食物全部吐出，扑倒在地，彻夜号哭。透过这则故事，我们看到的是一个典型的贯彻忠义、刚毅不屈的清官形象。

后来，海瑞出任应天巡抚，前赴江南，积极打击恶德乡绅。以此为契机，江南爆发了名为"裂冠弃冕之祸"（冠和冕都是士绅的象征。即反抗士绅的暴动）的骚乱，其最大的目标是已经退隐乡里且在松江坐拥莫大土地财产的徐阶。在这场对局中，一方是受江南文化孕育，驰骋在精英道路上深谙明哲保身之术且足智多谋的能手；另一方是出身边陲，以地方下级官吏的身份赌上身家性命，从而名满全国的刚毅之人。尽管徐阶、海瑞的性格迥异，但二人都是为这一时期的政局增光添彩的特色人物。

张居正时代

有"明末铁腕宰相"之称的张居正，原是嘉靖帝的后继者隆庆帝（1566—1572 年在位）皇太子时期的导师。隆庆帝即位的第二年，张居正经徐阶提拔进入内阁。入阁后，张居正就上呈了《陈六事疏》，列举了六点方针，即：①省议论；②振纲纪；③重诏令（诏令，即皇帝的命令）；④核名实（考核官僚人事）；⑤固邦本（健全财政）；⑥饬武备。我们从这里也可以看到，张居正试图将皇帝置于顶点，在中央强大的领导力之下，实现富国强兵的目标。张居正崇敬的君主是秦始皇和明太祖（洪武帝）一般的独裁帝王。

隆庆帝死后，在围绕着年仅九岁的万历帝由谁首辅问题的政争中，张居正将此前担任宰相的高拱赶下台，获得了期待已久的宰相（首席内阁大学士）地位。张居正以帝师的身份对万历皇帝进行严格教育，按照自己的意图操控皇帝，同时对国政加以改革。

第一，有必要对动辄批判、阻挠中央政府的监察官和地方士绅发起的"世论"进行抑制。为此，张居正先是确立了内阁监督监察官的制度。原本内阁是皇帝的顾问机关，与一般官僚之间并不存在统属关系，但新的监督制度成立以后，内阁便拥有了对监察官的控制权，针对内阁肆意批判的声音自然消退了下去。此外，张居正又下达了封锁生员和地方学者批判政府的策源地——各地方书院的命令。原本阳明学派的特征就是召集大量听众进行讲学活动，此时也受到了打压。

第二，张居正试图通过积极的政策重建财政。他本着节约的宗旨，大力削减支出，同时对地方官进行严格的成绩审查，以此实现全额征收赋税的目标。地方官害怕逾期缴税而遭到惩罚，于是鞭挞贫民强迫他们交出税金。另一方面，张居正在全国施行土地丈量，确定土地的所有者，想要以此根绝偷税、漏税和税额分配不当问题。

在张居正的努力下，明朝的财政状况呈现出长久未见的好转态势。也多亏了张居正执政之前由于压制倭寇与同蒙古议和，军费开支得到了有效的抑制，因此如第 130 页图 6 所示，张居正执政时期（1572—1582 年）太仓银库的岁收入额已经超出了岁支出额。可以说张居正的政策收到了其所期待的成果。然而，尽管他有这样的功绩，但在他死后，长久受到压抑的官僚、士绅的不满迅速爆发，舆论风向也为之一变。"欺君罔上，结党营私""贿赂成风，中饱私囊""独揽大权，一手遮天"等批判张居正的声音不断。最后，万历帝也认定了张居正的罪状，下令剥夺了张居正子嗣们的官职并没收家产，张居正的长子被逼自杀。

从此以后，万历帝对政治失去了兴趣，一反少年时代在张居正严格教导下努力、认真成为一名好皇帝的姿态，肆无忌惮地荒废政务，仅为建造自己的陵墓——地下宫殿"定陵"就投入了八百万两，可以说在铺张浪费中找到了生存的意义。张居正时代的积蓄顷刻间消耗殆尽，明朝财政再度陷入赤字的窘境。另一方面，在批判张居正的狂潮中恢复了势力的监察官和地方士绅对中央政府的批判言论愈演愈烈，几乎是在朝鲜党争开始的同一时间，万历中期以后的中国也进入了政争激烈的季节。

中央与地方

　　相较于只会对埋首于升仙方术的皇帝唯唯诺诺、唯命是从的嘉靖时代朝廷众臣，可以说徐阶以后的官场具有才干与骨气的官员辈出。然而，无论这些官员具有多么杰出的能力，此后的政局都越发混乱迷离。究其原委，恐怕与这些能臣干吏积极推行改革政治腐败的政策，结果致使此前一直潜在的中央与地方之间的紧张局势激化有着莫大的关系。

　　张居正的政策是通过强化中央政府对地方的控制，以实现富国强兵和整肃纲纪的目标。然而，张居正的严格政策在地方社会看来，无疑是中央政府强化了对地方的掠夺，压制言论。批评张居正的官员们当然也意识到了整顿财政和肃正纲纪等改革的必要性，但他们更想通过地方对中央政府控制的强化，削减政府无益的开支，减轻地方的负担，因此形成了与张居正之间的尖锐对立。如果说以前的政治斗争只是宫廷内部的夺权斗争，那么在此之后则是席卷全国的大规模抗争的兴起并且趋于常态化。

　　中央政府的专权与对中央专权的批判这种对立关系，在万历后期，围绕着财政问题和皇太子问题日趋紧张。宫廷的浪费，再加上万历中期（1590 年代）爆发的诸多边境战争——宁夏蒙古将领哱拜之乱、贵州土司（少数民族实力派，获得中央政府授予地方世袭统治权之人）杨应龙之乱，以及丰臣秀吉侵略朝鲜之战，使明朝的财政陷入了危机。朝廷向各地派遣宦官，企图通过征收矿山税和商业税的办法扭转财政上的窘境。宦官和谄媚奉承者的榨取搜刮则引发了地方士绅和民众的强烈非难。

再有，万历帝有意废黜皇长子，另行册立其宠爱的郑妃所生皇三子为皇太子，此事遭到了监察官和正义派官员的猛烈批判，在这场政治风波中下野之人仍不断发表反对中央政府的言论。这些人中间的代表就是"东林党"。"东林"之名源于1604 年乡绅顾宪成等人在长江三角洲中部的无锡开创的"东林书院"。东林书院成了当时批评中央政府派士绅们集结的场所。不过，"东林党"并没有现在政党所具备的明确规约和组织形式，而是拥有相同政治倾向之人的松散集合，"东林党"更像是反对派强加给这些"聚集在一起图谋干预政治的危险党徒"的标签。

魏忠贤与开读之变

万历帝死后即位的皇长子泰昌帝不久便误食药丸离奇暴毙，泰昌帝之子随即继承大统，是为天启帝。在天启帝时代，宦官魏忠贤和乳母客氏深得皇帝的宠信，从而掌握了实权。魏忠贤本是一个目不识丁的无赖，据说奏章文书等均需要他人代读，然后他再下达命令。他使得许多官员拜自己为干爹，对反对派则实施残酷镇压，因此除了少数有骨气的官员，敢于挑战他的人都被他消灭了。奉承他的官僚士绅在各地建造生祠祭祀膜拜他。

魏忠贤将"东林党"视为眼中钉。他将东林党人列入黑名单，指使东厂的秘密警察搜捕、拘拿其中的主要人物，以贪污渎职等罪名对这些人进行拷问、虐杀。东林党之中素以清廉刚直著称的周顺昌在家乡苏州被捕，以此事件为开端爆发了1626年的"开读之变"。在当时被称为"民变"的城市民众暴动，自16世纪后半叶开始频频兴起，开读之变就是其中最著名的一次事件，此后也成了小说与戏剧作品的题材之一而流传于后世。开读之变的经过大致如下：

天启六年（1626年）三月，魏忠贤为了缉拿周顺昌，派遣差役前往苏州。差役逮捕周顺昌的行动遭到了多数苏州生员和庶民的抗议。在大雨之中，抗议的民众前往差役宣读敕旨（即"开读"）之地西察院，双方爆发了冲突，差役中有一人被民众殴打致死。经知县等人劝说，生员和民众方才散去，此后周顺昌被秘密押送至北京，在遭受拷问后身死狱中。另一方面，巡抚等人开始搜捕民变的首谋者，颜佩韦等五名庶民作为民变领导者被打入大狱而后斩首，五名出面的生员也被罢黜了。

开读之变并不是一场大规模的暴动，但是却不仅动摇了魏忠贤的地位，还对江南的士大夫产生了剧烈的冲击。可以说，这次事件迫使士大夫不得不重新审视"士大夫为什么比庶民优越"这个问题。

本来按照"君子喻于义，小人喻于利"（《论语·里仁》）的理念，一般庶民（即"小人"）只会为利益而行动，士大夫（即"君子"）会为了大义而自我牺牲，这也正是士大夫与庶民之间的区别。然而在魏忠贤专权的时代，许多士大夫为求保身不敢反抗，甚至有很多人积极追随魏忠贤。与此相比，在"开读之变"事件中，曾经受周顺昌恩惠者自不必说，连一些素不相识的目不识丁的贫苦民众，都可以不顾自身安危，为周顺昌四处奔走，最终果敢地付诸实际行动，牺牲了自我。遭到处刑的五人，临死前从容不迫，并且高声辱骂魏忠贤派的巡抚："尔陷吏部死，官大人小，我为吏部死，百姓小人大。"

草莽志士与"粗鲁"的英雄

开读之变一年多以后，天启帝死，后继者崇祯帝即位的同时魏忠贤垮台。在左迁的途中，魏忠贤自缢身亡。魏忠贤专权时代带给士大夫社会的伤痛，并不单单是源于强权打压导致的虐杀和没落。倒不如说，这一时期官僚和士绅卑怯的态度，使得士大夫权威从内部堕落，而这促成了政治秩序的流动化。

魏忠贤垮台后不到一年时间，描述其恶行的实录风格文章、戏曲和小说等开始在以江南为中心的地区陆续出版。由此也能一窥当时"情报化"社会的端倪。此类文献强调自身的实录特性的同时，也标榜自身教化世人的功能。

此类文献的作者大多用的是假名，本人实际情况不为人所知。他们都以"草莽""布衣""道人"等名号自称，以无官无爵、淡泊官场名利之人自诩。这样的平民知识分子对天下的忧愤和强烈的政治关心空前高涨，可以说这是魏忠贤以后明朝社会的一个重要特征。明末这个时期，是下级知识分子和民众的"舆论""公论"被为政者强烈意识到的时代。与民众的"舆论"相悖这样的评判，对官僚、士绅来说是巨大污点。

在知识分子的笔下，在民变中原本默默无名的庶民领导者被赋予了鲜活的性格特征，从而使这些人物形象被深深地刻印在世人心中。在集与开读之变有关的明末诸文献之大成、创作于清初时期的长篇戏曲《清忠谱》（作者为著名的戏曲作家李玉）中登场的颜佩韦（被处刑的五人首领之一），如此介绍自己：

　　俺颜佩韦，一生落拓，半世粗豪。不读诗书，自守着孩提真性；略知礼义，偏厌那学究斯文。路见不平，即便拔刀相助；片言不合，那肯佛眼相看？怪的是不忠不孝，不义之财毫不取；敬的是有仁有义，有些肝胆便投机。……俺热血满腔，赤淋淋未知洒落何地；雄心一片，闹轰轰怎肯冷作寒灰！……俺生来心性痴呆，一味介肝肠慷慨。不贪着过斗钱财，也不恋如花女色，单只是见弱兴怀，猛可也逢凶作怪；遇着这毒豺狼、狠鸳驺，凭着他掣电轰雷，俺只索翻江搅海。

在这部戏曲中，颜佩韦的性格表现为"粗鲁"，"粗鲁"（粗卤）这种词语，正是当时人物描写上的一个关键词。说起《水浒传》，在明末堪称一部上自士大夫下至"贩夫皂隶"（行商和下仆），在各个社会阶层当中都具有压倒性人气的小说。当时颇受欢迎的评论家金圣叹在《读第五才子书法》一文中如此写道："《水浒传》只是写人粗卤处，便有许多写法。"鲁达粗卤是性急，史进粗卤是少年任气，李逵粗卤是蛮，武松粗卤是豪杰不受羁勒等，金圣叹在文章中对梁山泊英雄好汉各不相同的"粗卤"一一进行了简短评论。"粗鲁"一词，原本带有负面的语义。但在这一时期，阳明学激进派杰出代表李卓吾（李贽）倡导"绝假纯真"的"童心"之说，即强调杜绝虚假，主张抒写真情实感。在李卓吾之说的影响之下，"粗鲁"成了一种反向赞誉。

顺便一提，金圣叹曾将全一百二十回《水浒传》的后半部分——宋江率领梁山泊好汉归顺宋朝及讨伐其他贼寇的内容斥为"无用"之物，遂将《水浒传》"腰斩"，只截取前面七十回描写逃犯大暴动的内容出版。明清鼎革以后，金圣叹因苏州生员暴动事件遭到连坐，被处以斩刑，时人不禁唏嘘，认为这是他腰斩《水浒传》遭到的报应。

明末的"市民"社会

参与民变的城市居民在当时的史料中往往被称为"市民"或"市人"，现代的研究者中间也有人将这些民变称为"市民运动"或"市民斗争"。出版业的兴盛引发了"情报化"浪潮，世间对政治的关注日益高涨，"世论"愈加受到重视，综合上述几点，相信不止笔者一人会试图将这一时期的中国"市民"形象与17至18世纪西欧"市民社会"中的"议论的公众"形象重合在一起。西欧市民社会的构成者仅限于具有教养和财富的男性，身无分文的劳动者和女性被排斥在"市民"之外。相较于西欧社会的这种情况，中文语境里面的"市民"一词，仅仅是意味着"城镇居民"。当时的民变记述中往往将货郎、挑贩、妓女和奴仆等人参与民变善意地评价为"人心之公""难违众议"。明末的政治风土是，下层民众的意见和行动也被包含在了"世论"之中。

不过，不同于哈贝马斯等人所构建的西欧市民社会理论模式，给笔者留下深刻印象的一点与其说是"议论的公众"的"理性批判"支撑了明末地方社会的政治高涨，还不如说是民众对充满戏剧色彩的劝善惩恶行为的狂热参与。在大量的情报和知识以前所未有的规模和速度向庶民阶层渗透的这个时代，强调对犹如"无知无学"赤子一般庶民形象的肯定，而不是"从未成年状态中脱离"（康德语）的启蒙，也可以看作是一种反论。善者终究为善，恶者终究为恶，纯真无邪的正义感激励着世人"替天行道"（《水浒传》中梁山泊好汉的口号）、惩恶扬善——这是支撑着明末民众行动的政治世界的影像。

臃肿的病人

本章概观了明末社会各个方面普遍存在的激烈动荡状况。其中商业、农村手工业的急速发展和城市的繁荣，以及民众"世论"的登场和反权威主义思想等多个方面呈现出"近代"的端倪。尽管受到北虏和南倭问题的困扰，但是直到1630年代为止，明朝并没有被卷入大规模的动乱。在严谨的道学家看来，当时或许是一个动乱的时代，但公平来看，这一时期难道不能称为一个繁荣、发展的时代吗？

然而，当时的知识分子的想法是，对天下来说，重要的并非表面上的安定和繁荣。唐代的学者韩愈曾说过："善医者，不视人之瘠肥，察其脉之病否而已矣。"(《医说》)如果将天下譬作人，那么纲纪就是其脉搏。所谓的"瘠肥"是安危情况。倘若动乱持续不断，世人却依然能够坚持道德伦理，那么天下就不至于倾覆。当时人们眼中的明末社会就如同一个体态臃肿、脉搏杂乱的有钱病患，表面一派繁荣，人心却已然离散，即将面临危险的深渊。而此时此刻的东北地区，贫穷却精悍的满族人正在建设新的国家。

第五章　华夷变态

世界体系与东亚

《华夷变态》

1674 年（日本延宝二年），《华夷变态》的编纂者林春斋在这部书的序言里如此记叙了书名的由来：

> 崇祯登天，弘光陷虏，唐、鲁才保南隅，而鞑虏横行中原，是华变于夷之态也。……顷间吴郑檄各省，有恢复之举。其胜败不可知焉，若夫有为夷变于华之态，则纵异方域，不亦快乎？

在说明日本同样秉承着"明为华夏，清为夷狄"的"华夷观"这一点上，没有任何作品能比《华夷变态》更加雄辩。

在中国的宋朝相继被金、元两大非汉族王朝取代之际，日本尚不存在华夷变态一类的观点。这一变化的背景是较之宋代时更为深刻的东亚世界的一体化。

对日本来说，最初编纂《华夷变态》本身就是因为中国的相关情报具有重要意义。该书所收入的记录大部分来自《唐船风说书》，后者记录了从造访长崎的中国人那里获取的各类消息。另外，《华夷变态》也收录了少数对马搜集的从朝鲜传来的中国情报。对马的宗氏一族使用了各种各样的手段，煞费苦心地从朝鲜搜集有关中国的情报。

17 世纪的日本之所以想要系统地收集有关中国的情报，是因为 16 世纪划时代的东亚一体化进程。而东亚一体化，并不仅仅是内部因素造成的，还是世界体系与东亚遭遇的产物。

白银问题

正如前一章所述，16 世纪东亚贸易扩张的契机，是日本白银生产的急速增长。到了 16 世纪中叶，作为东海贸易中不可或缺的骨干角色，新兴势力登上了舞台，这便是葡萄牙和西班牙。1511 年，葡萄牙人占领了马六甲，并将此地作为东亚贸易的据点，此后为了与中国通商，开始在东海地区出没。沙勿略漂洋渡海来到日本，也是葡萄牙活动中的一幕插曲。

葡萄牙于 1554 年获得了在广州通商的许可，又在 1557 年获得了在澳门的居住权，至此真正地参与到这片海域的贸易之中。葡萄牙的商业活动并没有给业已形成的东海贸易带来明显的变化，直到较葡萄牙稍晚来到这片海域的西班牙的登场，情况才发生了改变。

西班牙于 1560 年代开始出现在菲律宾海域，于 1571 年占领了吕宋岛，建设马尼拉，将此地作为向东亚迈进的据点。此后，西班牙将南美洲波托西（Potosí，今玻利维亚境内）银山开采的白银带到了马尼拉，加入了与中国的通商活动之中。

自东方航路而来的葡萄牙和自西方航路而来的西班牙，二者于 1570 年代在东亚相会，由此沃勒斯坦（Immanuel Wallerstein）描述的以欧洲为中心的近代世界体系之轮廓形成了。中国对于白银的需求是其形成的最大要因。

与 19 世纪的比较

马克思将 19 世纪欧美势力向全世界的扩张态势称作“第二次 16 世纪”（详情参考 1858 年 10 月 8 日马克思致恩格斯的信）。就东亚的情况而言，马克思的这一比喻尤为合适。那么，在最初的 16 世纪和“第二次 16 世纪”时期，东亚与世界体系间的关系究竟有着怎样的不同呢？

本书的最初部分曾经提到，以公元 10 世纪左右为界，世界农业的先进地带开始从西亚转移到东亚。这种转移的核心是从干燥地区旱田种植向湿润地区水稻种植的转化，16 世纪则是东亚湿润地区水稻种植的扩张达到一个顶点的时期。中国长江三角洲地区的水利条件在这一时期得到了明显改善，日本各大河川的下游流域真正得以开发同样是在 16 世纪。可以说，东亚稻作社会的大规模扩张正是 16 世纪东亚海域出现空前盛况的前提。

另一方面，在欧洲，农业的重心也从古代的阿尔卑斯山以南的干燥地区向中世纪时期的阿尔卑斯山以北的湿润地区转移。15 世纪开启的欧洲大航海时代，反映了中世纪欧洲经济发展遭遇了壁垒。原本土地的极限生产力较低的欧洲地方，为了打破中世纪农业的界限，迫切需要在更为广域的范围组织新的分工。

为了获取东亚地区的财富，欧洲世界体系与东亚最初相遇的一幕上演了。然而，东亚并不同于南北美洲等地区，尚未被组织进欧洲的分工体系之中。倒不如说，在 16 世纪的时点，东亚经济的发展方向仍然维持着"内向"的状态。即是说，东亚开启了一条在扩展的水稻种植区域进行集约化生产的道路，土地极限生产力之高使其成为可能。

欧洲世界体系与东亚的初次相遇，最后以欧洲"单相思"的形式落下帷幕。17 世纪以后，奉行海禁与锁国政策的东亚状况从一个侧面证明了这一点。最顽强拒绝白银流入的朝鲜，可谓是这一时期东亚状况的象征。

如果说 16 世纪初次相遇之时，东亚丝毫不为所动，欧洲在嗟叹中黯然离场，那么在 19 世纪重逢之际，欧洲作为过去两个世纪的国际分工组织者，俨然是如实地将自身积累展示给了东亚。19 世纪东亚主张的"中体西用"（中国）、"东道西器"（朝鲜）、"和魂洋才"（日本）等口号，正是为了填补过去两个世纪空白所发出的共同呐喊。

壬辰、丁酉倭乱

"商业时代"和新兴国家

澳大利亚的东南亚历史学家安东尼·雷德（Anthony Reid）将从 1400 年前后开始，在 1570 年代至 1630 年代达到峰值的东南亚贸易发展时期称为"商业时代"。他认为，这一"商业时代"同时也是东南亚的"国家形成时代"。泰国的阿瑜陀耶王朝（大城王朝）、爪哇的马塔兰王朝（马打蓝，Mataram）、苏门答腊的亚齐王国、越南的黎朝等全部是其例证。这些国家的统治者掌控着商业流通的要冲，从繁荣的国际贸易潮流中牟取极大的利益，同时引进新式军事技术，统一周边势力，构筑起拥有强大王权的"绝对主义"国家。

16 世纪后半叶，日本的织田信长、丰臣秀吉等人也迅速地与国际商业接轨，获取铁炮（火绳枪）等新式军事技术，实现了日本的统一。从大局来看，日本的这一动向同样可以置于东亚、东南亚地区这一时期商业国家（同为军事国家）形成的潮流中来理解。这样的新兴国家在军事上不断膨胀，最终跨越大海向他国发动战争，这便是丰臣秀吉的朝鲜侵略。

安东郡的河回之地

庆尚北道安东郡西部的河回村乃是丰山柳氏世居之所，现如今仍然保持着昔日的风貌。不，应该说，近年来旅游观光产业发展，当地的传统风情更加浓郁。壬辰倭乱爆发时，担任朝鲜左议政兼兵曹判书的柳成龙（西崖），其宗家便位于这河回之地。

从安东市内向西南偏西方向流淌而来的洛东江在这里拐了个大弯向着更西南的方向流去，"河回"的地名正是来源于此。河回之地在 16 世纪时属于安东府下辖的丰山县，也即丰山柳氏的发祥地。

壬辰、丁酉倭乱（日本称之为"文禄、庆长之役"）终结后，失去权位的柳成龙回归河回之地，著述良多。而记述了倭乱的基本史料之一《惩毖录》也是柳成龙在此时完成的作品。《惩毖录》现在已经被韩国列为国宝，由收集了丰山柳氏相关史料的永慕阁收藏。

凡是到访过河回的韩国人，应该都会对壬辰倭乱的历史难以忘怀吧？不仅是这河回之地，到处都有与壬辰、丁酉倭乱相关的遗迹、遗物。韩国人和朝鲜人绝对不会单纯地将这场动乱视为一段"过去"的历史。首尔市格外醒目的地标性建筑——太平路正中段南面广场上伫立的巨大的李舜臣雕像，就是这一点的象征。

让我们再将话题转到《惩毖录》。《惩毖录》书名中的"惩毖"二字，出自《诗经》"予其惩而毖后患"，其意图是警示壬辰、丁酉倭乱的教训，以诚后世。为了获得教训，没有什么比原样记录事实更为重要了。所以，柳成龙在《惩毖录》一书中对朝鲜军队的弱小、政府内部的对立等情况丝毫不加掩饰，赤裸裸地揭露了当时朝鲜存在的诸多弊端。让我们根据《惩毖录》，来看一下壬辰、丁酉倭乱的情况吧。

壬辰、丁酉倭乱

> 是日（四月十三日），倭船自对马岛蔽海而来。望之
> 不见其际。釜山佥使郑拨出猎绝影岛，狼狈入城。倭兵
> 随至登陆，四面云集，不移时城陷。（庆尚）左水使朴泓
> 见贼势大，不敢出兵，弃城逃。倭分兵陷西平浦、多大
> 浦。多大佥使尹兴信力战被杀。（庆尚）左兵使李珏（一
> 作"李班"）闻声息，自兵营入东莱，及釜山陷，珏惶挠
> 失措，托言欲在外犄角，出城退阵于苏山驿。（东莱）府
> 使宋象贤留与同守，珏不从。十五日，倭进迫东莱。象
> 贤登城南门督战，半日而城陷，象贤坐受刃而死。倭人
> 嘉其死守，棺敛之埋于城外，立标以识之，于是郡县望
> 风奔溃。（引自《惩毖录》）

在战争初始阶段，日本军队几乎没有遭到朝鲜方面的抵抗，相继攻陷多处朝鲜城邑。日本军队的铁炮在这场战争中发挥的威力尤为显著。有关壬辰倭乱时期的军事力量，今日军事史研究者中间流行的通说是，陆军实力是装备有铁炮的日本军队具有压倒性优势，而海军实力则是配备有火炮的朝鲜军队占据优势。

日本军队之所以呈压倒性优势，是因为打了朝鲜一个措手不及。对日本军队侵略的可能性，朝鲜政府内部判断不一。就在日本发动入侵的两年前（1590 年），朝鲜曾派遣国使前往日本。当时朝鲜的国使团中有正使黄允吉、副使金诚一和书状

官许筬三人。奇妙的是，这三人全部与柳希春交情匪浅。金诚一是柳希春任职弘文馆时期的后辈，许筬对柳希春以师礼相待。按照《眉岩日记》的记录，黄允吉也时常拜访柳希春。

1590 年的朝鲜遣日国使，实际上是时隔百年朝鲜再度向日本派遣的使节。自 1586 年以来，丰臣秀吉多次向朝鲜派遣使节，朝鲜意识到日本国情已经发生了变化，遂以此为契机刺探日本的情报。朝鲜的国使一行于第二年（1591 年），在日本使节的陪同下归国。因为日本向朝鲜递交的国书中提出了假道朝鲜攻击大明的要求，朝鲜政府内部围绕是否要将日本国书内容通报明朝的问题陷入了意见对立。与之相关，朝鲜政府又在日本进攻朝鲜的可能性上产生了意见分歧。黄允吉主张有这种可能性，而金诚一则认为并没有危险性。这样的意见分歧，在早已形成的东西党争影响下愈演愈烈。黄允吉属于西人，金诚一属于东人，当时东人一方占据优势，于是金诚一的意见得到了重视。朝鲜政府对金诚一意见的采纳，导致朝鲜在应对日本侵略方面准备严重不足。

日本军队以破竹之势占领了汉城，继而向北部的平安道和咸镜道发动攻势。此时，战况出现了变化，明朝援军参战，同时朝鲜各地义兵蜂起。义兵的主体是地方的两班和僧侣。

全罗道的高敬命、金千镒，庆尚道的郭再祐，忠清道的赵宪等人均是有名的义兵将领。僧侣出身的义兵将领以西山大师、泗冥大师较为有名。李朝时代的僧侣被视为贱民，还会被充当士兵使役，这大概是当时僧兵活跃的原因。

金千镒是柳希春十分喜爱的人物。他率先组织义兵反抗日本军队，最后在晋州的战斗中阵亡。除此之外，柳希春的近亲中也有很多人参加了义兵活动。其中便包括柳希春妻族宋氏一门的女婿李邦柱之子李寿庆、金彦勖（勖），海南尹氏一门的女婿文亮之子文纬世等人。这些人的活跃充分体现了地方两班的存在价值。

但是，不管怎么说，对战局产生决定性影响的还是李舜臣麾下的水军，以及他们对制海权的控制。对李舜臣及其水军的表现，《惩毖录》做了如下的描述：

> 先是舜臣创造龟船。以板铺其上，其形穹窿如龟，战士、櫂（棹）夫皆在其内。左右前后多载火炮，纵横出入如梭。遇贼船连以大炮碎之。诸船一时合攻，烟焰涨天，焚贼船无数。（引自《惩毖录》）

占领地的日本军队

在存放着加贺前田藩藏书的尊经阁文库中藏有一份名为"朝鲜国租税牒"的史料。这份史料于壬辰倭乱日本军队占领咸镜道期间制作而成。其中记录着咸镜道内的五处府、郡、县向政府缴纳租税的详细情况，制作者是各地乡吏。

以五处城邑中的永兴府为例。"租税牒"将永兴府内的各"社"向政府缴纳的谷物品种和数量、进献的鱼和人参的数量，还有府内男女人口数量，最后是制作文书的乡吏们的姓名和职位，依次记录下来。所谓"社"，是道下面的行政单位，是北部咸镜道、平安道特有的称呼方式。

日本军队在占领此地之后，为了维持统治，需要严格掌握当地的租税征收状况，于是命令当地以同日本国内一样的"指出"形式，即乡吏自己申告的形式提交这份文书。永兴府户长边以宁还被迫起誓，承诺如果文件内容存在谬误，自己甘愿被斩首。

这份"租税牒"史料在诸多方面都有着重要的意义。首先，"租税牒"的制成，可以反映出日本计划永久占领朝鲜的意图。其次，日本军队在占领区立即要求提供"指出"的做法，表明日本设想在朝鲜推行与日本国内同样的石高制，封赏给各个大名。

日本统治占领地仍然打算依托乡吏阶层的力量，这一点也很是有趣。乡吏阶层担负着征收税金的实际事务，洞悉乡邑内的情况，因此在某种意义上这是必然的选择。距此三百多年以后，日本再度统治朝鲜之际，朝鲜乡吏阶层的存在还是问题。历史存在着反复，这是令朝鲜相当苦恼之事。

边境的反抗势力

边境"权力"的簇生

大约在织田信长等人致力于统一日本的同一时期里，从中国的北方边境到东南沿海一带，商业的同时也是军事的势力急速成长起来。在明朝政府的眼中，这些势力是反抗国家统治的不法者集团。然而，在地方实际统治中，这些势力俨然已形成一个个"迷你国家",其中可见各种机构的萌芽。例如,广东省潮阳县人林大春在《海寇论》中,对16世纪中叶沿海地区的海盗情况做出了这样的描述:

> 舟楫往来,皆经给票,商旅货物,尽为抽分。……夺人之粮,剽吏之金,辄赈给贫民,贫民莫不乐而争赴之。……又集四方亡命,征无赖生儒,稍习文义,以治其部伍,修其辞约,而彼乃深居大舶,行王者之事,公然出入城郭,列羽卫以要陪官之宴。(引自《井丹先生文集》卷八,状疏表)

在先前的章节中,我们曾经讲过充当了倭寇后盾的泉州乡绅林希元因"或擅受民词,私行拷讯,或擅出告示,侵夺有司"而受到弹劾。征收商税、救济贫民、受理诉讼、张贴告示,这些不已经是一个"小型国家"的行为了吗?虽然在明朝政府立场看来这些是鞭长莫及、望而兴叹的无法地带,但在生活于荒芜的边境和海上贸易世界之人的眼中,这些势力好歹是维系着地域秩序并为他们提供保护的存在。这样的"国家萌芽"在明王朝的北方边境和东南沿海地带相互竞争着成长,逐渐撼动了明王朝的统治根基,这也是明末时代的一大特征。

辽东军阀李成梁

牟取国际贸易利益、坐拥强大的军事力量、构筑起如同独立王国般的势力,那些被派遣至北方边境抵御蒙古人和女真人的明朝军人往往会成长为符合以上特征的地方军阀，而这些军阀中的代表，便是在辽东经营势力近三十年的李成梁（1526—1618）。相传李成梁的祖先是朝鲜人，但看其族谱中记载的始祖姓名，李氏祖先好像本是女真人。李成梁家族代代世袭辽宁铁岭卫的武官职务，李成梁本人更是凭借赫赫战功，于 1570 年被明朝政府授予了辽东武官最高级别的职位——辽东总兵官。明朝在辽东地区配置的九万多名士兵当中，归李成梁直接调遣的军队便有一万人，但他的武力基础与其说是明朝的官兵，倒不如说是可称作他私兵部队的"家丁"军。

所谓"家丁"，是从民间招募或从非汉人民族中选拔而来的将军直接统辖的士兵。据说李成梁拥有由其一族数千人组成的精锐"家丁"部队。家丁亦有"健儿"等别称，主从之间结成类似义父义子的关系。当时有中央官员称："辽左惟李氏世将，知虏虚实，所畜夷汉丁，能捍虏死战。李氏守辽，实自守其家。以李氏委辽，以辽委李氏，而后辽可保也。"（引自《牧斋初学集》）如其所述，李氏强盛的秘诀，在于他们是任职地方的土著势力，依托血缘或准血缘关系确保了势力基础的稳定性。李成梁一族和其部下家丁中有多人出任辽东各级武官。例如，丰臣秀吉侵略朝鲜之际，明朝派出迎击日本军队的提督就是李成梁的长子李如松。

但是，李成梁一族的土著性在明朝看来无疑是一柄双刃剑。确保"国家安泰"的代价，便是无人可阻止李成梁在辽东经营的势力成长为"独立王国"。实际上，李成梁将明朝政府每年投入辽东的数十万两常规军费（京运年例银）近半数纳入了自己腰包，还利用马市交易的马匹价格、盐税和商税中饱私囊，以致有"全辽商民之利尽笼入己"（《明史·李成梁传》）之说。凭借这些收入，李成梁过上了奢侈生活的同时，还不忘将一部分送入北京城内的高官手中。如此一来，身居北京城的要人自然会乐于歌颂李成梁的功绩，李氏一族纷纷得到晋升、褒赏，其名声轰动天下。

明朝在辽东地区投入的高额军费，为该地区带来了可称作"战争景气"的好景况。当时辽东最大宗的商品莫过于貂的皮毛和人参（药用的朝鲜人参）。大约从 15 世纪末开始，明朝和朝鲜的风俗日渐崇尚奢靡，貂皮的需求量大增，特别是在北京，制作严冬时节保暖用的耳罩需要大量的貂皮。貂皮的产地位于黑龙江以北的西伯利亚森林地带和现在黑龙江北部的丛林地带，在貂皮产地与开原等市场之间的漫长贸易线上，女真商人扮演了中间人的角色，富裕的商人辈出。

另一方面，人参天然生长在长白山（朝鲜称之为白头山）附近的山岳地带，要采挖人参，采参人必须在夏季的二至三个月，在山中一边防范猛兽，一边度过集体生活。人参在中国能够卖出非常高的价格，上等品具有"匹敌白银"的价值。女真人以部族组织为单位采集人参并贡献给酋长，这成为部族酋长的权力基础。建州部出身且急速显露头角的清太祖努尔哈赤（1559—1626）便是控制了特产渠道，从中获取商业利益的女真酋长之一。而控制着辽东市场，为女真人的商业活动提供保护，并且从中攫取利益的李成梁，相当于努尔哈赤等人的庇护者，双方是共生关系。

这一时期的女真经济，在依靠农业的同时对于狩猎采集仍然有着很强的依赖。不过，女真人从事的狩猎采集也并非是朴素的自给自足经济，倒不如说是着眼于获取国际贸易中所需的特产。当时的女真人依然保持着狩猎采集民族的部族团结性、坚韧耐力和精悍作风，同时他们犹如狡兔般，以久经边境市场锤炼的"商业资本家"形象发挥着卓越的才智，这一点不可忘记。

南海巨擘郑芝龙

接下来，让我们将视线投向南方，17 世纪前半叶在东南沿岸地区可以称作海上军阀的势力成长了起来，其中的代表就是福建泉州人郑芝龙（1604—1661）。

16 世纪后半叶至 17 世纪前半叶，在东亚海上贸易活动中取得最大利益的是日本白银交易中国生丝的日中贸易。但是，自倭寇之乱以来，对日本侵略性的警惕就深深地印刻在了明朝当局者的脑中。1570 年前后，明朝解除了海禁，却依旧不允许中国商人渡海前往日本交易。趁此机会，葡萄牙人从日中贸易的间隙中获取了巨大利益。

1510 年代最初一批葡萄牙商人抵达中国沿海，此后在浙江双屿、福建漳州、广东浪白澳等地与中国商人展开交易。1557 年，明朝官宪允许葡萄牙商人在澳门居住，在中国沿海确保了一个稳定的据点以后，葡萄牙商人才真正地涉足于日中贸易。1570 年前后，切支丹大名大村纯忠开放了自己领地内的长崎港，此后的数十年间，长崎、澳门之间的贸易一直是东亚海域最具商业价值的路线，葡萄牙商船贸易也因此持续了一个黄金时期。然而，到了16世纪末，与葡萄牙贸易紧密结合的传教士布道活动开始遭到日本政府的打压（最初的天主教禁令发布于1587年），再加上新兴势力荷兰的到来和日本朱印船的贸易活动，葡萄牙逐渐失去了优势地位。

伴随着东亚贸易格局的重组，新兴的各方势力都将注意力投向了台湾。荷兰人曾企图进入澎湖列岛，遭到中国阻止之后，便于1624年占领了台湾南部的"台窝湾"（台南外港安平），并在此修筑城塞（热兰遮城，Zeelandia）。

荷兰人在台湾建立据点之后，为了确保中国大陆商品的供给，必须要找到强有力的中国商人作为合作伙伴。当时中国东南沿海地区有许多甘冒风险的海商集团，他们时而与官宪抗争，时而与官宪联手讨伐竞争对手集团，围绕着贸易利益争斗不休。在此过程中，郑芝龙（通称"一官"）逐渐崭露头角。郑芝龙年轻时曾经居住在日本的平户，他与日本女子田川松于1624年生下的儿子福松，正是日后最大的反清势力的领导者郑成功（"国姓爷"）。

后来，郑芝龙担任了台湾荷兰商馆的翻译，同时与日本、荷兰建立了密切关系。郑芝龙不断袭击其他海商集团扩大自己的势力，又与中国官宪、荷兰船队进行激烈的海战，最终崛起成为拥有一千艘船舰的大船队的统帅，并且控制了中国沿海。1628年，明朝官宪招抚郑芝龙，任命他为厦门提督。荷兰人也与郑芝龙联手，以便从他手中获取中国商品。此后中国沿海地区的骚乱也持续了一段时间，但到了1630年代中叶，郑芝龙对中国沿岸地区的支配日益稳定，他指挥自己的船队开展贸易的同时，还向其他贸易商人课税并提供保护。如此一来，中国大陆商品便顺利地流入了台湾。

与郑芝龙携手合作的荷兰压倒了葡萄牙，成为掌控日中贸易之要的国家。德川幕府禁止葡萄牙船只渡航，仅允许荷兰、中国船只前往长崎，也正是在这一时期的 1639 年。

南北的新兴势力

一边是以酷寒的森林和山地的貂皮、人参等特产之利为基础成长起来的李成梁军团，另一边是以阳光明媚的海洋世界为舞台在白银和生丝的交易中获取巨额利益的郑芝龙船队——两者的形象殊为迥异，但是我们却不难发现他们之间的共通特质。

两者的共同背景是 16 世纪至 17 世纪初东亚国际贸易的繁荣。双方均从国际商业中获取利益，不仅是私商人，还是掌握强大军事力量、维持边境商业秩序的武人。他们的军事力量得到了明朝政府的正式承认，成为明朝军事组织的一部分，实质上却是由忠心于首领个人的私兵支撑起来的。他们在多元的文化环境中成长起来的领导能力，又在有形形色色的民族集团相互提携、对抗的边境地带的严苛现实中得到了锤炼。在拥有强大凝聚力的同时，他们也具有"外向性"的视野，懂得在必要的时候应当与何方联手，机会主义者的敏锐和现实主义者的才智在他们的身上体现得淋漓尽致。

明朝政府十分清楚这些新兴势力的危险性，却不得不借助他们的力量来维持边境和沿海地带的治安。明朝政府投入的大量军费不仅被他们中饱私囊，还在边境掀起商业热潮，围绕着商业利益各集团之间的纷争日趋激化，明朝政府为了抑制武力纷争就得更深地依赖他们。明末中央政府苛征赋税的做法招致了举国上下的怨恨，与其说这是在强化中央政府的统治力，倒不如说其结局是为边境反抗势力的成长提供了肥料。在经济和军事的重心开始向周边地区移动，离心力不断加剧的过程中，明朝的统治向着解体逐步迈进。

清朝的成长

努尔哈赤的出身

关于清太祖努尔哈赤的出身情况，可以参照载有太祖事迹的《满洲实录》卷首部分的记述。其内容大致如下：某日，天女三姐妹来到长白山东面的布库里山山麓的湖中沐浴，神鹊将一枚朱果掷下，恰巧被最小的妹妹吞食，于是此女怀有了身孕。后来，此女产下一名男婴，姓爱新觉罗，名布库里雍顺，即满洲族的始祖。经过数代之后，到范察的子孙都督孟特穆时期，其族移居赫图阿拉。都督孟特穆的曾孙福满生育有六子，此六人统称为"宁古塔贝勒"（"六王"，"贝勒"为贵族、豪强之意），其中第四贝勒觉昌安有一子名塔克世，塔克世的长子就是努尔哈赤。

对于上述系谱，迄今为止已经有了诸多研究，现在我们这样认为：

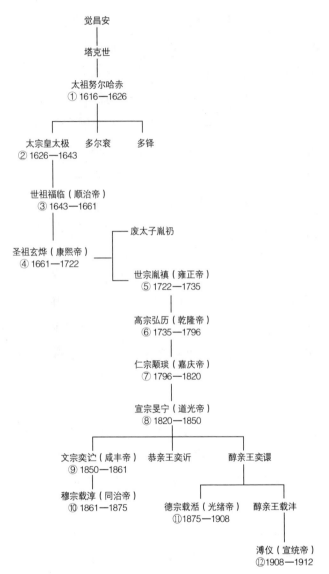

清朝世系图

　　我们可以从中国东北地区流传的神话中找到与库里雍顺诞生传说同样的"感孕"情节，库里雍顺的传说很可能吸收了某些既有的东西。从范察到福满上一代的数名人物均可以在《明实录》记载的建州左卫继承人中找到与之相应的名字，这些人物应该是真实存在的。然而，努尔哈赤本人是否真的与建州左卫世系存在关系尚有疑问，倒不如说，上述世系关系为后人所编的可能性极高。事实上，努尔哈赤的祖先可以被确定的，只有其祖父觉昌安以后的人物。根据明朝方面的史料记载，觉昌安乃是当时女真豪强王杲麾下的一名"贼首"，同时也是一个经常率领数十名女真人出入抚顺马市的商人。

　　由此可见，努尔哈赤并不是十分显赫的家世出身。自明初以来，明朝政府一直通过卫所制实现对女真部族的支配。随着边境贸易的兴起，明朝对女真部族的控制从16世纪开始放松，女真各部族之间围绕着贸易权掀起了激烈的竞争，形成了实力派人物纷纷登场的一个充斥着骚乱的时代，努尔哈赤正是当时崛起的群雄之一。在努尔哈赤二十五岁时，他的祖父和父亲被明军误杀。以此为由，努尔哈赤从明朝得到了三十通敕书（贸易许可证）作为补偿，并取得了自立，从此踏上了统一女真族的漫长征程。不过当时努尔哈赤手下拥有的只不过是百人规模的弱小势力。

　　在这以后约五年的时间里，努尔哈赤从统一宁古塔贝勒一族开始，每逢战争必然身先士卒，浴血拼杀，逐步将周边诸势力纳入自己的控制之下，最终在1588年统一了建州部。

　　1589年，明朝的李成梁任命努尔哈赤担当都督佥事。此后，李成梁又授予努尔哈赤左都督、龙虎将军的地位和称号，向努尔哈赤提供援助。一直难以决定应该支持女真各部族中何方势力的李成梁，最终选择了努尔哈赤作为合作伙伴。从此以后，努尔哈赤在李成梁的庇护下，进一步统一女真诸部族，独占貂皮和人参贸易，实现了海西女真叶赫氏以外绝大部分女真势力的统一。

后金的建立

1608 年，东北的局势发生了巨大的转变。此前将辽东委任给李成梁的明朝政府对努尔哈赤的强大感到忧心忡忡，于是促使年逾八十的李成梁下台，同时又支援与努尔哈赤对抗的女真叶赫氏等部族，试图牵制努尔哈赤。针对明朝的举动，努尔哈赤并没有与明朝展开正面对决，而是向明朝表示出恭顺的态度。但是，努尔哈赤并没有因此放弃扩张势力的野心。相反，此后的数年时间是满洲民族（女真族）独有的制度变得完备与民族意识得到提升的时期。

我们一般说清朝是满洲族建立的王朝，那么满洲的原意是什么呢？女真族人究竟是从什么时候开始称呼自己为满洲的呢？其确切的时间并不清楚。"manju"（满洲）一词乃是从梵语"Mañjuśrī"（文殊菩萨之意）演化而来。文殊菩萨信仰在女真族人中间流传广泛且影响甚深，他们认为"manju"一词具有"聪颖、智慧之人"的意思。（日语有谚"三人寄れば文殊の知恵"，即"三人合计堪比文殊之智慧"，此处的"文殊"便是智慧的代名词。）在指代统一的女真人国家时，除了

《冰嬉图》

　　严寒时节的北京，八旗军兵一边滑冰一边表演射术的盛况。黄、白、红、蓝以及镶边的背旗分别表示八旗军士各自的所属

"manju"，还有"aisin"（金）、"jušen"（女真）等称呼。后文中将会提到，皇太极于1636年采用国号"清"，从那时开始，"满洲"成了指代民族的专属名词。

　　满洲文字的确立也使满洲族的民族认同性得到了加强。女真族最初拥有文字是在12世纪的金朝时期。这一时期的女真文字乃是模仿汉字创作而成，结构相当复杂，随着金王朝的覆灭，这种文字也一并废止。在努尔哈赤掌权的前半时期，各类文书是使用蒙古语来书写的，虽说蒙古语和满洲语同属于阿尔泰语系（日语也属于该语系），但不通晓蒙古语的一般人无法理解蒙古语文书的内容。于是努尔哈赤命令额尔德尼·巴克什（"巴克什"是书记官之意）发明了使用蒙古文字标记满洲语发音的方法。在努尔哈赤的后继者皇太极时代，这种文字得到改良，成为清代通行的文字。由于满洲文字的使用，同时代的统治记录和关于满族的历史记述很快被制作而成了。

军事、行政制度方面的最重要事件莫过于八旗制度的确立。所谓"八旗"之"旗"，顾名思义，乃是指持有各色旗印的军事、行政组织，其构成，以三百人为一牛录（牛录有"箭矢"之意），五牛录为一甲喇，五甲喇为一固山（旗）。也就是说，一"旗"由七千五百人组成。八旗制度的构想源于狩猎组织，最初设有黄、白、红、蓝四旗，后来通过整合新纳入统治下的部族成员，又增设了镶黄、镶白、镶红、镶蓝四旗。所谓"镶"，是指在旗帜外围镶边。后来又创设了蒙古八旗、汉人八旗，全部共计二十四旗。编入八旗之人被称作"旗人"，一般汉人在表达本籍时会自称为某某县人，旗人在表达本籍时则会自称为某某旗人。也就是说，"旗"并不单纯是军事组织，也是表示个人基本归属的社会组织。

后金天命元年（1616 年）的正月，努尔哈赤在贵族和重臣的簇拥下，采用了"英明汗"（音译"庚寅汗"，genggiyen han）的称号，定国号为"金"（为区别于以往的金朝，通常称之为"后金"）。以"金"为国号，表明了努尔哈赤以金朝后继者身份建立女真国家的意志。最终，努尔哈赤在 1618 年迎来了前所未有的强大敌人，开始了他与明王朝之间的正面对决。

后金的进击

后金天命三年（1618 年）四月，努尔哈赤向明朝发动攻势。在发兵之际，努尔哈赤公布了向明朝控诉"七大恨"的檄文，其内容列举如下：明朝杀害努尔哈赤父、祖之恨；明朝援

助叶赫氏等敌对部族，欺压满洲之恨；明朝对满洲正当理由置
若罔闻，并且杀害、侮辱使臣之恨等。努尔哈赤以此檄文申告
上天，表明自己此次出兵乃是正义之战，祈祷上天保佑。

同年，努尔哈赤攻陷抚顺、清河，对明之战出人意料地
顺利。然而，明朝于第二年（1619 年）动员十万人以上的大
军卷土重来，兵分四路直指努尔哈赤的大本营赫图阿拉城。
两军主力在赫图阿拉西北的萨尔浒遭遇，人数仅及对方一半
的后金军队历经两日激战，最终击败了明军。人数和装备均
处于劣势的后金军队之所以能够战胜明军，得益于后金军队
自身的机动性和情报收集能力，可以集中兵力将明军部队各
个击破。

1621 年，后金军队历经苦战，终于攻陷了明军在辽河以
东的两处最大据点——辽阳和沈阳。辽河以东的明军陆续向后
金军投降，将目标锁定在辽河以西的努尔哈赤立即将都城迁至
辽阳。女真族中唯一一个与努尔哈赤敌对的部族叶赫氏也被
灭，全女真族实现了统一。

此后，明朝没有始终如一地贯彻辽东防御策略，北京方
面打算让辽东明军撤退至山海关以内的苗头显露出来。后金军
趁势于 1626 年西进，但明朝勇将袁崇焕据守孤城宁远，使用
西洋大炮给围城的后金军造成了极大打击，努尔哈赤被迫撤
回沈阳。宁远之战是努尔哈赤对明作战的初次大败。1626 年，
努尔哈赤在忧郁中死去。也有一种说法是，努尔哈赤在宁远之
战中遭到明军炮击而负伤，最终不治身亡。

皇太极时代

　　努尔哈赤死后，汗位由其第八子皇太极继承。据说"皇太极"之名出自汉语中的"皇太子"，但这是因为他的母亲出身高贵显赫，并不是说他被指定为皇太子。与汉族不同，北方民族没有在大汗生前指定皇太子的风俗，大汗死后，其后继者往往由有权势的氏族族长们拥戴最具实力之人居之。

　　努尔哈赤晚年仰仗四位有权势的族人（即"大贝勒"），皇太极便是其中之一，而皇太极继承汗位后，也沿袭了大贝勒合议的政治制度。在皇太极时代，这样的满洲式政治制度开始向明朝式皇帝专制靠拢。皇太极在利用下级贝勒分担大贝勒职权的同时，又以"与大汗相争御前抽刃""率所部旗人肆意游猎"等罪名，将大贝勒们一一降级、幽禁，削弱大贝勒的势力。此外，皇太极还效法明朝制度，确立了六部等中央官制。

　　皇太极的视野已经远远超越了一位满洲大汗的界限，究其背景，乃是这一时期后金国家正在向着多民族国家转化。后金的统治之下一直以来有许许多多汉人农民的身影，而这一时期陆续投降的明朝官员和军人也成了支持后金政权的一股重要力量。在朝鲜国境地带处于半独立状态的明朝军人毛文龙因过于专横而被袁崇焕杀死之后，其部将孔有德、尚可喜便率领一万余人的军队向后金投降，还带去了皇太极梦寐以求的西洋大炮作为见面礼。

　　皇太极给予这些投降金的汉人军士极大的优待。后来在松山之战中统率明军的高官洪承畴被后金俘虏后，皇太极对其表现出的欢迎态度甚至令满洲军人感到愤愤不平。皇太极询问诸将："吾曹栉风沐雨数十年，将欲何为？"诸将答道："欲得中原耳。"皇太极乃言："譬诸行道，吾等皆瞽，今获一导者，吾安得不乐？"

另一方面，当时蒙古察哈尔部的林丹汗崭露头角，并与明朝联手打压后金。林丹汗为统一蒙古而发动西征，却于1634年在攻陷归化城之后继续制压青海残敌的行军途中病死。在一片混乱之中，后金占领归化城，并以厚利诱使蒙古诸部族投降，轻松地将内蒙古地区纳入了己方的控制之下。此时，皇太极从林丹汗的子嗣手中取得了象征着蒙古大汗地位的元朝玉玺（真伪不明），于是内蒙古诸王侯共同尊奉皇太极为"博格达彻辰汗"（意为"神圣聪睿的可汗"），认可了皇太极蒙古大汗后继者的身份。

皇太极在继承了努尔哈赤之位十年之后，于1636年定国号为"清"，即位为"皇帝"。其实"皇帝"一词早在努尔哈赤时代就作为后金"大汗"的译文在对外场合中使用，现如今皇太极则是对内和对外宣言他已成为有别于大汗的天下统治者"皇帝"。皇太极这次即位，是以满洲人、蒙古人、汉人分别上书请愿，待皇太极反复"斟酌"后予以接受的形式推进的，最后举行一贯的即位仪式，新皇帝强调自己是满、蒙、汉三族共同的君主。废止意为女真族金王朝后继者的国号，采用新的国号"清"，也显露出皇太极意图构建一个包含多民族在内的大帝国的目标。就这样，早在1644年入主中原以前，清已经构建了多民族国家的基础。

明朝的灭亡

贫困农民的起义

周边地区独立势力的不断发展，从外部促成了明朝统治的解体，而直接推翻明朝统治的是扎根于内陆地区贫困农村的农民军。明末农民军中最大的首领是李自成和张献忠，二人都出身于陕西省东北部的延安府。陕西省乃是西汉、唐代的都城——素以繁华著称的长安所在之地，是古代中国的经济、文化中心。然而，在明代以前，中国的经济中心已经向东、南方迁移，陕西沦为全国最贫困的地区之一。更甚者在1620年代，严重的饥荒席卷了陕西地区，北方防御的中心向辽东倾斜，陕西北部的驻屯地陷入军需物资不足、拖欠士兵军饷的窘境。在种种弊病之中，便出现了饥民和一贫如洗的军人"相聚为盗"的状况。

明崇祯元年（1628年）七月，延安府府谷县的王嘉胤揭竿而起，动乱蔓延到陕西各地。据说李自成出身于没落的农民家庭，曾担当过驿卒（驿站的劳工）。有关李自成参与动乱的动机，诸说纷纭。一种观点认为，财政困难迫使明朝进行人员整顿，导致当时陕西驿卒中出现大量失业者，于是李自成参与了动乱。1631年左右，李自成以"闯将"之名首次在史料中登场。据说张献忠原是延安府的捕快（捉拿犯人的差役），他在1630年举兵，自称"八大王"。顺便一提，当时许多农民军首领都有绰号，其中就包括了"一丈青""黑旋风""混江龙"等与《水浒传》好汉相同的绰号，由此可见《水浒传》对当时的庶民百姓产生了极大的影响。

在整个30年代，农民动乱的范围从山西、河南逐步扩展到湖广、安徽、四川等地，但在洪承畴（此人在日后的辽东对清作战中被起用，前文曾提到他在松山之役后投降清朝）等人率领官军的讨伐下，农民军并未获得稳固的地盘。直到1639年以后，形势才发生了转变，农民军终于压倒了官军。出现形势逆转的一个重要背景是1639年至1642年之间全国连年持续的饥荒。实际上，这次饥荒不只发生在中国，而是波及了东亚全域，日本将此次饥荒称为"宽永大饥馑"。饥荒最终导致明朝全国各地"土寇"集团蜂起，官军无力遏制其活动。

一直以来，李自成军队性质的变化都是学界研究十分重视的问题。即是说，随着举人李岩等知识分子加入李自成军中，李自成军打出了保护民众的旗号，从此摆脱了过去劫掠集团的形象，取得了民众的广泛支持。清代时期编纂的钦定史书《明史》对李岩的描述大略如下：

杞县举人李信者，逆案中尚书李精白子也，尝出粟振饥民，民德之曰："李公子活我。"会绳伎红娘子反，掳信，强委身焉。信逃归，官以为贼，囚狱中。红娘子来救，饥民应之，共出信。卢氏举人牛金星磨勘被斥，私入自成军为主谋，潜归，事泄坐斩，已，得末减。二人皆往投自成，自成大喜，改信名曰岩。金星又荐卜者宋献策，长三尺余，上谶记云："十八子，主神器。"自成大悦。岩因说曰："取天下以人心为本，请勿杀人，收

天下心。"自成从之，屠戮为减。又散所掠财物振饥民，
民受饷者，不辨岩、自成也，杂呼曰："李公子活我。"
岩复造谣词曰："迎闯王，不纳粮。"使儿童歌以相煽，
从自成者日众。(《明史》列传一百九十七)

从传说到史实

李岩是一个很有趣的人物，笔者在这里有意偏离主题，
稍稍触及有关李岩的历史研究。

在现在的中国，李岩的名字之所以不仅受到学界的关注，
还为一般民众所知，其中一个原因，就是著名历史学家郭沫
若在 1944 年撰写的评论文章《甲申三百年祭》。1944 年正
是明朝于 1644 年灭亡后的第三百年，是第五个甲申年。当
时正是抗日战争最关键的时候，国民政府的腐败遭到国民猛
烈批判。面对外敌日本的侵略，中国正处于生死存亡的紧要
关头。

在《甲申三百年祭》中，作者郭沫若在描述李岩的悲剧
时，对其遭遇充满了"无限的同情"。知识分子出于救民于水
火的正义感而选择投身于农民军，但是李自成在胜利之后却对
知识分子的建言献策置之不理，最终招致被异族征服的悲剧
结局。

李岩问题也是新中国成立后明末农民战争史研究领域中
的一个重要课题。"究竟应当如何评价李岩？""李岩是否是农
民革命家？"这样的文章著作大量涌现。这些文章著作当然是
以李岩确实存在为前提创作而成的，然而顾诚于 1978 年著成

的《李岩质疑》却给这一学界既有共识带来了冲击。

顾诚在其文稿中严格论述了李岩被视为实际存在人物的过程。他提出，支撑李岩是实际存在人物的确凿证据并未在与李岩同时代的地方史料中出现过，倒不如说，李岩这个人物脱胎于民间传说，经过清初的时事小说的塑造加工，被同时代的文献记录当作事实予以采纳，最终被收入本应进行最为严密的史料批判的《明史》记事中。尽管顾诚的主张遭到了一些学者的反驳，与之相关的学界争论即便是现在也不能说画上了休止符，但是充分考虑到明末时期出版业的盛况——应大众对情报信息的迫切需求，虚实交错的实录小说大肆刊行、广泛流传，可以说李岩乃虚构人物的观点是十足具有说服力的。

李岩或许并不是真实存在的人物。不过，明末大众坚信李岩或者李公子这个人物是真实存在的这一点却是不争的事实。1640 年前后，农民军的势力迅速扩大，与之相关的，与其说是农民军首领实际是什么样的人物，倒不如说是人们对农民军如何看待、做何期待。

明末清初是野史小说类型作品的黄金时期。这些作品之中往往充斥着各种无稽之谈，我们绝对不能将之与历史事实混同。但从另一个角度来看，野史小说为我们尝试再现当时人们眼中的世界提供了诸多的线索。

北京陷落与清军入关

势力大增的李自成军从河南进入湖北。1643 年，李自成军以湖北襄阳作为根据地，整备官僚制度，随后返回故乡陕西。崇祯十七年（1644 年）正月，李自成在西安建立"大顺国"。相对于主要在长江以北区域活动的李自成，明末农民军的另一大首领张献忠的活动范围则集中在长江以南。当时，农民军的势力已经遍布于长江下游和东南沿海一带以外的全国各个地方。

崇祯十七年（1644 年）三月，李自成率四十万大军逼近北京。当时，明廷内部有人提议南迁，碍于体面的崇祯帝不想被贴上卑怯者的标签，无法做出积极的决断。在明廷争论未休之际，李自成大军兵临城下。明廷战意全失，农民军轻而易举地夺取了守军的大炮，掉转炮口轰击城墙。三月十九日未明，崇祯帝鸣钟召集百官，却没有一个人前来觐见。他哭泣着对女儿们说道："尔何生我家！"言罢，亲手将她们杀死。随后，崇祯帝在一名宦官追随下，来到紫禁城后面的煤山，在一棵树上自缢而亡。

李自成大军进入北京，市民们纷纷在大门上张贴"顺民"二字，以示服从。李自成传唤北京城中残余的明朝官员，将高级官员监禁杀害，任命下级官员担任新政权的官僚。无论是官僚还是一般民众，都认为"天命"已然发生了变革，从此以后便是李自成新王朝的时代了。

然而，事态却在朝着意外的方向发展。当时在山海关外与清军对峙的明朝将领吴三桂，在听闻北京沦陷的消息后急忙与清军议和，并请求清军援助他讨伐李自成。这时的清国方面，皇太极已于前一年去世，其第九子福临年仅六岁继位（日后的顺治帝）。努尔哈赤的第十四子、顺治帝的叔父多尔衮担任摄政王掌握了实权。多尔衮接受了吴三桂的请求，亲自率军踏上征途。取得了"率仁义之师剿灭流贼"这一大义名分的清军，由吴三桂的引导进入山海关，在对阵前来迎击的李自成军时大获全胜，进而向北京进击。

李自成在匆忙之中举行了一场徒有形式的皇帝即位仪式，随后不得不慌忙逃出北京，向西撤退。听闻吴三桂欲报崇祯帝之仇，收复北京，北京的居民翘首以待。然而，在五月初二，映入北京居民眼帘的却是陌生的清国大军以及早已剃发留辫顺从清的吴三桂军队。

南明政权

三月十九日北京沦陷、崇祯帝自杀的消息对江南地区的民众来说是天崩地陷般的冲击。四月初，北京陷落的消息传到长江中下游地区时尚且被人们当成谣言，漠然置之，人们根本不相信这会是事实，照例举行历年祭典活动。但是，当来自北京的逃亡者陆续来到江南，诉说自己的亲身经历之后，人们弄清了真相。叫嚣复仇之人、高呼讨伐叛徒之人、收拾家财行囊准备逃亡之人、趁机劫掠之人层出不穷，江南社会也陷入了骚乱之中。

在副都南京，官员们企图拥立皇族建立南明政权，但是在拥立何人为新君的问题上意见未能达成一致。最终，官员们选择拥立万历帝的孙子福王（朱由崧），福王的父亲是在万历帝皇位继承人之争中因为东林党的阻挠而落选的人物，于是反对东林党派系的官员们集结在一起支持福王。福王于五月在南京即位，称"弘光帝"，但是明末以来政争的激烈程度激增，加之官员腐败严重，弘光政权在建立之初便失去了世人的支持。

明清鼎革时期的铜钱

李自成政权的永昌通宝（左上）、张献忠政权的大顺通宝（右上）、南明弘光政权的弘光通宝（左下）、永历政权的永历通宝（中下）、三藩之乱时期吴三桂发行的昭武通宝（右下）。铜钱的发行与政权的正统性休戚相关，因此地方政权、农民政权也都积极地发行铜钱

次年（1645 年）五月，清军渡过长江进军而来，南京旋即陷落，弘光帝逃亡。在此之后，拥立明朝皇族的南明政权还包括：郑芝龙等人在福州拥立唐王建立的隆武政权；以鲁王为监国（皇帝代理人）在绍兴建立的鲁王政权；拥立唐王（隆武帝的弟弟）的广州绍武政权；拥立桂王的广西永历政权等。但除了永历政权，其他的南明"朝廷"全部是短命政权。永历政权吸收了一部分农民军和一度投降清朝后又转向反清的明军等势力，一段时间内甚至反攻到湖南、江西，但最终被吴三桂等清军逼入绝境。永历帝逃往缅甸，不久后便遭到逮捕，于

1662 年被处决。

清军对汉地的征服

崇祯十七年（1644 年）五月，清军占领北京。同年九月，福临进入北京，旋即举行皇帝即位仪式，定年号为"顺治"，正式宣布迁都北京。至此，清朝向世人宣告了自己才是继承明朝的中国正统王朝。与此同时，数十万满洲人移往北京。清朝政府所面临的课题，一方面是要尽早完成对明朝全部领土的征服，另一方面是要尽快为这些满洲人提供生活的基础。

清朝政府以北京附近的北直隶北半部为中心，施行大规模"圈地"，没收汉人的土地变为旗人土地（旗地）。另一方面，清朝于入关不到半年后的十月，派遣多铎（多尔衮的弟弟）为大将军率军去征讨经济中心江南。面对清军的南下，南方一些城市的乡绅们纷纷组建义军进行抵抗。

不过，总体上也可以说清军的占领行动进展比较顺利。清军之所以比较顺利地占领了江南，是因为在弘光政权覆灭后的顺治二年（1645 年）夏天，处于无政府状态的江南社会已经陷入了"行头人至新场，则以为细作。白日杀之，略无顾忌。……行路者无不带刀，远出者必遭奇惨"（引自《乙酉笔记》）的暴力混乱状态之中，清军的到来对地方社会之人而言，无疑有着恢复治安作用的一面，因而被接受。

针对华中、华南兴起的反清运动，清朝任命在讨伐农民军方面有丰富经验的降将洪承畴为最高负责人，将这些反清势力逐一击破。清朝在构建支配中国本土的体制的过程中，得到了投降汉人官僚的积极协助，因而在很短的时间里几乎完全承接了明朝的统治。尽早举行科举考试、免除明朝增加的各种苛捐杂税等清朝施政策略大体上符合中国传统的"善政"范式。

不过，若是认为清朝一心一意地在迎合汉人，当然是错误的。尽管强制要求男子剃发结辫的著名"薙发令"遭到汉人的普遍抵制，但清朝采取了强硬态度推行且丝毫不予妥协。这样的态度是始终贯穿于清朝政策当中的基调，我们将在后面的章节中针对此点进行详细的论述。

明朝的遗民

在听到崇祯帝自尽的消息之初，江南地区上至乡绅士人下至一般庶民，对明朝的"忠义"热情澎湃沸腾，那些向李自成军队投降的在京官员，其位于故乡的府邸甚至被激昂的群众破坏、焚毁。但是，经过数年时间的动乱，清朝统治日益巩固，这样的"忠义"热也逐渐转冷。随着清朝重新举行科举，先前高呼要对明朝恪尽忠义的青年知识分子也陆续开始响应科举考试。

当时江南地区流行着各种各样的讽刺诗。诸如："一队夷齐下首阳，六年观望好凄凉。当时义不食周粟，今日翻思补鞑粮。头上整齐新结束，胸中打点旧文章。早知薇蕨终难咽，悔杀无端骂武王。"这首讽刺诗取材于《史记》中《伯夷叔齐列传》的记载，即殷商时代的伯夷、叔齐兄弟将臣服于新王朝建立者周武王视为耻辱，于是投身首阳山中，取野菜杂草为食，最终双双饿死的故事。这首讽刺诗的大意是：连着离开首阳山

的那些"伯夷"和"叔齐"们，六年间在山涧洞窟中的生活是
何等凄凉。（你们）昔日曾经立下誓言不食周朝的谷物，现如今
却不以得到满人（鞑子）的粮食为耻辱。头顶改成了新的发式，
身上换成了新的服装，胸中盘算着昔日的文章套路。若是早知
道野菜和杂草难以下咽，现在也不至于后悔辱骂了武王吧！

尽管臣服于清朝已是世间的潮流，但是仍有一些人不忘
对明朝的忠诚，至死不愿出仕于清朝，他们通常被称为"遗
老""遗少"。这些人当中的代表是素有"清初三大儒"之称
的顾炎武、黄宗羲、王夫之。顾炎武出身于苏州府昆山县，黄
宗羲出身于王阳明的故里浙江省余姚县。二人在年轻时都曾参
加继承了东林党派传统的青年知识分子政治结社——复社。复
社拥有三千名以上成员，形成了遍布全国的网络组织，可以对
中央政界施加影响力。王夫之出身于湖南省衡阳县。相对于继
承了东林党派系谱的顾炎武、黄宗羲在政治立场上对专制政治
的过度批判以及导入"封建"要素的主张，王夫之着重强调
"封建"论的非现实性。尽管三人主张不尽相同，但是仍被屡
屡并称，乃是出于以下的共同点：

第一，他们都曾亲身参与清初的反清活动，事败之后又
都以在野学者的身份著述良多。三人的声望颇高，却都不曾出
仕于清朝。第二，三人学问屡屡被称作"经世致用之学"，这
是因为相较于"性"与"理"的哲学议论，他们更加注重以历
史事实为基础的实践政治理论。三人均发现，基于广泛的历史
知识提出具体实践的指针是学者的责任和义务。毫无疑问，对
具体事实的关心是三人共同的特质。

很多见解都将三人的反清活动看作一种民族主义，即近代民族主义（nationalism）的萌芽，但是三人的反清活动还是有着特殊的一面。他们强调的"华夷之别"，与"君臣""父子""君子与小人"的种种差别一样，是社会存立的道德秩序基础。对他们来说，单单夷狄支配中国并不是问题，就连本应维系天下道德秩序的士大夫也忘记对君主的忠义，若无其事地出仕于夷狄王朝，这样如雪崩般的伦理感丧失才是问题。他们三人试图凭借一己之力对抗这股雪崩之势，明知其不可为而为之，以坚守住道德秩序解体中的最后一条防线。他们的史论模式，是将历史上多次出现的异族统治与目前的事态加以重合后进行讨论。令人印象深刻的是，相对于夷狄，他们更愿意将甘心侍奉夷狄且伦理感丧失的士大夫们当作论难的敌手、最蔑视的非难对象。难道只有笔者觉得他们三人对夷狄自身的具体关注甚至少得令人惊讶吗？

他们的目的并不是要驱逐夷狄，而是要重建天下的道德秩序。这样的想法使得他们的"民族主义"，与其说是纯粹地排斥夷狄，倒不如说是更加注重深刻的内省，附着了这样一种独特的阴影。

清朝统治的确立

郑氏与台湾

在各地形成的反清势力之中，对清朝来说最强大的一个敌人是以东南沿岸地区为据点的郑氏势力。郑芝龙与其子郑成功参加了唐王的隆武政权，当时唐王认可了郑成功的功绩，赐予郑成功国姓"朱"。郑成功从此被称为"国姓爷"。不久之后，郑芝龙接受清朝的招抚决定投降，郑成功遂与父亲决裂。隆武政权倾覆后，郑成功转而遥奉永历政权，继续进行抗清活动。他以在东海、南海的交易中取得的丰厚资金作为财政基础，一时间竟溯长江而上进逼南京，令不惯海战的清军烦恼不已。

在此期间，郑氏父子曾先后五次向日本的德川幕府送出书信，请求援军。这就是所谓的"乞师"。最初幕府内部不乏赞成出兵的声音。然而，也有人持慎重论，幕府通过长崎的中国商人等渠道积极搜集情报，最终清楚地认识到了清朝的优势，因此决定不介入明清换代。虽说"日本乞师"以失败告终，但是郑氏在海外的广泛影响力对清朝仍是威胁。

为了斩断依赖海外贸易的郑成功的财源，清朝于1656年强化了禁海令，又在1661年发布了迁界令，以福建、广东为中心将沿海居民强制向内陆迁移二十千米，使沿岸化为无人地带，从而断绝郑氏势力与沿海居民的接触。此时，内地的永历政权也已濒临灭亡，眼见形势不利的郑成功决定在海外建立新的据点，遂于1661年进攻台湾。大本营热兰遮城被包围的荷兰人最终向郑氏投降，放弃台湾，撤退至巴达维亚（今日的印度尼西亚首府雅加达）。不久之后，郑成功病逝，直至1683年降服于清朝以前，郑氏一直以台湾为据点与清朝对抗。

三藩之乱

海禁令和迁界令伴随着海外贸易的急速下滑，不只对郑氏势力影响深远，也给清朝造成了巨大的打击。如前文所述，明末的中国经济深度依赖海外流入的白银。明清鼎革时期，战乱使得物资匮乏，物价不断暴涨，但 1650 年代后半叶，海禁强化的同时，物价也开始急速跌落，其势头一直持续到了海禁解除的 80 年代。

按照常理，物价跌落，购买力上升，人们应当感到欣喜，但当时的人却不这样认为。思想家唐甄对当时的状况曾经做出这样的描述："四海之内，日益困穷，农空、工空、市空、仕空。谷贱而艰于食，布帛贱而艰于衣，舟转市集而货折赀，居官者去官而无以为家，是四空也。金钱所以通有无也。中产之家，尝旬月不睹一金，不见缗钱，无以通之。故农民冻馁，百货皆死，丰年如凶……"（《潜书》）这可以看作货币不足引起的一种不景气。

进一步让清朝陷入危机的是 1673 年爆发的三藩之乱。清朝征服汉地之际，明朝降将率领的汉人军队发挥了极大作用，因此当要控制中国南部广大的占领地时，清朝设立了特别军事管辖区，委任汉人将领统治。吴三桂的平西藩（云南）、尚可喜的平南藩（广东）、耿继茂（后来是耿精忠）的靖南藩（福建）就是在这种情况下建立的，通常并称为"三藩"。吴三桂在明朝灭亡后打开山海关，引导清军进入关内。尚可喜和耿继茂之父耿仲明都曾经是毛文龙的部将，在后金时代就已经投降了皇太极。

三藩的统治者在军事、财政和人事等方面拥有极大权限。在战时体制下，这些强大的权限是高效统治所必需的。然而，当政局归于安定之后，以吴三桂为首的三藩的专断行为就变得十分显眼，清廷如何削弱三藩的势力、撤藩（废止三藩）成了一个重大的问题。当时世间盛传"平南之富甲天下""西选之官（吴三桂任命的官员）遍天下"，由此可见，三藩的财富和势力已经强大到足以威胁清朝政府的地步。

三藩之乱发生的直接契机，乃是老迈的尚可喜向清朝政府提出了归隐辽东的意愿。借此机会，皇帝决定裁撤平南藩。吴三桂和耿精忠想要打探朝廷的意向，以为反正朝廷不会受理，于是也试着提出撤藩请求。结果却大出所料，朝廷受理了他们的请求。被迫撤藩、进退两难的吴三桂终于举起了"反清复明"的大旗，公然叛乱。其他二藩（但有观点认为平南藩并未参与叛乱）以及陕西提督王辅臣纷纷响应，一时间形成了席卷中国西南半壁江山的大叛乱。

直面这一困难局面的是在叛乱爆发时刚刚弱冠（二十岁）的康熙帝。好不容易有了一些积蓄的清朝因为叛乱爆发立刻财政见底。当时中国正厉行海禁，经济十分不振，尽管经济处于最糟糕的状态，清朝依然通过"捐纳"（捐赠财物即可被给予任官资格的一种卖官制度）等手段挤出费用，同时防御住了经济中心地江南一带。

据说康熙帝亲自阅览从战线各处发来的战况报告，总览大局，指挥作战。康熙帝不仅从八旗，还从全国配置的绿营

（明军改编而成的军队）之中选拔优秀的人才，同时也改善绿营兵的待遇，确保绿营兵对清朝的支持。在这场平定三藩的战争中，"满汉协作体制"得到了进一步巩固。

另一方面，尽管叛乱军标榜"反清复明"，却并没有拥立明朝的皇族，而是试图维持并扩大自身的势力，这种机会主义态度从开始便一目了然。正因如此，叛乱军步伐无法协调一致，当战况不利时便陆续出现响应清朝的招抚而投降之人。早在叛乱爆发三年后的1676年，王辅臣和耿精忠便已相继投降。处于孤立状态的吴三桂在称帝后不久便死去，到1681年时，三藩之乱被彻底镇压。紧接着在1683年，台湾的郑氏势力投降，清朝占领台湾。自清朝入主中原以来过去了约四十年时间，反清势力终于销声匿迹，几乎没有人再能够对清朝造成威胁。1680年代可称得上是清朝统治的确立时期。

周边势力间的决战

清朝与郑氏势力、三藩之间的对立关系，可以看作是王朝交替时的清朝与明朝残存势力之争，也可以按照"民族主义"解释为满人与汉人之争。然而，当我们对这些相互争夺的诸势力寻根溯源时会注意到，它们无一不是在明末以来汉人和夷人混杂的边境社会中成长起来的半独立军事势力。高喊"反清复明"口号抵抗至最后一刻的郑氏势力，原是反抗明朝官宪的海盗，考虑一下其出身，根本不能称其为明朝主义者或汉民族主义者。就像吴三桂向清军请求援助指引清军入关，郑氏的"日本乞师"稍有差错，也许就会招来日本对中国的侵略。

这些周边势力的行动模式给人感觉的共同之处，在于超越了民族、文化的壁垒，必要时甚至不惜与昨日的敌人联手合作，说好听了是他们能够敏锐地察觉机遇，说难听了是他们一贯秉承机会主义的态度。无论是清朝、郑氏，还是吸收了东北军阀势力的三藩，无不洋溢着 16 世纪的朝气与活力，他们在充满争斗的边境社会中历经千锤百炼，终于成为雄踞一方的集团。

这样的所谓新兴国家的萌芽逐渐撼动了明朝统治，便是16 至 17 世纪的状况。17 世纪 60 年代至 80 年代，可以说是这些新兴势力相互决战的时期。最终，清朝在这场决斗中获得了胜利。

从东亚全体这个更大的网络来看，1680 年代可以说正是自 16 世纪以来一直支撑着边境社会膨胀的国际贸易热潮的终结时期。前文中提到的东南亚史学者安东尼·雷德曾指出，"商业时代"在 1680 年代迎来了终结。1630 年代"锁国"以后，日本的贸易额并没有减少，但以 80 年代为界，德川幕府开始采取严格的贸易限制，日本的白银输出额急速减少，幕藩制下的自给自足体制（Autarkie）最终形成。继葡萄牙势力被排挤出日中贸易之后，被驱逐出台湾的荷兰也逐渐丧失了争夺东亚海上贸易霸权的野心。荷兰为了取得在中国本土的据点而与清朝展开交涉，但以失败告终，从此放弃了与清朝之间的直接交易，并在 1690 年以后取消了从巴达维亚派往中国的东印度公司船只。

　　总而言之，16 世纪后半叶至 17 世纪前半叶盛极一时的商业热潮逐渐消退，国家的政治、经济统合使离心力减弱，由充满野心的冒险家们所率领的独立势力消失了踪迹。可以说也是在这个时期，原本国家界限暧昧不明、人员龙蛇混杂的状态如同煮至沸腾的坩埚一般由热转冷，新形成的国家框架日益巩固。占领台湾后的第二年，即 1684 年，清朝解除了海禁，允许民间人士进行海上贸易，但这时候映入清朝当政者眼中的却是一片与五十年前状况截然不同的宁静之海。

第六章　朝鲜社会的成立

胡乱和小中华

被囚禁的王子们

从北京飞往吉林省长春的航班，中途会在沈阳上空调整方向，一路飞往长春。1993 年春，在前往吉林省延边朝鲜族自治州首府延吉的路途中，笔者搭乘的航班就曾这样经过沈阳的上空。据说沈阳至今还保存着清代的沈阳馆所遗址。

1637 年，朝鲜王朝降服于清军并送出两位王子充当人质，沈阳馆所正是为了安置他们而修建的。当时充当人质的两位朝鲜王子是朝鲜国王仁祖的长子昭显世子和次子凤林大君。有关两位王子在沈阳时的情况，可以参见《沈阳日记》和《沈阳状启》的记录。这两份史料不仅反映了朝鲜与清朝的关系，也记载了不少清朝建国初期的情况，有着十分珍贵的价值。

　　两位朝鲜王子于清崇德二年（1637 年）四月抵达沈阳，直到 1645 年清朝迁都北京时才借机获得归国的许可，前后历经了长达八年的人质生活。朝鲜被迫送出王子为人质的经过后文将另作叙述，他们经历的艰辛非同一般。清尚在建立大帝国的道路上，与被其武力征服的朝鲜之间有着各种各样堆积如山的问题。

　　昭显世子乃是接下来要继承朝鲜王位的王世子，因此他在实际上充当了两国外交折冲的责任者。《沈阳日记》详细描述了昭显世子在面对清廷屡屡提出要求时苦思焦虑的样子。两国之间比较重大的问题有：朝鲜向清派遣援军，送还朝鲜国内残留的清人，以及两国之间的贸易，等等。

　　当时，清军仍然与明朝残存势力在各地不断进行战斗，为此清向朝鲜提出了派遣军队支援的要求。清提出这个要求，与其说是指望朝鲜的军事力量，倒不如说是希望朝鲜展示服从态度，其象征性意义更强，朝鲜最为苦恼的就是这个问题。

　　关于朝鲜国内残留清人的送还问题，情况是这样的。清两次攻略朝鲜之际，有些清军留在了朝鲜，他们之中不乏与朝鲜女性结婚生子之人。清要求搜索并送还这些清人，这也让朝鲜方面感到头痛。最后，昭显世子以清人中有人不愿归国以及送还已育有子嗣的清人实乃"情理可矜"等理由，婉转拒绝了清的要求。

　　与朝鲜国内残留清人的情况相反，也有遭到清军掳掠或随清军而去的朝鲜人，数量远远超过了前者。壬辰倭乱之际被掳朝鲜人的送还成为朝日战后的一大问题，朝鲜与清之间也是一样。针对朝鲜方面提出送还被掳人员的要求，清提出了以有偿方式送还被掳人员的方案。换言之，就是要求朝鲜在清送还被掳人员时支付相应的物资。而清与朝鲜之间的贸易正是以这种奇特的形式开始的。

另外，清朝差役会明里暗里索要贿赂，这也让昭显世子头疼不已。尽管沈阳馆所的维持经费由清承担，但是贿赂的支出也会给朝鲜财政造成极大的负担。正因如此，夹在两国政府之间的昭显世子历经了千辛万苦。但让人难以接受的是，朝鲜国内投来的目光中充满了对昭显世子投靠清国的疑虑。

昭显世子在归国之前，曾来到清王朝的新都北京，并与亚当·沙尔（Adam Schall，即汤若望）会面。在后文中，我们会讲述这段朝鲜西学受容史上的故事。昭显世子于清顺治二年（1645 年）一月回到朝鲜，仅仅三个月后便暴毙身亡。根据《李朝实录》的记载，昭显世子的尸体全身发黑并伴有明显的浮肿，其死因毫无疑问是被毒杀。恐怕是昭显世子滞留沈阳期间的言行，招致了父亲仁祖的猜忌。昭显世子无疑是一位悲剧式的人物。

代替暴毙的昭显世子成为王世子之人乃是同样经历了人质生活的凤林大君，也就是后来继承了仁祖之位的孝宗。在孝宗治世时期，主张伐清的北伐论和小中华思想在朝鲜十分盛行。

光海君的均衡外交

朝鲜归顺于清朝的结果是不得不将昭显世子等人送往沈

阳充当人质。在这里我们稍稍将时间提前一些，来看一下朝鲜归顺于清朝的过程。

清太祖努尔哈赤出身建州女直，"女直"是女真族的别称。朝鲜与女真族的关系在李朝建国以后格外紧密。李朝的建立者李成桂的麾下包含了众多女真族人，李成桂能够在高丽末期成为杰出武将的原因之一，便是他吸收了女真族的武力。所以与女真的关系乃是李朝建国以来的一大问题。在15世纪的李朝世祖时代，朝鲜曾动用武力讨伐东北国境地带的女真族，此后朝鲜与女真族之间的问题暂时缓和。

不过，随着建州女直部首领努尔哈赤出现，作为一股强大的势力登上舞台，与女真，即女直的关系，再度成为朝鲜面临的重大问题。努尔哈赤在1608年终止了向明朝的入贡，这一年正好是朝鲜国王宣祖死去，光海君即位的那年。

光海君是宣祖的庶子，在壬辰倭乱之际被指定为王世子，以辅助宣祖处理倭乱时期的国政。然而，当王妃产下嫡子永昌大君以后，宣祖便动了改立嫡子为王世子的念头。官员们也因此分为了光海君派和永昌大君派。但宣祖在册封永昌大君为王世子前死去，光海君得以即位为第十五代国王。正因如此，光海君的王权基础十分薄弱，在朝鲜与女真的关系方面，这也屡屡成为问题。

早在光海君即位三年前的1605年，努尔哈赤就已经致函朝鲜要求建立友好关系。另一方面，明朝方面也顾忌建州女真势力的强大，向朝鲜提出派遣援军的请求。面对来自明朝方面的请求，光海君打算以女真的力量不可轻视为理由，向明朝上奏须慎重出兵，但是他与朝鲜政府重臣意见不合，朝鲜始终处于没有具体对策的状态。

1618年，努尔哈赤率领两万人马攻击明朝的抚顺城，随着抚顺城池的陷落，事态更加紧迫了。明朝终于认识到了女真的强势，决心使出全力对其进行镇压。为此明朝向朝鲜提出了派遣一万名士兵的具体要求。

在朝鲜接到明朝要求之后，依然担忧出兵危险的光海君和主张报答壬辰倭乱之际明朝对朝鲜"国恩"的重臣们之间爆发了意见对立。光海君担心明朝国力衰弱，也对本国军队的实力充满了不信任，认为出兵有可能会遭受到女真的侵略。然而，想要拒绝处于"事大"关系中的明朝的出兵要求还是很困难的。1619年，朝鲜决定动员一万名士兵支援明朝。这一万名士兵之中，炮手（铁炮部队）达三千五百人。朝鲜在壬辰倭乱之际认识到了日本铁炮队的强大威力，之后便致力于制造铁炮，明朝也熟知这一点。当时的女真军队尚未装备铁炮。

明万历四十七年（1619年）三月，女真军队同明朝和朝鲜联军在萨尔浒展开大会战，结果女真军队取得了压倒性的胜利。此时的问题是，光海君事先是否曾对统率朝鲜军队的姜弘立将军下达过密令，让他向清军投降。此事件的真伪已不可知，但是朝鲜军队在战斗中的消极表现却是不争的事实。

朝鲜方面的消极态度好像也引起了女真人的注意，努尔哈赤在战后曾致信光海君，所书如下：

昔尔国遭倭难，明以兵救尔，故尔国亦以兵助明，

势不得已，非与我有怨也。今所擒将吏，以王之故，悉释还国。(《清史稿》列传三百一十三)

尽管朝鲜加入明军一方与女真人作战，努尔哈赤还是体察到了朝鲜的困难立场，在书信中写下了这样的内容。光海君走钢丝式的外交政策并没有持续太长时间。不久之后，他就在政变中被赶下了王位。

《李朝实录》与两个版本的《光海君日记》

有关萨尔浒之战期间光海君密令朝鲜将领投降女真的记载出自《光海君日记》。《光海君日记》乃是囊括了李朝五百年历史的著名年代记《李朝实录》(《朝鲜王朝实录》)之中光海君一代的记录。在此，笔者将总括记录一下有关《李朝实录》和《光海君日记》的情况。

所谓"实录"，意思是某一国君统治时期的大事。在国君死后为其编纂实录的做法，在中国的唐代形成制度。后来，日本和朝鲜也效法中国进行实录的编纂。可以确定朝鲜的实录编纂始于高丽时代。然而，高丽时代各王的实录没有一部保存至今，仅有被其他书籍引用的一些片段传了下来。

相对而言，李朝时代的诸王实录全部被保存了下来，统称为《李朝实录》。超越五百年的一个王朝的年代记以完整形式保存至今的情况十分罕见，其史料价值必然十分重大。《李朝实录》不仅是李朝史的基本史料，其中还大量收录了朝鲜与周边诸国往来、交涉的相关记事，因而也作为中国史、日本史、琉球史的史料被研究者视为珍宝。

但是，《李朝实录》能够以完整形式保存至今日，是非一般努力维护的结果。李朝在建国之初便效法高丽时代的成例，将实录的编纂制度化。自第一代的《太祖实录》以下，每一代王的实录都被编纂了出来，但最初只制作了一部，并交付位于忠清道忠州的史库保存。然而，只制作一部实录，在其保存方面就会出现问题。15世纪中叶以后，朝鲜又印刷了三部副本，加上原本的一部，合计制作了四部实录。四部实录分别由中央的春秋馆史库以及忠州、全州、星州的三处史库安置、保存。

这样一来看上去就是个万全的保存体制了，可是在壬辰倭乱爆发以后，四部实录中有三部毁于战火之中。位于忠州和星州的史库遭到日军的攻击而毁于一旦，中央的春秋馆史库也在日军进入汉城之前被城中的居民焚毁。唯有全州史库保存的实录，在壬辰倭乱期间，被不断向北转移保管场所，从而免于战火。

战火过后，朝廷讨论了实录的永久保存对策。讨论的结果是以全州史库保存的原本为底本，将宣祖以前的各代实录印刷三部，再增加一部校正印刷本，将五部实录分在五处安置保存。中央的春秋馆以外的四处史库分别设置在江华、妙香山、太白山、五台山。比起原来的史库，这些史库全部选在深山中建造，乃是顾虑战火波及的措施。宣祖以后的各代实录同样按照上述方法保管。

五处史库当中，中央的春秋馆在17世纪以后屡屡遭到破坏，江华以外的三处地方史库完好保存至李朝灭亡之日。江华的史库在 1636 年的胡乱期间被毁坏，战乱过后，朝鲜重新印刷了散佚的文本，又将史库从原来的摩尼山迁往鼎足山，从而维持了下来。另外，妙香山的史库于 1633 年被迁移至全罗道的赤裳山，并在当地一直维持到了李朝末期。因此，在 1910 年李朝灭亡之际，有鼎足山、赤裳山、太白山、五台山四处史库中的实录留存了下来。

但是，有关《李朝实录》保存的故事，并没有到此结束。日本将朝鲜变为自己的殖民地后，把四处地方史库的实录全部移至汉城。赤裳山本交由负责监督李王家的机关——李王职管辖下的藏书阁保管；太白山本和鼎足山本移交朝鲜总督府下属的奎章阁图书室管理；五台山本被总督府寄赠给东京帝国大学，该本在关东大地震时被烧毁，只留下一部分。朝鲜投入大量心血努力制作并保管的《李朝实录》却被日本用国家之手夺走并损毁，实在是遗憾。

藏书阁所藏的赤裳山本也在 1945 年半岛独立至朝鲜战争的混乱时期多有散佚，仅有少部分保存至今。所以时至今日完整保留下的实录只有移交首尔大学保管的奎章阁图书室收藏的两本。

如上，《李朝实录》本身有着漫长而复杂的历史，而全书则由二十七代王的三十一种实录组成。实录的数量多于王的数量，其理由有二。第一，宣祖、显祖、景宗三代的实录均编纂有两种。这种情况乃是党争所致，掌握政权的党派会对已经完成的实录做出有利于自己一方的改纂。第二个理由却是《光海君日记》特有的，只有这部实录的正本以及作为实录草案的中草本两种版本保存至今。

在编纂实录之际，通常会经过初草本、中草本、正本三个阶段。当正本完成以后，初草本和中草本便会被废弃。那么，为什么只有《光海君日记》的中草本被太白山史库保管并留存至今日呢？不仅如此，中草本还有着正本两倍以上的分量，而且正本中的一些地方还添加了中草本里面没有的文章。所以，我们必须将《光海君日记》的中草本和正本当作不同的史料来对待。

关于萨尔浒之战期间光海君事先下达投降密令的记事并未出现在中草本里面，而是在正本编纂阶段另外添加的内容。这就意味着，我们不得不将这段记事视为《光海君日记》的编纂者为了特别强调光海君对明朝的背信弃义而插入的内容。两种《光海君日记》的存在，向世人生动地讲述了实录编纂幕后所发生的故事。

仁祖反正与胡乱

《光海君日记》的编纂者们为什么要攻击光海君呢？那是因为命令编纂《光海君日记》的朝鲜国王仁祖乃是通过政变逼迫光海君下台才得以即位为王的。历史上称这次政变为"仁祖反正"。

仁祖本是宣祖庶子定远君之子，世称绫阳君。金瑬、李贵、崔鸣吉等人伙同武臣李曙等人谋划废黜光海君，拥立绫阳君即位，于是他们以建设山城为名义纠集士兵，在光海君十五年（1623 年）三月决然发动政变。光海君被流放至江华岛，永昌大君的生母大妃金氏认可了绫阳君的即位。拥立绫阳君的一伙人等属于"西人"派系，"仁祖反正"之后，长久以来一直由"东人"势力把持的主导权终于落入了"西人"手中。

光海君与 16 世纪的燕山君一样，背负了被剥夺王位的不光彩的名声。此二人的称号中均没有用到"祖""宗"的字样，而是被称为"君"，也是出于这个原因。不过，比起燕山君因为暴政之恶举被流放，流放光海君的理由根本无法成立。当时反正势力提出的理由是他本应该采取援助明朝同女真作战的外交路线。如前文所述，光海君看到了明朝国力的衰退和女真的强势，采取了避免向二者任意一方倾斜的外交方针。这在当时是一条苦肉计，也是十分现实的策略，反正势力攻击光海君的外交姿态，并以此作为自己发动政变的理由。

通过这样的过程即位为王的仁祖，在名分上不得不推行反女真政策。另一方面，1616 年建立金国（后金）的女真，为了与明朝全力一战，不得不敏锐地关注着朝鲜的动向，无法再像光海君时代一样对朝鲜的暧昧态度置之不理。于是后金于 1627 年任命先前投降后金的姜弘立为先锋，引领三万大军攻入朝鲜。史称这次事件为"丁卯胡乱"。

仁祖移居江华岛，努力开展防御战，却依然不是后金军队的对手。仁祖于万般无奈之下，在江华会见后金使者，以朝鲜视后金为兄长国、不对后金用兵等为条件，与后金媾和。

然而，来自后金的压力并未就此终止。改国号为"清"以后，女真的势力更加强盛，进攻中原地带也被提上了具体的日程。于是，清再度向朝鲜派出使节，要求将两国一直以来

的"兄弟之义"变为"君臣之礼",同时还要求朝鲜提供兵力
援助清军作战。对此,朝鲜政府的应对策略分成了战与和两种
意见。但是,仁祖为了防备清军的入侵,发布了全国动员令。
此举无异于违背了丁卯胡乱之际的媾和条件,于是在朝鲜仁祖
十四年(1636年)十二月,清军再度攻入朝鲜。

　　清此次入侵,由继承努尔哈赤之位的皇太极亲自率领
十三万大军。朝鲜将此次入侵称为"丙子胡乱"。自仁祖以
下,朝鲜军队的主力集结在汉城南方的南汉山城试图做彻底抵
抗,但是却在清军具有压倒性优势的兵力面前轻易败北。次年
一月,仁祖在汉江畔的三田渡向清军投降。当时建立的清国战
胜纪念碑(功德碑)至今仍保留在三田渡。昭显世子和凤林大
君二位王子被送往沈阳充当人质,正是丙子胡乱的结果。

小中华

　　二度屈服于女真即清国的攻势,使朝鲜受到了极大的冲
击。作为战争受害者的朝鲜,在日本侵略时遭受到的冲击远
远更为深刻,但是精神上受到的冲击,还是向清朝屈服更为
严重。

　　女真乃是与朝鲜族极为接近的异民族,在相当长的一段
时间里女真是朝鲜支配和同化的对象。而且朝鲜称呼女真为
"兀良哈",视之为夷狄。朝鲜对清国的屈服,意味着双方过
去的关系发生了一百八十度的转折。在向着"夷狄"清国行
臣下之礼的莫大的屈辱之中,朝鲜自视为中华正统后继者的
"小中华"意识开始抬头也是极其自然不过的事情。

最强烈主张"小中华"思想的时期是在仁祖的后继者孝宗一代。孝宗的情况前文中已经提及，他就是曾经与昭显世子一起经历了人质生活的凤林大君。与兄长昭显世子在沈阳时充当朝鲜代表不同，凤林大君一直站在旁观者的立场之上。也许就是他的这种立场将他塑造成了一名彻底的反清论者。昭显世子被指责倒向清国，归国之后便离奇死亡，也使得他的反清态度更为强烈。

孝宗即位后立即提拔了以强硬反清态度著称的宋时烈。在宋时烈的支持下，主张讨伐清国的北伐论盛极一时，朝鲜甚至着手进行战争准备。朝鲜国内的新动向立即被清国探知，于是清派出使者诘问朝鲜。无论是国力，还是兵力，朝鲜都远不及清国，北伐论根本没有实践的可能性，但"小中华"思想在此后作为一种强烈的思想传统被传承了下去。

党争漩涡中的人们

党争的经过

说 17 世纪至 18 世纪的朝鲜政治史就是深陷于党争的历史也丝毫不为过。所谓"党争"，是指两班、知识分子分成不同党派，争夺政界主导权的现象。17 世纪后，促成党争日益激烈的条件有二：①士林派掌握政权后，"公论"受到重视，政治参与阶层扩大；②尽管科举合格的人数不断增加，但是官员的职位却是固定的，围绕官职的竞争激化。正是在这样的背景之下，两班们组建党派，展开了对政权的争夺。

到 16 世纪为止的勋旧派和士林派之争，始终围绕中央政界的主导权展开，直接关系者的人数有限。与此相对，党争卷入的并非只有现任的官员，而是所有的两班，影响范围广泛。除了原本没有两班存在的少数东北部地域，地方在住的两班也全部各有各自所属的党派，而且这种党派的隶属关系会被父辈传给子辈。

详细介绍党争的始末也没太大的意义，所以笔者在此仅对其轮廓进行简单描绘。关于东西分党的情况已经有所叙述，占据优势地位的"东人"从 1580 年代后半叶开始分裂为"南人"和"北人"二派。有关南北分党的原因诸说纷纭，其潜在原因是主张对少数派西人采取强硬态度的北人与持稳健态度的南人之间的意见对立。

壬辰倭乱时期，党派之间露骨的对立果真被掩盖了起来。但是，恢复和平之后，在壬辰倭乱期间身处领议政地位的南人柳成龙被追究了责任，北人随即掌握了政权。然而，北人在宣祖的后继者问题上又分裂成"大北"和"小北"两股势力，大北派推举光海君，小北派支持永昌大君继承王位。所以在光海君即位后，大北派独占了政权的中枢。

随着仁祖反正，光海君的王位被夺，党争的潮流发生了巨大的变化。拥戴仁祖即位的是长久以来隐忍于少数派地位的西人派成员，至此以西人为中心的政权首次成立。仁祖的后继者孝宗提拔西人派的宋时烈和宋浚吉，并将政权委托给二人。宋时烈和宋浚吉二人科举均没有考中，属于破格提拔。

宋时烈号尤庵，乃是恩津宋氏出身。李朝时代众多的儒

宋时烈（1607—1689）

安东金氏的金昌业绘制，乃宋时烈七十四岁时的肖像画。宋时烈被论敌抨击为"斯文乱贼"，从肖像中也可以看出其气魄

者和官僚中，恐怕无人像宋时烈一样受到的褒贬都很严重。宋时烈自幼便以聪颖著称，曾在李珥弟子金长生的门下接受教导。1633 年，宋时烈在生员试中状元及第，可是他在听到丙子胡乱中朝鲜向清投降的消息后痛哭不已，随后便返回家乡，放弃了科举。不过，在孝宗的提拔下，宋时烈得以出仕为官并参与了孝宗的北伐计划。

孝宗在位十年后死去，显宗即位为王，此时南人挑起了针对西人的论争。事件的发端，乃是孝宗死去之际，围绕孝宗之父仁祖的继妃（慈懿大妃）的服丧时间的论争。宋时烈认为慈懿大妃并非孝宗生母，服丧一年即可。南人派的尹善道等人对此提出了批评，他们认为国王死去实乃特殊情况，慈懿大妃服丧三年为妥。

服丧时间问题在现代看来微不足道。但是，按照儒教的教诲，服丧必须要根据血缘的亲疏划定相应的期限。问题在于，这乃是关系到使儒教成为儒教的"礼"的规范，而孝宗和慈懿大妃这种关系下的服丧期限，儒教的古代典籍里并没有明文规定。正因如此，才爆发了激烈的论争。这场"礼论"即围绕"礼"的论争，不单纯是一场儒教理解上的论争，当它与党派之争结合在一起时，就演变成了极为现实的政权之争。

在围绕慈懿大妃服丧期限的礼论中，宋时烈等人的主张胜利了。然而十五年后，孝宗王妃去世，围绕慈懿大妃的服丧期限问题再度掀起了礼论。此时的显宗支持南人派的主张，致使西人派陷入窘境。此番礼论之后，随着肃宗的即位，南人掌握了政权。

显宗时代以前的党争伴随着政界主导权的争夺，而王的更替会使主导权移位，这成了一种通常的形式。但是，到了肃宗时代，出现了一代之中党派间政权交移频繁的情况。鉴于详细情况过于烦琐，笔者在此将其省略。宋时烈乃是在孝宗、显宗、肃宗三代党争中，常常身处于中心位置的人物。他几经沉浮，最后在党争中失败，被处以死刑。他因标榜"尊明"大义而受到高度的评价，同时也作为无益党争的罪魁祸首而备受指责，对于此人的评价从古至今始终莫衷一是。

关于党争的情况还有一点要提，那就是在肃宗时代的党争中，西人派分裂为"老论"和"少论"二股。前者属于针对南人的强硬派，后者则属于稳健派。当初自东人和西人分立而开始的党争，先是有东人分裂为北人和南人，后是有西人分裂为老论和少论。北人、南人、老论、少论被称为"四色党派"。大多数的两班和知识分子都分属于四色党派,为了自己所属的党派掌握政界的主导权而投身于党争的漩涡之中。

罗州罗氏和海南尹氏

柳希春的重要亲族罗州罗氏和海南尹氏,全部深陷于党争的漩涡之中。笔者在此以罗州罗氏和海南尹氏两族的情况为例,介绍党争之一端。

柳希春的出生地,同样也是其世居地全罗道的两班参与党争的契机,乃是1589年爆发的郑汝立事件。郑汝立出身于全罗道全州,1571年文科及第,在东西分党之际加入东人一派,但是他很快就从政界中引退。此后,郑汝立倾心于风水之说和谶纬之说,致力于组织大同契,扩大"木子亡奠邑兴"的流言。上"木"下"子"是为"李"字,左"奠"右"邑"乃是"郑(鄭)"字。也就是说,这则流言暗示着李氏将要灭亡,郑氏的王朝即将兴起。郑汝立于1589年谋划举兵,但在举事前败露,郑汝立逃往全罗道镇安,不久便被逮捕,遭到处决。

这次事件后,李朝政府对郑汝立究竟是否真的在谋划颠覆王朝的阴谋,以及谁与之相关等展开严密追查,史称"己丑狱事"。负责处理此事件的是隶属西人派的郑澈。郑澈借己丑狱事之机,将东人派的中心人物李泼及其弟李洁等人处死,又将郑介清和曹大中等人流放。

李泼、李洁兄弟的父亲李仲虎是海南尹氏一族成员尹衡的女婿。曹大中的兄长曹景中是柳希春妻兄宋廷的女婿。郑介清出身寒微，但是作为学者享有很高的名望。据说郑介清曾一度出家为僧，后来娶了奴婢身份的女性为妻。仰慕他学问之人众多，其门人弟子出入不绝。他的名字也屡屡出现在《眉岩日记》里面。柳希春最亲密的同僚尹毅中，由于是李泼的外叔（母系的叔辈），当时也被革职。

因郑汝立事件而遭到连坐的人里面，包含了很多柳希春的亲族和友人。不仅如此，对这些人实施制裁的郑澈，也同柳希春关系亲密。在自己死去十数年后便发生了这样的事件，恐怕是柳希春做梦也想不到的吧！

柳希春母亲的亲族罗州罗氏一族的罗士忱及其诸子也因郑汝立事件而遭到连坐，身陷大狱之中。罗士忱之子罗德峻、罗德润、罗德显乃是郑介清最早的弟子，因而受到灾祸波及。因宣祖之命令，罗士忱次年被从狱中释放，除去罗德慎，罗士忱其余五子全部被流放到极边之地。罗士忱得以获释，是因为他曾经作为孝子受到国家表彰。罗氏五子也在壬辰倭乱爆发的第二年被解除流放之刑。

17 世纪朝鲜文学家的代表之一，海南尹氏出身的尹善道同样也是党争史上不得不提的人物。尹善道生于 1587 年，他的生父是尹唯深，他后来成了尹唯深之兄尹唯几的养子，继承了海南尹氏的宗家。光海君即位后，大北派掌握实权，尹善道曾以一介儒生的身份，为弹劾权臣李尔瞻的专横跋扈而上疏。李朝时代允许无官之人直接向国王上疏。

尹善道因为这次上疏被流放到北方边境的庆源，直至仁祖反正后才得到释放。此后，尹善道于 1633 年文科及第，又担当了凤林大君和麟平大君的师傅（专司教育事宜）。师傅是极具荣誉的职位，但属于南人一派的尹善道遭到西人政权的疏远，最终退职归乡。

丙子胡乱爆发后，尹善道率领自己的奴仆等人准备前去支援，但是仁祖已经向清军投降。凤林大君即位成为孝宗后，再度起用自己的师傅尹善道。在这以后，尹善道又几经退职、复出。孝宗去世后，在孝宗墓所的选定和慈懿大妃的服丧期问题上，尹善道与宋时烈等人产生激烈对立。随着礼论的失败，尹善道再度被流放至最北方的边陲之地三水，直到八年后方才被赦免，此时他已经是八十余岁的高龄老人。

尹善道的时调，无疑是自己在党争中历经多次沉浮，宣泄心中不满的产物。

> 嵬峨岌嶪月出山，
> 朝雾·弥漫偏相怨。
> 可怜天王第一峰，
> 烟波苍茫蔽灵岩。
> 待到日暖当广陌，
> 光赫赫，
> 重霭散尽晴自见。
>
> （《朝雾谣》，选自《朝鲜的诗心》）①

---

① 本诗为本书译者依据韩文原作和日文译作所译。

尹善道一生都在努力使被云雾遮蔽的月出山天王峰（比喻李朝的国王）重现光彩，这正是两班生活方式的一个典型。

对党争的评价

对于席卷了 17 至 18 世纪朝鲜政界的"党争"应当怎样评价呢？考虑党争过程中显现的党派性，以及党派性被子孙后世延续的现象，党争可以被看成是朝鲜民族的民族性，这一言论是殖民地时期的日本研究者传播开来的。

当然，对党争的否定评价，并非是由日本人最早提出的。先前介绍的《择里志》的著者李重焕就曾对党争做出十分辛辣的批评。李重焕本人也有着被卷入党争、从政界引退的经历。他从政界引退后，在周游全国期间写成了名著《择里志》。

为了揭示可居地，即适宜居住之地，李重焕著成了这本书。因此在《择里志》中，李重焕先是一边研究地理条件，一边讨论可居地的情况。但在最后的"人心"篇当中，他笔锋一转，详细描述了党争的经过，并得出了以下的结论：

> 大抵自开辟以来，天地间万国中人心之乖败陷溺，直失其常性者，莫如今世。朋党之患，遵是而不改，则其将为何如世界乎！……是以将欲居乡，则毋论人心之好不好，虽燥湿异（异），宜此其势，不得不且寻同色多处方可，有过从谈宴之乐，可修文学研磨之业。然犹不若择无士大夫处，杜门息交，独善其身，则虽为农、为工、

为贾，乐在其中矣。如此，则人心之好不好，又非所可
论也。

也就是说，李重焕所得出的结论是：即使有意寻找可居
之地，但在当时（党争盛行）的状况下也是不可能找到的。

像这类对党争的否定评价，在很早以前就已经在朝鲜人
中间出现。但是，将党争与朝鲜人的民族性归结在一起的论调
确确实实始于日本人。殖民地时期日本人进行的朝鲜史研究，
在朝鲜半岛独立后受到了韩国和朝鲜两国研究者的严厉批评。
其中党派性的主张和其根据，即对于党争的认识，毫无例外地
遭到了来自正面的批判。

但是，近年以来，韩国研究者率先提出了一些从新的视
角评判党争的主张。他们认为，党争始终遵循着和平式政权交
替的政治法则。伴随着党争的政权变动确实造成了许多人死
亡，或是流放。但是，政权的交替绝对不是靠武力实现的，而
是完全取决于论争的结果。近年来的研究，对党争这样的侧面
情况给予了积极的评价。

无论怎么样评价党争，更为重要的都是孕育了党争的政
治结构问题。党争始于16世纪的东西分党，其出现与士林派
掌控政权有着深刻的关系。在士林派进入政界的过程中，三司
的言论活动发挥了极大的作用，而恰如"士林"的字面意义所
示，其背景是两班的广泛"公论"。由言论活动形成公论，以
此为武器撼动政界的这样一种政治规则，即是士林派掌握政权
的方式。

但是，政治上的意见对立导致党派的形成、党派固定化的现象乃是 17 世纪以后的情况。所以党争的激化，仅仅用士林派的登场是无法充分予以解释的。正如前文中提到的那样，16 世纪是两班的世纪。也就是说，像柳希春那样出身无名门第，在通过科举考试之后跻身中央政界担任高官，从而使得家门两班化的情况，在当时是大量存在的。

然而，进入 17 世纪以后，柳希春式的现象越来越少。17世纪以后，科举考试举办次数本身增多，随之而来的是文科合格者人数增长。与此同时，少数家门独占科举恩典的倾向增强，无名家门出身之人即便文科合格，通常情况下终其一生也只能担任低级的官职。

在通过科举发掘官僚的方法日益僵化的情况下，与中央有权势家门的结合便产生了巨大意义。全国散在的两班阶层派系化以及党派固定化的背景中，隐匿着这样官僚体制上的变化。

对于南人势力强劲的庆尚道以及郑汝立之乱过后被排斥在中央政界之外的全罗道的两班来说，17 世纪以后通往中央政界的道路已十分遥远。正因为如此，这些地方的两班为了实现进入政界的梦想，哪怕是只有极其微小的可能性，都愿意投身于激荡的党争漩涡之中。

党争绝对不是朝鲜民族的民族性表现。虽说如此，但也不能就此轻易地论断是由于党争才确立了和平的政权交替规则。党争是 16 世纪至 17 世纪政治构造变化的产物，两班主导的统治体制自身的活力在党争的过程中不可避免地逐渐枯竭。

统治体制的重组

税制的变革

16 世纪末至 17 世纪 30 年代，日本和清国的侵略使朝鲜的国土蒙受了巨大损害。人员的伤亡自不用提，田地也多有荒芜。在壬辰倭乱之前，李朝国家控制的耕地约有一百万结，战后缩减至三十万结。所谓"结"，是征税用的面积单位。自 15 世纪以来，朝鲜将全国的土地按照肥沃程度划分为六个等级加以掌控，最肥沃的一等土地的一结约为一公顷，而最贫瘠的六等土地的一结约为四公顷。各处土地按照其相应的结数征收地税。

17 世纪是朝鲜从战争的创伤中恢复的时代。不过，这并不是单纯地恢复 16 世纪的体制，而是在方方面面对过去的统治体制进行重组。其中，作为国家统治根基的税制层面，在 17 至 18 世纪时期发生了巨大的变化。

16 世纪以前的朝鲜税制，由田税、赋役、贡纳三个部分构成。田税即与耕地挂钩的地税，按照土地对应的结数缴税。

赋役是指依照人口数量征调劳动力。赋役之中最为重要的是军役。军役的主要承担者是拥有"良人"身份的民众。实际上李朝时代存在着直接服军役和出资扶助服军役者的家族两种情况。两种情况之中，后者占有的比重逐渐增大，军役承担者向国家缴纳棉布（称为"军布"），国家以此为收入雇佣士兵，于是代价雇立制慢慢普遍化。

至于两班的情况，现役官僚自然可以免除军役，而两班子弟原本只需承担很轻的军役，后来也逐渐有名无实，两班阶层中人免除军队役成了一种常态。因为奴婢侍奉其主人两班成员是本来的职务，也被免除了军役。

贡纳是摊派给各邑的实物税，乃是王室和政府诸机关征收的品类繁多的必要物品。《眉岩日记》中柳希春收到的进上品就属于贡纳。

三类税中，田税所占比重无疑是最轻的，军役和贡纳较重。对于那些必须服军役的人而言，负担尤为明显。三类税中，贡纳制度要求缴纳名目杂多的物品，其征收流程十分烦琐，因此在 16 世纪时便盛行起了贡纳承包。就是说，由政府指定的承包人向农民征收米和棉布，将其贩卖，代替农民向政府缴纳各种物品。承包人从中间牟得丰厚利润，其弊害成为严重的问题。

为了消除贡纳的弊端，朝鲜从 17 世纪开始试行"大同法"。所谓"大同法"，是指将过去的贡纳负担地税化。其内容是：农民的一结土地要缴纳十二斗米，或者与之同等价值的棉布，政府以此为收入另行调度所需的各类物品。16 世纪贡纳承包制度化的同时，以防止承包过程中出现中间掠夺为目的的大同法应运而生。

大同法于光海君即位之年（1608 年）首先在京畿道施行，但此后其实施范围没怎么扩大。以前的贡纳制是一种人头税，大同法将之转化为地税，所以以两班为中心的大土地所有者自然不欢迎大同法的实施。1623 年，大同法在忠清、全罗、江原三道实施，可是到了 1625 年，忠清、全罗两道便取消了大同法。大同法真正得以实施是 17 世纪后半叶以后，忠清道于 1651 年恢复了大同法，全罗道的沿海各郡和山郡分别在 1658 年、1662 年恢复了大同法，庆尚道也从 1677 年开始实施大同法。

　　本来的地税（田税）规定一结土地征收四至六斗（日后逐渐统一为四斗）的米粮，大同法则要求一结土地征收十二斗的米粮。可见过去的贡纳负担是如何沉重。换言之，通过大同法的实施，朝鲜国家租税的主要组成部分实现了向地税的转变。而这一征税方式的变化，得益于后文中将会提到的农业生产力的稳定。

均役法

　　贡纳外的另一项沉重负担是军役，朝鲜在 18 世纪时也尝试了对军役制度进行改革。军役赋课的问题在于军役的不均衡和针对良人赋课。如前所述，军役的主要赋课对象是具有"良人"身份之人，因此为了逃避军役而甘愿沦为奴婢，或者千方百计获取两班身份的人层出不穷。壬辰之乱以后，政府为了筹集军费，认可向政府缴纳米粮等物资的人可获得两班的称号（但是仅限一代有效）。如此一来，良人的数量逐渐减少，可军役的总额仍然固定不变，所以剩余的良人所要负担的军役必然会越来越沉重。

　　此外，同样是良人，所负担的军役额度也不尽相同。这是因为征收军役的机构众多，各机构所分配的军役额度不同。军役负担者都希望自己属于军役较轻的机构，于是出现了频繁变动所属机构的情况。

为了改善军役问题，李朝政府实施了一连串以军役均一化和减轻良人军役负担为目的的政策。政府先是从17世纪后半叶开始实施良人军役负担均一化措施。进入18世纪后，政府进一步加速了军役改革的进程，1750年颁布的"均役法"堪称是改革的集大成之作。

均役法将原来的军役负担额度减半，削减的部分通过其他财源加以补充。所谓"其他财源"，是指创设的新地税（称作"结税"），以及对渔场和盐场的课税，等等。另外，为了避免军役的负担偏重于良人，政府在有的地方推行"里定法"，引入了以村落为单位决定军役的额度，向村落居民整体征收军役的制度。里定法关系到以身份为基础赋课的军役制的根本，于18至19世纪逐渐推广至各地。

户籍和量案

朝鲜由国家为征税而制定的基本账簿称为"户籍"和"量案"。在这里，笔者将一边介绍这些实物，一边带读者看一下当时朝鲜是如何掌控人口与土地的。

户籍是掌握人口情况的基础资料。户籍的制作依照以下顺序进行。首先，户主将记载自家家族构成情况的户口单子上呈政府，政府将收集的户口单子与先前的户籍相对照，调查其正确与否，再制作一邑的户籍大账。其次，政府将户籍大账记载的内容交付给各户。交付给各户的文书被称作准户口，准户口是下次户籍制成之际各户呈交户口单子的根据。户籍大账每三年制作一次。其规定在整个李朝时代被严格执行，目前以18 至 19 世纪为中心，有大量的户籍大账被保留下来。

"庆尚道彦阳县户籍大账"一图中所展示的就是现存的户籍大账之一，庆尚南道彦阳县 1711 年户籍的一部分。彦阳县的户籍大账由彦阳乡校收藏，到了 1980 年代，釜山大学的研究者将其展示、介绍给学界。图片中所见，乃是彦阳县名为吉川里的村落户籍的开头部分。鉴于图片内容有点难认，笔者将

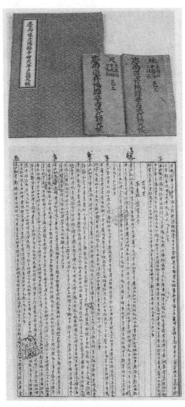

庆尚道彦阳县户籍大账

在此进行解说。

在制作户籍时，采用的是以五户为一统的五家作统制。各统第一户的户主是该统的统主。

吉川里第一统第一户户主的头衔为"私奴束伍军"，名为李三千。以下记载着李三千的年龄、生年、本贯等信息，以及李三千的所有者——"主"是谁。另外，户籍中还记录着李三千的父亲、祖父、曾祖父、外祖父，即"四祖"的情况。

以上关于户主李三千的记录完结后，紧接着记载的是该户中的李三千的母亲、妻子、子女、孙辈各自的名字、年龄、生年等信息。户主妻子的姓氏和四祖情况也被记录在案。

户籍大账记录方式在整个李朝时代都不曾改变。国家投入大量的劳力和经费制作户籍大账究竟是出于什么目的呢？

户籍大账记载的各项内容当中，最重要的部分是写在户主等人姓名前的头衔。头衔是正式的职务，而这些职名正是赋课军役之际的基准。以李三千为例，李三千是"私奴"，即私人所有之奴，同时承担着"束伍军"的职务。如前所述，奴婢本来可以免除军役。不过，到了17世纪，奴婢也成了军役赋课的对象。"束伍军"是奴婢负担的军役种类。

国家每三年制作一次户籍大账是为了掌握军役负担者的情况。也就是说，按照户籍大账的记录，国家便可以掌握各地区各种军役负担者有多少。记录户主及其妻子的四祖情况是为了确认本人的职务是否与其祖先的职务一致。户籍大账记载的个人职务名称在18至19世纪时出现了很大的变动，对此后文中将另有记述。

"量案"与户籍大账同样，是为了征税而制作的基础账簿。量案类似于日本的"检地账"，基于量田（同日本的"检地"，即调查土地）的结果制作而成。按照《经国大典》的规定，量田每二十年进行一次。这一规定在15世纪以前得到了较为严格的遵守，但16世纪后变得有名无实，量田基本上无法施行。在壬辰倭乱以后，除了1600年至1604年间实施的紧急量田，1634年以及1718年至1720年间，三南地方（忠清道、全罗道、庆尚道的总称）曾施行过两次量田。另外，京畿道和江原道、咸镜道也曾在17世纪施行量田。这些是因壬辰倭乱而瓦解的国家为了重新掌握土地而采取的措施。1718年至1720年的"三南量田"是李朝最后一次以道为单位而实施的量田。

根据量田的结果制作成了量案，但现存的李朝时代量案较之户籍大账数量远远要少。"尚州牧庚子量案"一图，是1720年制作的庆尚道尚州牧量案的一部分。量案会将每块土地的地番、地目、土地形状、结负数（一结为一百负）、所有者姓名等项目一一记录在册。

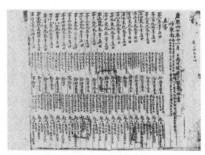

尚州牧庚子量案

制作户籍大账的首要目的是掌握各人的职务情况，而制作量案的首要目的是确定各土地的结负数，即地税负担额。因此，量案发挥了征收地税用的基础账簿的作用。

户籍和量案以记录全体人口、全体土地为理念。当然，这终究只是一种理念，在实际中难免会存在脱漏和错误的状况。尤其是户籍方面存在着大量的脱漏，也就是说，确定有为数众多的人口未被登记在户籍之中。但是也不能就因此认为，户籍和量案记录的内容不足为据。光看户籍和量案所记载内容本身，大体是正确的，因此它们足以发挥出征税基础账簿的作用。

国家直接掌握全部人口和土地的理念源自古代律令制国家，从世界范围来看，这也是东亚地区所特有的现象。在中国和朝鲜，这一理念有着漫长悠久的历史，实现这一理念的制度也很完备。与幅员辽阔的中国相比，朝鲜户籍大账和量案的现存情况颇为隐秘。使用这些一手史料的研究，直到近年才好不容易真正展开。我们期待着研究获取的丰硕成果。

传统农耕方法的确立

日本殖民朝鲜时期，总督府的机关之一农业试验场设立在水原。农业试验场的两代沙里院（黄海道）分场长武田总七郎和高桥升是最早使朝鲜传统农耕方法焕发光彩的农业学家。笔者在撰写本稿之际，也在为已故高桥升的庞大遗稿的出版工作提供助力。高桥升用尽心血研究的是朝鲜传统农耕方法以及在此基础上的农业发展状态问题。武田和高桥二人认为，17、

18 世纪才是朝鲜传统农耕方法的确立时期。

武田和高桥二人揭示了朝鲜传统农耕方法确立的过程。首先，在畓作（水田耕作）方面，"休耕式→连作式→一年二作式"被认为是长期的发展方向，也就是从粗放型土地利用向相对集约型土地利用的方向发展。其次，在田作（旱田耕作）方面，北部的一年一作式、中部的二年三作式、南部的一年二作式被认为是其完成形态。这里也能看到，朝鲜的田作经历了从粗放型到集约型的转变，与畓作呈现出相同的发展方向。让我们稍稍从历史上来追寻一下李朝时代朝鲜农业的发展方向。

记载着朝鲜农业具体状况的最古老史料是 1430 年刊行的农书《农事直说》（以下略称《直说》）。这部农书是郑招、卞孝文二人受世宗之命，在调查全国优秀农法的基础上编纂而成的作品。其实早在高丽时代，《齐民要术》《农桑辑要》等农书已经传入朝鲜。但是不必说，这些中国的农书所述及的内容全部以中国的风土状况作为前提。《直说》编纂的目的，在于克服中国农书的局限，使适宜朝鲜的农耕方法体系化并且得到普及。《直说》虽是短篇，但内容极为优秀。作为一部古典农书著作，《直说》对李朝时代的农书产生了决定性影响。

《直说》介绍的水稻耕作方法包括水耕法、干耕法、苗种法三种，全部是水稻的连续耕作法。前两种农耕法属于不插秧的直接播种法，而苗种法则属于插秧的种植法。《直说》认为，苗种法的插秧期间难以确保供水，将可能导致一无所获的情况发生，实系"农家危事"。

朝鲜半岛梅雨季节的开始要比日本迟半个月甚至一个月

时间，因此插秧期间的必要供水可能不稳定，插秧必须在水利条件优良的水田里才能进行。所以，《直说》一书重在推荐直接播种法。但是采用直接播种法意味着从最初开始就要在本田中栽培水稻，无法种植其他作物。在《直说》编纂成书的15世纪，朝鲜的水田种植可以说基本上是一年一作式。

插秧种植法在朝鲜真正普及是在17至18世纪。前文中介绍的高尚颜的《农家月令》，描述了16世纪时庆尚道普及苗种法的情况。1655年编纂的《农家集成》将《直说》大幅增补后收录于其中，特别是有关苗种法的描述格外详细。到了18世纪前半叶《山林经济》成书之际，苗种法已经占据了水稻种植的主流地位。与此同时，"水稻→麦"轮流耕作的一年二作式也已经在朝鲜实现。

另一方面，关于田作的方式，《直说》的介绍以一年一作式为主。尽管一年二作式与二年三作式也在部分地区实行，但是通常被视为田少之人迫不得已的农法。

牛耕和犁的发达，促使田作朝集约式土地利用方向发展。到了17世纪至18世纪，适应不同水土和用途的各种犁具得以广泛使用，确立了中部二年三作和南部一年二作的耕作模式。当时，朝鲜积极引进的地力维持作物豆类发挥了巨大作用。

朝鲜将水田称为"畓"，旱田称为"田"，由此也可见，农业的中心原本是旱田种植。在殖民地时期，日本人大多是从以水田为中心的日本农业的立场看待朝鲜农业，因此并不能充分把握朝鲜农业的特征。其中高桥等人理解了朝鲜农业的独特性，特别是对朝鲜的旱田耕作传统技术给予了高度评价。他们甚至称朝鲜半岛中部地方二年三作的农耕模式是世界旱田种植的最高峰。

传统的形成

荷兰人眼中的 17 世纪朝鲜

1653 年 7 月，一艘荷兰商船从台湾出发驶向日本。这是一艘名为"德·斯佩威尔"（De Sperwer）的三桅小型帆船。"德·斯佩威尔"号在行驶途中遭遇了暴风雨，于 8 月 16 日（新历）在济州岛南部海岸失事，幸存的三十六名船员漂流至济州岛。

幸存者表明了自己荷兰人的身份，并要求朝鲜将他们送往日本，但是遭到了朝鲜方面的拒绝。据说在 1627 年时也曾发生过荷兰人漂流事件，当时的日本以荷兰人乃是基督教徒为理由，拒绝漂流者入境。

幸存船员一行人等被带到朝鲜的京城——汉城，在与朝鲜国王孝宗会面后便被安置到了全罗道各地分散居住，同时承担兵役。将外国人充当兵士是李朝时代一贯的举措。到了 1666 年，残余的十六名幸存者中有八人计划逃跑，他们在取得船只后驶向日本。

八名逃亡者平安抵达五岛列岛，在受到日本方面的严厉盘查之后，他们被引渡至长崎出岛的荷兰商馆。八名逃亡者之一的亨德里克·哈梅尔（Hendric Hamel，1630？—1692）在滞留长崎期间撰写了报告书《朝鲜幽囚记》。

《朝鲜幽囚记》是由欧洲人写的关于朝鲜的第一部真正意义上的介绍书。书中描述了作者亲眼所见的17世纪朝鲜的状况，具有十分宝贵的史料价值。下面，笔者将介绍《朝鲜幽囚记》值得关注的几个部分。

尽管当地处在鞑靼人（Tatars）统治下，但国王的权威是绝对的。国王可以按照自己的想法统治整个国家，不必遵循王国顾问官的意见。在他们当中没有领有城市或者岛屿的领主。大官们从手中掌握的耕地和奴隶身上获取收入。我们见到过拥有两三千名奴隶的大官。

尽管朝鲜从属于清国，但在国内政治方面国王的权威仍然是绝对的，而且也不存在封建社会中的领主阶层，这些状况给哈梅尔留下了极为深刻的印象。关于朝鲜科举和科举教育的叙述如下：

贵族和自由民十分精心地养育他们的子女，他们将子女置于教师的监督下，让子女能够充分地读书识字。他们对此事非常热心，其方式既细致又巧妙。……每处城邑都设有一轩这样的房屋（乡校），这里每年都会为被大官和恶劣的政府杀害的人们供奉供物，贵族让他们的子女在此读书研习。这轩房屋（乡校）就依靠贵族（的供给）来维持。（引文出处同前）

作为亲族制度和与之相关的记述，以下内容值得关注：

他们禁止四代以内的亲族结婚或者恋爱。当他们八岁、十岁乃至十二岁或者超过这岁数时，父母就会为他们寻找亲家，筹备嫁娶之事。（引文出处同前）

子嗣们必须要在父亲死后三年、母亲死后两年为其服丧。在这期间要像僧侣一样饮食，并且辞去官职。此人的官职无论大小，只要双亲中有人去世，都必须要立刻辞职。他们被禁止与妇人同寝。假如这期间生了孩子，那这孩子便会被视为私生子。（引文出处同前）

当双亲得到郑重安葬，所有该做的事情都完成以后，接下来就是遗产问题。长子将留在家中，家屋宅邸和其附属物都归长子所有。土地和其他物品将在儿子们中间进行分配。有儿子的情况下，据我所知，女儿们是不能分配到物品的。另外，女儿在结婚时也只能带走衣服和随身的物品。（引文出处同前）

上述四代以内之人不允许通婚的情况仅仅是针对两班以外的阶层而言。两班阶层无论是何等亲疏关系，同族之人均不能通婚。哈梅尔的这段记述说明，在两班阶层之外尚不存在同族的观念。

从上述财产继承情况中我们可以发现，男女均分继承的习俗已经被男子均分继承所取代。1874 年，查尔斯·达雷（Claude Charles Dallet，1829—1878）著作的《朝鲜教会史》

（*Histoire de L'Eglise de Corée*）出版，书中对朝鲜的亲族与继承制度介绍如下：

> 朝鲜与东洋的大部分国家相同，亲戚关系较欧洲远远更为紧密，即使血缘关系十分遥远的人也能被联系在一起。有钱之人和贫穷之人、有识的智者和无知的愚者、为官之人和乞食之徒，不论他们的社会地位如何，在十五代或二十代以内全部亲族都会结成同一氏族乃至同一部族，更确切地说，是结成了单一的一家。一家之人因为共同的利害关系结合在一起，必须互相扶持。若是父亲死亡，长子将会继承父亲的地位，并确立所有权。而下面的弟弟们会在结婚等情况下，依照一家的惯俗和阶级、财产状况，接受来自父母或多或少的赠予。因为全部的财产都由长子继承，所以长子有像照顾自己孩子一样照顾弟弟们的义务。

从这段记述中我们可以看到，19 世纪时朝鲜的亲族制度已经扩大到两班以外的阶层，在继承制度方面已经呈现出十分强烈的长子单独继承倾向。

亲族制度的变化

15 至 16 世纪形成的以两班为中心的中央及地方统治体制，到了 17 世纪后半叶开始发生种种变质。其中，科举制度的变质与随之而来的进入中央政界难度的增大，对地方的两班而言是极为严重的事态。面对这一事态，地方两班所采取的生存战略是形成并强化作为父系血缘集团的同族组织。

如前文所述，两班的形成过程同时也是作为父系血缘集团的同族集团的形成过程。但是，直至 16 世纪为止，就如柳希春的情况那样，双系亲族观念依然强烈。由此可见，当时尚不存在组织牢固的同族集团，族谱当中也包含着许许多多同族以外的成员。男女均分继承制度也与双系亲族观念密不可分。然而 17 世纪以后，同族集团的组织化过程逐步推进。当时最重要的组织形态，是被称为"门中"的组织。

今天朝鲜民族的亲族制度是由若干个层级构成的。位于最基层的部分是由一对夫妇及其子女组成的家族。家族之中也存在三代人组成的直系家族，不过自李朝时代以来，家族成员数量平均为四至五人左右，罕有大的家族出现。处于家族上一层级的是"堂内"，又被称为"집안"的集团。"堂内"是指拥有同一高祖（祖父的祖父）之人组成的集团。每年忌辰举行的祭祀活动是祭祀到高祖为止的祖先，祭祀高祖以前历代祖先则选择一年一度的集体祭祀形式。由此可见，堂内是在举行祖先祭祀之际构成的最基本集团，该集团内部成员日常一般也会频繁往来。"堂内"用纯朝鲜语表示为"집안"，意为"집"（家）之"안"（内），与日语的"身内"（近亲）一词语义相近。

如所述，堂内是日常最为重要的亲族单位，但每个世代其范围都会变化。因此"堂内"不能成为一个永久性的组织。要确立一个永久性的亲族组织，就必须将有特定共同祖先的子孙全部囊括进来。由此建立的正是"门中"组织。

善山柳氏或安东权氏这样的同族集团，是拥有共同祖先的父系血缘集团，在这个意义上与门中是相同的。但是，构成同族集团的成员数量过于庞大，其作为组织的实质性机能不太能被期待。比起同族集团始祖，门中组织的共同祖先是远远更靠后的世代之人。

以安东权氏为例，该同族集团成员仅在现代的韩国就超过了五十万人。整个安东权氏大体上分为十四个"派"，即便这样，每一派的成员人数也达数万。门中组织便是在这派当中，乃是将派祖以下数个世代的人物当作共同祖先而建立的组织。门中组织的祖先多数是有着科举合格等杰出经历的人物。因此，对于安东权氏所属成员来说，亲族集团便是由"家族、堂内、门中、派、同族"这五个层级构成的。

门中组织于 16 世纪开始形成，17 世纪以后正式成型。门中组织定期召开会议，决定专人负责组织的运营。另外，划定土地和建筑等门中财产，充当祖先祭祀费用或是作为门中相互扶持资金，成了门中组织的常规活动。

就像门中组织所象征的那样，随着父系血缘集团的结合加强，族谱的编纂方式也开始发生变化。有别于到 16 世纪为止的族谱，此后族谱只收录父系血缘集团的成员成为惯例。而且不仅有以全体同族为对象的族谱，以门中为单位的族谱编纂也盛行了起来。

如此这般，进入 17 世纪以后，父系血缘集团组织化进一步加强。为什么会出现这样的现象呢？多数观点用儒教或是朱子学的影响来解释说明，而这是有疑问的。因为朱子学真正传入朝鲜的时期和父系血缘集团组织化的时期偏差有些大。倒不如认为，进入 17 世纪以后的两班尤其是地方两班，在活力逐渐丧失的过程中，谋求父系血缘组织的强化是他们的生存战略，这样更为妥当吧。从男女均分继承，到男子均分继承，再到长子优先继承的变化也与儒教的教导相左。这样的变化用朱子学的影响来说明是不可能的。

"마을"的形成

"마을"在朝鲜语中是聚落的意思，与日语中的"ムラ"（村）是同语源之词。由此可见，在极为古老的语言中，人们已经使用"마을"来称呼几个人聚集在一处定居的场所。但是，与今天直接相关的"마을"多数是 16 世纪以后形成的。

现在韩国的地方行政组织由"道、郡、面、里（洞）"四个层级构成。通常情况下，一里之中包含数个"마을"。地方行政组织的四个层级构造在制度上已经由《经国大典》规定了。但是，直到 16 世纪为止，"面制"尚未确立，所谓"面"只不过是将一郡机械地按照东西南北的方位划分成四个部分，故又称为"方位面制"。作为行政单位的"面"确立时间是在 17 世纪以后，其背景正是"마을"的成长。

1632 年刊行的庆尚道晋州地方志《晋阳志》（晋阳为晋州的古称），记录了 16 世纪末期的"마을"名称，以及壬辰倭乱之后其名称的变化情况。接下来，让我们参照《晋阳志》，来看一下当时"마을"的情况和 17 世纪以后的变化。

　　根据《晋阳志》的记载，整个晋州被分为东、西、南、北四个"面"。这里的"面"是指"方位面制"的面。面以下有几个"里"，各里又分别附属有多个坊作为"属坊"。笔者在此试举一例，列出东"面"的晋城里和耳川里的一部分里坊名，将这些里坊名与李朝末期的面里名进行对照，具体如图8所示。

　　从图中可以看到，17世纪以前的"里"演变成了"面"（晋城里→晋城面）。不过16世纪时期的晋城里本身作为一个"마을"，与其他属坊的性质基本相同。相比之下，李朝末期的晋城面则是整个"面"的名称，已经成为纯粹的行政区域名。而昔日的晋城里变成了晋城面辖下的杜水洞。由此显然可见，"郡、面、洞"的结构产生于17世纪之后。

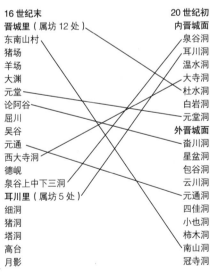

图 8　晋州地区集落的变迁

与晋城里一并存在于 16 世纪的耳川里，在壬辰倭乱过后被晋城里合并。这里需要注意的是《晋阳志》中对里中居民构成情况的相关注释。注释文称，晋城里"士族多居"，耳川里"风俗蠢愚"。在壬辰倭乱导致朝鲜国土荒废的情况下，耳川里被晋城里合并正是因为这样的居民构成不同。

图 8 中另一处需要注意的地方是存在于 16 世纪的里坊中只有八处确认与李朝末期的"洞"之间存在承接关系。其余的十一处，到了李朝末期时已经作为"마을"消灭殆尽。反过来说，李朝末期的十七个洞，也只有八处可以上溯至 16 世纪。就像这样，与现在有关联的"마을"半数以上都是 17 世纪以后的产物。

"장시"与商业

"장시"（场市）是指定期召开的集市。16 世纪以后，"장시"在各地簇生发展。高丽时代各地方官衙的所在地设置有"市"。李朝建立后，最初采取禁止地方设置"市"的政策。然而，即使对农民来说，市场交换也已经是不可欠缺的活动，因此逐渐形成了"장시"。到了 18 世纪，朝鲜全国已经存在一千多个"장시"。"장시"多数情况下为五天召开一次，邻近地方的"장시"一般会错开日期召开。除了朝鲜的北部地区，居民都可以在一日之内抵达"장시"。

"장시"之中没有常设的店铺，只有被称作"仮家"的可供遮风挡雨的简易搭建若干，其余商贩均为露天经营。交易的商品种类繁多，但以谷物和棉布等地方生产的物品同盐

巴和海产品等当地不能生产的物品之间的交易为主。另外，来到"장시"的不仅有附近的居民，还有被称作"褓负商"（보부상）的行商，他们会带来外地的商品进行交易。

在"장시"中可以进行物物交易，当然也可以进行货币交易。17 世纪中叶以前，米和棉布充当着货币的角色。但是 1678 年，政府铸造了名为"常平通宝"的铜钱，并且实施促进货币流通的政策，使货币交易急速普及。"常平通宝"因其形状而被通称为"叶钱"，直到 19 世纪后期铸造新的货币为止，"常平通宝"是朝鲜国内使用的唯一金属货币。然而，铜钱需要巨大的流通成本，并不适宜于额度太高的商业交易。

"장시"不仅是商品交易的场所，也是娱乐和情报交换的场所。"장시"中设有"주막"（酒幕），即酒馆。来到"장시"的男子可以在此畅饮"막걸리"（浊酒），交换各类情报。甚至在商谈婚事时，从"장시"获取的情报信息都可以发挥极大的作用。

"장시"的存在对政府维持地方统治也有着十分重要的意义。特别是大米等谷物的供求和价格，对农民的生活造成莫大影响，牵动着地方政府的神经。政府有时会将官衙保存的粮米投入"장시"交易，以稳定米价；有时也会颁布"防谷令"，禁止谷物流向外地。设立新的"장시"必须征得地方官的许可，这也是因为"장시"的作用十分巨大。

商业的地位

16 世纪至 18 世纪，朝鲜形成了全国性的"장시"（场市）

网。从商业发展的角度来看，李朝社会比同时期的中国和日本欠缺精彩乃是不可否认的事实。"장시"之中没有常设的店铺，货币流通也处于不发达状态，这些象征着朝鲜商业的不振。那么朝鲜商业不振的原因何在？

国家针对商业只采取极为消极的政策无疑是商业萎靡不振的一大原因。这一点很好地体现在朝鲜对同中国和日本贸易的态度上。特别是当16世纪的东亚被卷入白银流通圈之际，李朝政府却在努力切断白银与本国经济之间的联系。朝鲜原本盛产金、银，但李朝政府宁可禁止金银的采掘，也要顽固地坚持着经济自给自足体制（Autarkie）。

但是，即便国家针对商业不断采取一些消极政策，也不一定能成功。所以单纯地用国家政策来解释朝鲜商业萎靡不振是不合理的。更根本的问题应该是统治阶层的存在形态。通常情况下，前近代社会商人们最大的主顾是王室和政府，还有社会的统治阶层。因此，社会统治阶层的存在形式对商业的发展起到了决定性的作用。

作为李朝社会统治阶层的两班，除了世代居住在汉城的家族与现任官员，大多数都生活在农村地区。通过《眉岩日记》可以看到，两班利用自己的农地和奴婢筹备日用物资，基本上不需要参与市场交换。16世纪以后，朝鲜能够固执于经济自给自足体制不单是因为国家政策，更重要原因在于两班阶层的存在形式。

李朝时代的城市发展处于极低的水平，同样也是上述原因。首都汉城拥有二十万至三十万人口，算是一座超大城市。

但除此以外，李朝时代的朝鲜绝少有超过一万人口规模的城市。郡、县的官衙所在地称为"邑内"，邑内的主要居住者是乡吏和公奴婢，两班则不在邑内生活。在这一点上，朝鲜的邑内与中国的县城、日本的城下町，其居民的构成完全不同。

商业的不振和城市的不发达等现象被殖民地时期的日本研究者认为是朝鲜社会停滞性的表现。朝鲜半岛解放以后的研究对此做出了批判，主张资本主义萌芽论的观点盛行一时。但是，上述两种观点均无视了朝鲜社会的独特结构，带有想将欧美或日本的历史经验原样套用于朝鲜的强烈倾向。朝鲜社会绝不是停滞的社会，其变化形式具有其独特的样貌，我们应当探求基于朝鲜社会结构的变动论。

第七章　清朝的和平

康熙帝时代的周边环境

康熙帝的时代

康熙帝（名玄烨）是顺治帝的第三子，自 1661 年八岁即位至 1722 年去世为止，前后共在位六十一年，其享位时间之久在中国史上乃是前所未有。康熙帝的母亲出身汉军八旗，祖母（顺治帝之母）是蒙古人，所以在康熙帝的身体里流淌着满、汉、蒙三族的血液。康熙帝通晓满、汉、蒙三种语言。法兰西国王路易十四于 1643 年至 1715 年在位，莫卧儿帝国的奥朗则布于 1658 年至 1707 年在位，二人都是与康熙帝同时代的享位时间极长的帝王。

最初辅佐少年康熙帝的四位大臣全部是八旗之中直属于皇帝的上三旗（正黄旗、镶黄旗、正白旗）出身，分别是索

康熙帝南巡图

　　1680 年代以后，内忧外患告一段落，康熙帝先后进行了六次南巡。图中为康熙帝巡幸至江宁秦淮河的情景。康熙帝南巡的目的是要让江南人明白清朝皇帝的存在。与此同时，在巡幸地的减税和盛大的庆祝仪式也充分地发挥了收揽人心的效果，被清朝政府当作一种善政大力宣扬

尼、苏克萨哈、遏必隆、鳌拜。当时在满洲贵族的内部，以黄旗和白旗的对立为中心掀起了激烈的斗争，选任四位辅政大臣恰恰是迫于形势的无奈之举。然而，对立的火焰很快便迸发出来。在斗争中取得权力的鳌拜，将已在 1667 年亲政的少年皇帝当成孩童一般轻视，并在实质上执掌了朝政的牛耳。康熙帝表面上避免与鳌拜对立，以锻炼武艺为名义召集强壮的少年组成亲卫队勤加训练。某日，康熙帝在晋谒自己的鳌拜面前突然问询亲卫队成员："汝等皆朕股肱耆旧，然则畏朕欤，抑畏（鳌）拜也？"年轻的卫士们齐声回答道："独畏皇上。"于是皇帝悉数鳌拜的罪状，少年卫士们立刻抖擞精神将鳌拜擒拿。这时康熙帝年仅十六岁。

　　擒拿鳌拜之后，康熙帝开始实际亲政。不过康熙帝在其治世的前半阶段仍是如履薄冰，危机接踵而至。直到平定三藩之乱、降伏了占据台湾的郑氏的 1680 年代为止，清朝的统治

康熙帝读书像

法国耶稣会士白晋（Joachim Bouvet）在献给路易十四的《康熙帝传》中描述了康熙帝的相貌：炯炯有神的双眼比起普通的中国人要大，稍稍有些鹰钩鼻，脸上有少许水痘留下的痕迹，五官很端正

究竟是短命而终，还是长治久安，没有人能够预测到结果。放眼于中国乃至整个东亚，1680年代是16世纪以来的动乱终结，向安定和平转变的时期，身处这一时期的康熙帝是幸运的。在这之后，国际形势的稳定和清朝国力的增强二者相辅相成、彼此促进，从而开启了一段堪称"清朝的和平"或"满洲人的和平"的长达一百数十年较为安定平稳的时期。

东南的海上贸易

1684年，海禁解除，清朝在沿海地区诸省设置了江海关（江苏）、浙海关（浙江）、闽海关（福建）、粤海关（广东）四处海关。从事海外贸易的商人必须先从各级地方政府获得出航证明文件，待各港口岗哨查验没有携带违禁物品后方可出海。清朝规定的禁制物资，是武器和金、银、硫黄、硝石、铜等矿物，以及超出航海必要份额的米谷等食物。这样禁制主要是出于治安上的考量，政府担心物资流向海外或落入海盗手中将会使这些势力发展壮大。

17 至 18 世纪是多数欧洲国家奉行重商主义政策，为了保护本国产业而施行贸易限制的时期。对清朝来说，与其说贸易限制的举措有保护国内产业的经济意义，倒不如说其维护海上和平稳定的治安意义更为强烈。不同于欧洲各国在与其他国家的商品和服务（海运等）竞争失败后经常要直面本国产业衰退的严峻状况，清朝中期以前的中国即使不做什么也能将本国的产品销往世界各地，已经构筑起了稳固的卖方市场。中国生产的生丝和陶瓷自古以来都是世界闻名的逸品。江南地区生产的棉布也被欧洲人称为"nankeen"（南京），是令他们垂涎的衣料。自 18 世纪开始，茶叶的交易量急剧增长，到 19 世纪中叶为止，中国基本上独占了全世界的茶叶产出。由此可见，清朝的贸易问题与其说是同其他国家的经济竞争问题，倒不如说是如何通过贸易，抑制中国人移民海外形成反清势力或海盗活动频发的问题。需要注意的是，为政者往往是从这样规制性的关心出发来看待贸易。

接下来，让我们自北向南依次观察当时东南沿岸的海上贸易状况。江苏的上海、乍浦，浙江的宁波是中国对日贸易的中心地带。海禁时期受到抑制的对日贸易，在 1684 年海禁解除之后急速增长，1685 年赴日贸易商船达到了 85 艘，到了

1688 年更是激增至 194 艘，仿佛是要扫除海禁时代的阴霾一样，中国商船涌向了长崎。然而，这样的盛况引起了德川幕府的不安。唯恐贸易盛行造成贵金属大量外流和市场混乱的德川幕府，于 1685 年颁布了贸易限制令，将中国商船的贸易额限制在一年 6000 贯（约 60 万两白银）以下，又在 1688 年将来航的中国商船数量限制在 70 艘以内，若超过限额则不允许交易并勒令商船归航。此后，德川幕府持续强化对中国贸易的限制，到了 18 世纪后半叶，驶往长崎的中国商船数已减少到一年 10 余艘。

当然，贸易限制不可能切断中国与日本之间的关系。从文化层面来说，相较于充满战争和饥馑的 16 世纪至 17 世纪上半叶，在幕府统治转向安定、和平到来的 17 世纪末以降，对中国的关注在日本国内广大阶层中扩散开来，可以说中国文化的影响增强了。不仅是长崎，日本也通过琉球，或是由对马通过朝鲜与中国维持着经济关系。但是，从整体来看，中日贸易的重要性对于日本和中国都已相对地有所降低。

在 16 世纪中期到 17 世纪前半期的国际贸易繁荣时期，日本主要向中国输出白银，从中国输入生丝等手工业制品。而伴随着 17 世纪后半叶以来的贸易限制，日本实现了过去生丝、砂糖等输入品的国内自给——"输入替代"产业逐渐发展起来。到了 19 世纪初前后，日本经济已经达到了不再依赖中国的相当高水平"自立"程度。另一方面，看一下日本向中国的输出品，最大的输出品白银因幕府的输出限制而骤减，而铜、俵物（海产品）等代替银充当了主要的贸易输出品。17 世前半叶以前中日之间强劲的依存关系逐渐弱化了。

　　取代中日贸易，南洋贸易比重提升是当时的一大特征。福建省的厦门是清代中国船只开赴南洋的最大出锚地。从厦门出航的中国船只，在18世纪中叶最鼎盛时期每年可达到60至70艘，航行目的地以马尼拉（10余艘）、巴达维亚（10余艘）、越南、泰国等地为中心，遍及东南亚全域。

　　随着中国与东南亚之间帆船贸易变得盛行，二者的经济关系、人的关系更加密切，中国人移居东南亚各地的情况变得屡见不鲜。特别是山多耕地少、人口稠密的福建地区，因为人口压力和对海上贸易的高度依赖，孕育了为数众多的东南亚华侨。

　　清朝不将这样的海外移居视作中国人向海外的发展，反而将之视为滋生反政府活动的温床，保持着警惕的态度。1740年，荷兰人在爪哇残杀了一万余名中国人，清朝最终对此事件也没有表达抗议，而是采取了放置不理的态度。清朝此举虽然也有不想与荷兰敌对而给贸易造成阻碍的理由，但更是其冷漠态度的产物——清朝认为根本没有保护海外中国人的必要，移居海外之人属于"天朝弃民"，遭受迫害也是他们咎由自取。然而，正是在这种情况下，东南亚华侨构筑起了相互帮扶的网络，掌控了商品经济中枢，开始在东亚和东南亚贸易网络中发挥出巨大作用，这也是众所周知的事情。

　　相对于中国船只的出航贸易中心厦门，广州（欧美人称呼广州为"Canton"）则是外国船只来航中国的中心地。在18世纪前半期，每年平均有10至20艘欧美船只抵达广州，不论是船只数量方面还是贸易量方面，其重要性都远不如中国商人的帆船贸易。直到18世纪中叶以后，欧美船只贸易的重要性才增长起来。

17世纪末至18世纪前半期，欧美商船的活动尚不活跃，日本船只当然完全见不到踪影，东海和南海可以说几乎是中国商船独占的舞台。这一时期是中国帆船在南洋贸易的黄金时期。总之，清朝与明朝不同，只要中国人出海贸易不会危及治安的稳定，政府就会对其采取放任的态度。确实，这一时期的东南沿岸地区除了一些小规模的海盗活动，既没有强大的外国势力，也不存在威胁清朝统治的军事集团，东南沿海地带总的来说已成为让清朝安心的区域。在这样的背景之下，毋宁说清朝的关注点自然就转向了内陆地区。

清朝与俄罗斯的遭遇

清朝的对外关系与明朝最大不同之处在于，一直困扰着明朝的北方民族压力在清朝时已经大大削弱。满洲族本身就是北方民族，局面理所当然对其有利。用与蒙古族的关系来说，早在满洲族入关以前，努尔哈赤便与科尔沁部联姻，缔结了同盟关系，接下来皇太极又趁着林丹汗去世迫使察哈尔部归顺，从而将内蒙古地区纳入了支配之下。针对黑龙江沿岸的诸多居民，清在当地扩展统治范围，接受当地人的朝贡。如此一来，在1644年至1645年入主中原之际，清王朝支配的地域扩展到了明长城以北很远的地方，与西伯利亚无人地带相连。

清朝在北方的首要劲敌是俄罗斯。俄罗斯人于16世纪后半叶时，为了获取毛皮开始进出西伯利亚地区，在 1638 年至 1639 年抵达了太平洋沿岸，不久后便来到了黑龙江沿岸。自 1650 年代初开始，俄罗斯与清朝在黑龙江沿岸地带爆发了一系列小型摩擦。双方的争端于 1685 年前后激化，围绕着黑龙江沿岸的雅克萨（俄罗斯方面称阿尔巴津，Albazin）等据点展开了持续的攻防战。此次争端出现转机并朝着议和方向发展的背景，是当时准噶尔的扩张活动导致蒙古方面陷入了高度紧张的局势。

为了避免两面受敌，康熙帝向俄罗斯提出议和。1689 年，两国在尼布楚召开了划定国境的会议。面对俄罗斯方面提出的以黑龙江为国界线的要求，清朝一侧力主黑龙江流域一带为己方的领土，最终双方以黑龙江的支流额尔古纳河和外兴安岭一线为界划定国境。此外，双方在条约中还规定了引渡逃亡者和颁发贸易许可证等事宜。

《尼布楚条约》据称是中国第一次与其他国家以对等立场缔结的条约。实际上，于此次会议中担任翻译的耶稣会士佩雷拉（Tomás Pereira，中文名：徐日升）曾在他的日记中多次提及"国际法"，由此可见，清朝确实已经意识到了欧洲奉行的国际法体系。派遣使节参加会议、在拟定的条约上签字署名，这样的对等形式本身，是过去中国前所未遇之事。只是清朝对内时仍然将对俄关系放在朝贡关系的框架内处理。18 世纪中叶，准噶尔部灭亡，西北危机消除后，清朝便采取了对俄罗斯的高压态度。由这一点看来，《尼布楚条约》的对等形式，与其说是清朝外交原则上的变化，倒不如说是迫于必要所采取的便宜措施。

在后来的雍正帝时代，清朝和俄罗斯缔结了《恰克图条约》，双方在划定更西方的国境线的同时，还规定在恰克图开设贸易市场。俄清两国之间的贸易从18世纪后半期开始急速扩大。《恰克图条约》的条款规定了双方发生纷争时封闭市场、断绝贸易的方法。这些条款的灵活运用使条约体制在日后爆发纷争之际也得以存续。直到1860年《北京条约》的缔结，尼布楚、恰克图条约体制才正式废止。

与准噶尔的战争

随着清同在戈壁沙漠北方的喀尔喀部与瓦剌（卫拉特蒙古）中间不断扩张的准噶尔部关系恶化，蒙古高原方面陷入了新的紧张状态。曾经在15世纪也先时代以强势著称的瓦剌，却在整个16世纪遭到了东方蒙古（鞑靼）的压迫。但17世纪中叶，准噶尔部又在噶尔丹的率领下急速成长起来。噶尔丹得到了在蒙古各部族之间拥有宗教权威的西藏达赖喇嘛的支持，在塔里木盆地扩大支配范围的同时，又于1688年从西面挥军入侵戈壁沙漠北方，向喀尔喀部发动攻击。喀尔喀部被噶尔丹击破，数十万人逃往南方，请求清朝的保护。康熙帝接受了喀尔喀残部的请求，保证戈壁沙漠南部为他们的放牧之地的同时，又在1691年，召集喀尔喀部的首领们在元上都故地多伦诺尔举行会盟，至此除了瓦剌，东方蒙古诸部全部归顺清朝。

1696年，康熙帝为收复戈壁沙漠北部，亲自率领大军踏上了远征之途。康熙帝于4月初（新历）从北京出发，5日时行军至寒冷的砂石之地——虽说已是 5 月，但当地清晨的低温足以将须髯冻结成冰。6 月中旬，清军的一部分与目标噶尔丹军的主力遭遇。一番交战过后，噶尔丹军大败，逃亡的噶尔丹不久后便在阿尔泰山中病死（一说为自杀身亡）。

噶尔丹死后，准噶尔部在整个 18 世纪前半叶依然一直控制着塔里木盆地，并且不断进出哈萨克草原，在中亚构筑起庞大势力。这一时期俄清关系的改善与稳定，与俄清双方都要牵制准噶尔部这个重大课题有关。准噶尔部势力被清朝消灭，清朝的西北威胁得以消除是在 18 世纪中叶的乾隆帝时代。

清朝皇帝的两副面孔

大汗与皇帝

在"中国史"的长河中，每当追溯始自秦、汉，历经隋、唐，继以宋、元、明、清的王朝谱系之时，清朝的帝政也往往被视作中国封建王朝的皇帝政治历史的一环。从大局来看，中国封建王朝的皇帝政治可以说是逐步加深了君主独裁的色彩，因此培育出康熙帝和雍正帝等罕见的杰出独裁君主的清朝体制也许可以被看成是皇帝政治体制的巅峰形态。

然而，另一方面，清朝皇帝同时也是满洲和蒙古等北方民族社会的首领——大汗，这是无可争议的事实。就像我们已经看到的那样，皇太极在称大清国号之时，得到了来自满、汉、蒙三方势力的拥戴，他向内外宣示，自己身为一名多民族国家的君主，是大汗的同时亦是皇帝。从只是盘踞在东北一隅的这个时期开始，后来即使发展成为入主中原君临东亚的庞大帝国，清朝的独裁君主身为多民族国家之长兼具"大汗"和"皇帝"的特征也没有发生改变。

赐宴与围猎

得益于康熙帝出类拔萃的能力和不懈的努力，康熙帝时代成了中国封建王朝的皇帝和北方民族的大汗两副面孔在君主具体的人格之下得到确实统一的时期。我们不妨从康熙帝的生活状态开始，来具体窥探一下这两个侧面。

三藩之乱和台湾郑氏两大反清势力差不多已消亡殆尽的1683年以后，康熙帝几乎在每年旧历的七、八月份前后，都会奔赴内蒙古地区的狩猎场——木兰围场，会同蒙古的王公贵族一起狩猎。在这广阔的狩猎场驻留的十余日间，康熙帝与蒙古贵族及臣下们过着纯蒙古式的帐篷生活，宴会之余则观赏蒙古式的摔跤和骑马竞赛，或是举行大规模的狩猎活动以供消遣娱乐。

这样的活动并不单纯是消遣娱乐，也是一种军事训练，还是公开确认注重组织和武力的北方民族传统的礼仪。就像最初"八旗"组织的构想源自狩猎的方法，狩猎是在君主的权力之下，将肱股之臣的忠义之举以可见的形式表现出来的重要活动。康熙帝本人就是弓箭高手，他在狩猎时常常亲自引强弓射杀虎、熊等猛兽。1703年，热河离宫（避暑山庄）建成，每年夏天到初秋的数个月时间，皇帝都会离开北京，在热河生活。在热河离宫期间，于蒙古风格的营帐中接见蒙古诸王和各

国的朝贡使节已经成为清朝皇帝的惯例。清朝皇帝这一身为
北方民族君主的行动模式，作为"家法"至少延续到了 19 世
纪初。

紫禁城内的学者皇帝

如果说木兰围场是康熙帝作为北方民族大汗行动的空间，
那么北京的紫禁城便主要是他作为中国封建王朝的皇帝生活起
居的空间。

紫禁城从大的方面说，分为皇帝一家生活的内廷部分和
处理政务、举行仪式等的外朝部分。紫禁城的南半部分即外朝
部分。自紫禁城南侧中央的午门进入（虽然这样说，但南侧的
正门一般只在特别场合使用，通常是从东西两侧的东华门、西
华门进出），经过太和门，再穿过一片巨大的广场，前面便是
太和殿、中和殿、保和殿三座宏伟宫殿。这些建筑可以说是皇
帝权力的象征，皇帝即位、皇帝生辰、元旦等仪式和宴会，以
及科举殿试等活动都会在此举行。清朝皇帝以大汗身份赐宴时
是端坐在巨大的白色帐篷之中，而他以皇帝的身份赐宴时则是
端坐在以玉石为台基，有着龙纹饰柱、琉璃瓦盖顶的宏大宫殿
中昭示自己的权威。

从三座大殿再向北前进便可抵达乾清门，这里是外朝与
内廷的分界点。乾清门的北面是皇帝的寝宫乾清宫和皇后的住
所坤宁宫，这两处宫殿是内廷的主要部分。康熙帝自 1667 年
亲政以来，通常每天早上自乾清门而出，至外朝处理政务。皇
帝召集以内阁大学士为首的各级官僚讨论眼下的问题，裁决后

颁布相关的命令。这是与对"听政"厌恶至极而不愿参与的嘉靖帝等明朝皇帝截然不同之处。康熙帝每天清晨很早便起身处理政务，跟不上节奏的官僚们甚至恳请他将开始时间改成辰时（早上 8 点）。

内廷之中还设有专门供皇帝学习的房间。在康熙帝少年时代，辅佐他的四位满洲人辅政大臣对汉人官僚取得皇帝信赖充满了戒心，因此对皇帝学习儒学抱持消极态度。想要排除满洲贵族的压力的康熙帝反而向儒学倾斜，也并非不可思议之举吧。

在擒拿鳌拜并开始实质亲政以后不久，康熙帝便任命儒学者为经筵的日讲官，开始研究学问。康熙帝晚年在回想这段经历时曾有言道："及至十七八，更笃于学，逐日未理事前，五更即起诵读；日暮理事稍暇，复讲论琢磨，竟至过劳，痰中带血，亦未少辍。"在三藩之乱势头最盛的 1677 年，康熙帝为了自己可以随时质疑辨惑，在内廷的乾清宫西南一隅设置了"南书房"，任命儒学者在此当值。

康熙帝在学习儒家经典之外，还通过《资治通鉴》等史书研习帝王学。他重视儒学之中的朱子学，并且重用熊赐履、李光地等"理学名臣"。他按照朱子学的教导，以勤勉的态度在学问和政治方面精益求精。

康熙帝还组织了《康熙字典》《古今图书集成》等书籍的编纂事业，作为中国传统学问的保护者而发力。身居紫禁城中的康熙帝，为了将自己塑造成为一个从中国儒学的传统看来确实无可非议的皇帝而奋发努力，实际上他也赢得了这样的评价。

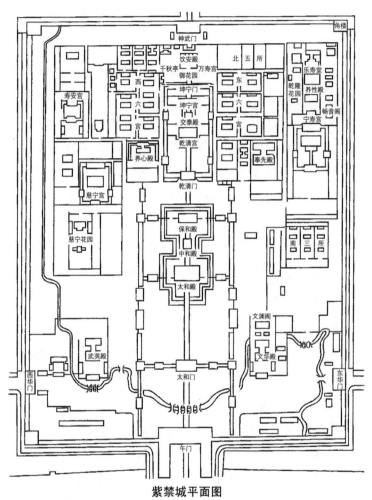

紫禁城平面图

　　现在的故宫仅开放了一部分区域，紫禁城面积达 72 万平方米，约是日本皇居（包含御苑在内）的三倍。皇城延续了明永乐年间的基本构造。"紫"源自象征着天帝宝座的紫微星，"禁"则代表着此处是一般百姓的禁区

历法之争

　　众所周知，康熙帝在醉心于儒学的同时，也对西洋学问

表现出了深切关注。康熙初年的一场著名历法之争，让少年皇帝不由得加深了对西洋科学的关心。这场历法之争发端于顺治帝时代，当时司掌天文事务的钦天监长官由耶稣会传教士汤若望担任，而主张承袭了元代大统历系统的传统历法更为优秀的杨光先对汤若望发起了弹劾。

对西洋人抱有反感态度的辅政大臣顺势将老迈的汤若望投入了监狱，并改任杨光先接掌钦天监。杨光先原本就对天文学一窍不通，他的计算结果错误百出，从而受到了传教士南怀仁的批判。

于是在1668年12月，康熙帝命传教士和钦天监分别推算立柱数日后影子的方向和长度，在皇帝御前进行对决实验。结果，传教士的推测准确无误，杨光先遂被免去了钦天监的职务。多年后，康熙帝对臣下们曾如是说道："尔等惟知朕算术之精，却不知我学算之故。朕幼时，钦天监汉官与西洋人不睦，互相参劾，几至大辟。杨光先、汤若望（此处是康熙帝记忆有误，实际上应是南怀仁）于午门外九卿前当面睹测日影，奈九卿中无一知其法者。朕思已不能知，焉能断人之是非，因自愤而学焉。"

康熙帝对西洋学问的兴趣不仅限于数学和天文，还涉及音乐和地理等广泛领域。传教士们作为康熙帝的学问导师被优待，受到了像被允许坐在皇帝的左右等一般臣下难以享受的厚待。优厚的待遇甚至让传教士们对康熙帝改宗基督教一事充满了期待。然而，结果却由于罗马教廷对儒教的祖先崇拜持否定态度（礼仪问题），康熙帝断然禁止了否定派传教士的传教活动，对于包括承认派传教士在内的基督教的内部纷争本身也索性采取了冷淡态度。康熙帝对西洋学问的关注，并不涉及宗教皈依这样的人生道路指针。

清朝皇帝的多文化素养

无论是对满洲人和蒙古人传统的狩猎和武艺，还是对中国封建王朝传统的统治之学儒学，抑或是新近传来的西洋科学，康熙帝都表现出了关注，在各个方面都达到了相当精通的程度。但是，这也从反面证明了康熙帝并没有沉溺于任何一方的传统。倒不如说，康熙帝拥有的这份异乎寻常的求学心，乃是与其身为多民族国家帝王的紧张感——面对任何势力毫不示弱，面对臣下时也总是要表现出色，互为表里的存在。

在北方民族传统的社会构造当中，大汗只是由部族首长会议推举的部族酋长中的首席。即使成为大汗，其直属部下也仅限于自己一直率领的集团，对其他部族集团则必须要通过他们各自的酋长进行支配。在这个意义上，可以说其他的部族酋长与大汗拥有同等的地位，与中国封建王朝的一君万民体制截然不同。自皇太极以来，清朝皇帝们努力超越部族社会的构造，朝着将权力集中于皇帝个人的中央集权体制前行。为此，他们积极采用了封建王朝传统的官僚制度和统治理念。

另一方面，皇帝专制政治与其理念存有差异，通常情况下皇帝并不能施展自己的独裁权力。正因为独揽大权的皇帝与臣下之间的隔离，皇帝成了名副其实的孤家寡人。皇帝越是想要削弱大官僚和大贵族的实力而直接处理各类事务，其可以信赖的心腹部下就越少。皇帝难以驾驭群臣百官，结果就会依赖宦官等势力，招致这些势力的专权，在历史上留下污名。对于在历经长年成熟起来的官僚制度之上垂直着陆的满洲政权而言，如何统御强大的汉人官僚是一个着实令其头痛的问题。正因为如此，皇帝培养的亲密部下——强者结合的八旗组织不能解体。为了有效地震慑汉人官僚，维持满洲的部族组织是十分必要的举措。

吸纳集权政治体制来抑制满洲贵族的力量，借助八旗的力量来统治汉人官僚——既没有完全被汉族文化同化，又没有彻底遵从北方民族的社会构造，也许可以说，正是这样的多面性才让清朝特有的皇帝独裁权力成为可能。在康熙帝及其后继者雍正帝的时代，"皇帝"和"大汗"两副面孔得以结合在一起，在中国历史上实现了一种罕见的皇帝政治领导形式。

奏折政治

清朝皇帝的"独裁"政治模式中具有代表性的是被称作"奏折"的上奏文形式。为了说明"奏折"为何物，我们不得不简单地谈谈清代文书行政制度的相关内容。清朝作为文书行政之国，中央政府所处理的文书数量极其庞大。

在这些文书当中有很大一部分是出自官僚之手的上奏文，这其中以"题本"和"奏折"两类为代表。原本"题本"是上奏文的主流，但是"题本"首先要交由内阁审查，在经过登记和翻译等一系列繁杂手续之后才能交到皇帝的手中，并不适宜于皇帝迅速地处理机密事项。因此"奏折"便被使用了起来。

"奏折"最初是向皇帝道以的时节性问候或接受赏赐品后回馈皇帝的感谢函等，是以私事的形式上奏，因此可以不通过内阁直接递交到皇帝的手中。自康熙中叶开始，皇帝就命令心腹臣下以"奏折"的形式秘密报告地方情势等消息。从此以后，这一名为"奏折"的上奏文形式便被赋予了政治上重要的意义。奏折提交之后，皇帝不容他人介入，将直接审读，并用朱笔批示（朱批）之后发回给上奏人。上奏者在诚惶诚恐地拜读了皇帝的批语之后会将奏折再度送回宫中，经过皇帝朱批的奏折都要交付宫中保存。

在以奏折进行秘密报告的例子中，带有满文的始于1689年左右（山东巡抚佛伦上奏），但一直以来的研究普遍认为最早的秘密报告实例是康熙帝在1693年苏州织造局（所谓"织造"，是指宫廷用织物的制造工场）监督李煦的汉文奏折中做出的如下朱批：

> 五月间闻得淮徐以南时旸舛候，夏泽愆期，民心慌慌，两浙尤甚。朕夙夜焦思，寝食不安，但有南来者，必问详细。闻尔所奏（李煦在前一奏文中称当时虽有降雨，但米价稳定），少解宵旰之劳。秋收之后，还写奏帖奏来。凡有奏帖，万不可与人知道。

康熙帝在1704年给江宁织造曹寅的朱批中也写道："倘

有疑难之事，可以密折请旨。凡奏折不可令人写，但有风声，关系匪浅。小心，小心，小心，小心！"由此可见，当初使用奏折进行报告本身就是必须严格保守的秘密。

江宁织造曹寅和苏州织造李煦二人在康熙帝奏折政治的初期扮演了中心人物的角色。曹寅即著名的《红楼梦》一书作者曹雪芹的祖父，出身正白旗汉军，曹寅的母亲是康熙帝的乳母，他与康熙帝可谓是一奶兄弟。李煦的父亲原本是姜姓汉人，后来成为正白旗满洲人李氏的养子。曹寅是李煦的妹夫，二人之间有着姻亲关系。曹氏和李氏都是内务府的包衣（Booi，满语中"家仆"的意思），是与皇帝之间有着极为密切关系的家族。康熙帝将心腹下属派往残存着反清风气的江南地区，就是要他们充当间谍。

最初仅限心腹部下秘密上奏的"奏折"，到了康熙帝末年时，其适用范围已经拓展到巡抚、总督等全体高级地方官。由于是个人与个人之间的私信，内容自然不能被他人知晓，但是"奏折"的存在本身已经成了人尽皆知的秘密。毋宁说，在重大案件当中"奏折"开始发挥主要作用，而与此同时，过去占据着上奏文主流地位的"题本"，其内容逐渐被限制为那些并不迫切的日常事务报告。随着奏折的数量激增，皇帝不得不在一日之内过目数十通奏折，朱批的撰写随之成了一项十分繁重的工作。可以说，这是过去皇帝和八旗之间紧密的直接人际关系，也在向与一般官僚之间扩展的一种体现。换一种说法，中国庞大官僚制度当中的每一个人都要作为皇帝的"心腹部下"进行活动。而在这一方向上追求极限的，是康熙帝的后继者雍正帝。

清朝国家的构想

雍正帝的即位

康熙帝生育了三十五个儿子，其中长大成年者有二十人。皇太子问题给康熙帝的晚年蒙上了一层阴影。事件发端于康熙帝二十二岁时册立刚满一岁的胤礽为皇太子。胤礽已有一个名为胤禔的兄长，但是胤禔并非皇后所生之子，因此康熙帝遵循了册立嫡长子为皇太子的汉族王朝的传统，册立皇后所生的第二皇子胤礽为皇太子。依照汉人的传统，册立皇太子由皇帝一人独断，这样一来便相当于无视了通过部族酋长合议选立后继者的满洲族传统。

可以说，康熙帝硬要做此决定的背景当中包含着抑制满洲贵族、树立皇权的意图。但是，康熙帝的决断适得其反，在备受呵护环境下成长的胤礽背离了康熙帝的期待，为人傲慢贪婪，而且结党营私，甚至在父亲康熙帝身体不适之时也不曾显露出忧虑之色。胤礽性格上的缺陷导致了父子关系不睦，再加上以皇长子胤禔为首的其他皇子不满情绪愈演愈烈，最终迫使康熙帝做出了废黜皇太子的决断。一直以来凭借自身的意志力战胜了种种艰难险阻的康熙帝，这一次却是力不从心，受到了巨大的冲击。

此后直至康熙帝去世为止，众皇子之间围绕着下一任皇帝宝座的归属爆发了激烈的暗斗。其中，第四皇子胤禛并不是强有力的皇位候补人选，在众皇子中间也并不突出。然而，康熙帝在临终之际却出乎众人预料地指名胤禛为后继者。关于这

雍正帝

　　官崎市定认为，雍正帝厌恶战争喜爱和平，但他也是"历史上前所未有的彻彻底底的独裁君主"。雍正帝腼腆内向又生性好强，自幼勤习强者之术，做事兢兢业业、小心谨慎，因而养成了"坚如顽石般的性格"

次指名，民间散布着胤禛篡改康熙帝遗诏等流言，事情的真相包裹在了重重谜团之中。不管怎样，雍正帝就这样即位了（1722—1735 年在位）。

　　雍正帝即位时已经四十五岁，早在身为一名不起眼的皇子时期，他的胸中已经确立了统治蓝图并积蓄了满腔的热情。如果说康熙帝是凭借自己文武双全的卓越才干，使清朝皇帝的两副面孔得以集于一身，那么雍正帝则是一个既不曾在木兰围场驰骋游猎，也不曾亲自深究儒学之道的皇帝。在雍正帝从即位到去世的十三年时间里，他身居紫禁城之中，每天从早到晚全身心地埋首于日常政务之中。但是，雍正帝恰恰是通过处理日常政务来寻求将"两副面孔"融合的政治之道，制定出基于统一构想的各种政策。那么，这是个什么样的构想呢？

《大义觉迷录》

1728 年，湖南永兴县一个叫曾静的默默无闻的塾师遭到了逮捕。他的罪名是唆使弟子劝说川陕总督岳钟琪谋逆反清。经过讯问，曾静供认自己受到了著名思想家吕留良著作的影响。吕留良早已在 1683 年亡故，是拒绝出仕大清的明朝遗民之一，曾以华夷之别攻击清朝，主张复归周代之"封建"，堪称是一名儒教激进主义者。曾静在书中将满洲族斥为夷狄，攻击清朝统治的失败，对雍正帝个人更是恶语相加，宣称雍正帝因为即位纠纷将兄弟们迫害致死，而且其为人猜疑心重，喜欢阿谀奉承，贪婪好色，等等。

通常情况下，如此明目张胆地批评清朝、批判皇帝的言论一经查明，当事人就会被当作叛逆者即刻处以极刑。不过，雍正帝并没有这样做。他反而将曾静批评清朝和皇帝的言论公布于天下，想要通过论争的形式驳斥曾静令其屈服。原本学问根基浅薄且容易受人暗示的老实人曾静，在接到皇帝旨意的官僚诘问之下很快悔改，并且摇身一变成了赞颂清朝之德的宣传者。此后，曾静被派往各地进行宣讲活动，但最终还是在乾隆帝时代被新君以诽谤父帝的罪名处死。

雍正帝下令将自己的上谕和与曾静的问答之词编纂成为一部《大义觉迷录》。其中简单地表明了清朝是如何在中国的逻辑体系下将自身统治正当化的。

例如，当曾静被官僚问及自己书中提到的"夷狄不知父子、君臣、长幼、夫妇、朋友等天经地义的普遍伦理"这一点时，他做了如下回答：

弥天重犯此等狂悖的说话，总因生平未到外面走过，并未接见一个外境人，兀坐山谷中，意想中外华夷之分，大约是如此，遂不觉狂悖，写放纸上。直至旧年到长沙，今年奉解来京，一路见得政教美盛，万物得所；复又伏读圣谕诸书，章章经天纬地，句句理精义透，不觉惊魂夺魄。始知天地之大，一理一气，无处不到。而近代之精英尽聚本土，所谓"东海有圣人出，此心同，此理同；西海有圣人出，此心同，此理同"者，今日方实信得。东海之圣人，其心理果与尧舜同世。若中国人物，则久已沦落不堪问。如弥天重犯生圣明之世，而竟不知有圣明之君在上，乃听信谣言逆说，大肆诋毁，虽圣人量同天地，包容群丑怨嗟而不计。然当身实已陷于极恶大罪而莫解。且不惟当身陷罪，君臣上下之伦，荡然无存，而堂有七十岁之老母，而不能顾，犯赤族之诛，门无噍类而弗知恤。……弥天重犯万死万剐，粉骨难偿当身之极罪。……万死万剐，罪尚何辞。（出自《大义觉迷录》奉旨讯问曾静口供二十四条之十三）

很明显，曾静的回答与其说是出于其自身的想法，还不如说是皇帝和官员们准备的结果。通过这样的问答，雍正帝希望世人认同的道理可以大致总结如下：

区分"夷狄"与"中国"的标准，在于是否知道普遍的伦理。孔子的《春秋》强调华夷之别，乃是按照礼义的有无加以区别，而不是按照地区的远近加以区别。历代王朝之所以推行华夷之别，乃是因为无力统一中外，不能将天下视为一家，不得不划清界限，进行重重防御。明朝就是例子。明朝实力衰微以致被流贼李自成推翻。如今清朝承接天命，实现了合并蒙古、中国的大一统事业。清朝并没有直接推翻明朝，是疲于动乱的百姓自愿归顺清朝的。包括南方地区在内的中国版图至今已经达最大化。现如今在清朝圣明君主的治理下，天下万民得以安居乐业。此既是全体百姓应该庆贺之事，又何须区分中外与华夷呢？吕留良所推崇的"封建"制度，乃是交通不便、教化不行、各地处于分立状态下的产物，其后势必会朝着郡县制的方向发展。况且对已统一天下，实现了中外一家的清朝来说，"封建"有什么益处呢？清朝具备至高无上的德行，普天之下均已服从统一号令的今天才是未曾有过的盛世。

雍正帝的社会观

雍正帝并不否认满洲族是种族意义上的"夷"。正如雍正帝宣称的"夷狄之名，本朝所不讳"，在这个意义上满洲人已经坦然承认了自己"夷"的一面。然而，并不能因此说满洲族比汉民族低等。古代的圣王舜不也是"东夷之人"？周文王不也是"西夷之人"吗？满洲族皇帝的德行堪比圣人，正因如此才能够实现包含汉民族在内的全国统一，君临天下。问题在于德行，而不是种族。

不仅仅是"华夷"关系，雍正帝对社会秩序的思考，大体上也秉持一视同仁，不拘泥于民族出身，认可具备实力之人和富有干劲之人社会地位抬升的原则。譬如，雍正帝在即位后不久便颁布了一系列"贱民解放"政策。相较于同时代的日本和欧洲，中国的一大特点在于几乎不存在世袭身份集团，尽管如此，在中国的部分地方依然存续着起源不明的被视为"贱民"的集团。"贱民"被区别对待，无法参加科举，他们从事卖艺、卖春、红白喜事帮工等"贱业"，无法与一般平民百姓结成姻亲关系。例如，山西、陕西的"乐户"，浙江的"堕民"等均属于贱民。雍正帝认为这些集团之中必然不乏心存廉耻、洁身自好的有为之人。为了给这些人机会，雍正帝允许放弃贱业之人的子孙参加科举考试。

另外，在官吏的拔擢上，雍正帝秉持实力主义的理念。相对于那些徒有进士头衔、夸夸其谈的学者，雍正帝更倾向于起用那些科举头衔较低却属于能吏型的人物。雍正帝最信赖、最重用的地方官——李卫、田文镜、鄂尔泰，全部不具备科举头衔。李卫是捐纳（买官）出身，田文镜是汉军旗人，鄂尔泰是满洲旗人，他们担任下级官僚时的所作所为，都被雍正帝一一看在眼里。对那些自认为具有科举头衔便傲慢得意、摆出精英架势且极具集团意识的官僚们，雍正帝并没有隐藏自己的敌意。比起拘泥于古典学问、脱离实际而空谈正论的官僚们，雍正帝更愿意给甘愿粉身碎骨、诚信务实的官员们高度评价。

皇帝手中的"绳梯"

透过雍正帝的实力主义，可以感受到一种纯粹的合理主义思考。与维持着武士之子为武士、农民之子为农民的身份世袭制度与针对少数民族公开进行差别迫害的其他国家相比，雍正帝秉持的"既无身份之别，又无华夷之分"的社会观，难道不能说是更加"近代的"吗？

但是，仍有一些地方我们不得不注意。

第一，雍正帝的实力主义与"法律面前人人平等"的理念毫不相干。倒不如说，发挥实力提升地位之人，作为人很了不起，失败之人却很没用，其间乃是人与人严格的上下之分，皇帝则伫立在顶点。清朝皇帝统一天下、治世有方，此乃立于万人之上的清朝皇帝德行至高的证明。胆敢违逆皇帝之人，便是违背了天经地义的普遍伦理的极恶之徒。雍正帝的"实力主义"与严格的上下关系伦理是表里一体的存在。

第二，雍正帝的"实力主义"归根结底是皇帝的一元主义。明末的社会思潮与清代中期雍正帝的想法相差甚远。明末清初的思想家黄宗羲等人将抑制皇帝的恣意妄为当作重大课题。他们之所以高度评价"封建"，是因为他们认为倚重地方有实力者的世论和实力的"封建"政策能够抑制皇帝的恣意行为，有助于建立"公"的社会秩序。黄宗羲等人在此将牺牲一般社会，只维护朝廷利益的皇帝统治作为"私"的行为加以批判。吕留良的"封建"论可以说正是沿袭了这一思想系统。

相对于此，雍正帝考虑的"公"，是以皇帝为先头，所有官僚舍弃私心，一心一意为社会付出。对自信于历代先祖都是这样舍生忘死努力而来的雍正帝来说，皇帝为"公"是理所当然的前提。倘若有人试图抑制皇帝的意志，设立皇帝意志以外的其他标准，那些人一定是"私"或"朋党"。"朋党"是雍正帝最为憎恶的存在。雍正帝投入大量精力厉行奏折政治，就是为了隔绝官僚之间的横向联络，将每一个人与皇帝直接维系在一起。雍正帝认为的"实力主义"，并不是自下而上的实力主义，而始终是以皇帝为中心，将皇帝的判断作为标准的实力主义。

若做一番比喻，也许可以说清代的社会就是位居顶点的皇帝手中集中着无数根绳梯般的存在。汉人、满人、"夷狄"，任何人（当然只限于男性）都可以沿着绳梯向上竞攀。皇帝会从上方观察攀登者，对有能力之人予以提拔。除此之外，不允许有任何别的梯子存在。处在梯子上方之人和下方之人有严格的上下差别。

在任何人都有上升的机会这层意义上，这是一个开放平等的社会。无论是夷狄，还是贱民集团，都不会因为自己的出身而被剥夺上升的机会。但是，这同时也是一个极度专制的差别社会。紧紧握住"绳梯"之人也就失去了批判和限制皇帝权力的正当性立场。这是一个唯有一路向上攀爬的严酷社会。并不是说，农民作为农民，匠人作为匠人，每一个从业者各司其职将自己的工作做到最好就可以了。既然被赋予了机会，那么那些没有利用好机会攀登梯子的人作为人类终究是低劣不堪的。清末思想家梁启超称呼这样的中国体制为"无形的专制"。自由而专制的、平等而有差别的，可以说雍正帝的理想大概便是描绘出这种体制的极限模型吧？

欧洲人眼里的中国

天主教传教与礼仪问题

18 世纪这个时代，正是欧洲思想家们开始对上述中国体制产生深切关注的时期。当然，就像我们观察到的欧洲人对马可·波罗《东方见闻录》的反应那样，欧洲人对中国的关注从很早以前就很强烈。但是，欧洲人超越了对异国风俗情调、丰富的物产、政治情况等产生的表面兴趣，将想要探究中国社会体制、国家体制的问题意识与对自身体制的深刻反省结合在一起使之互为表里，可以说是在 18 世纪真正开始的。欧洲人的中国论基础，源于自 16 世纪末以来在中国活动的天主教传教士所收集的大量情报。我们在此稍稍回溯这段时期的历史，简单回顾一下明末以来传教士的活动。

我们知道，为了对抗宗教改革而兴起的天主教传教组织耶稣会创设于 1540 年，次年弗朗西斯科·沙勿略（Francisco Xavier，1506—1552）从里斯本出发前往东方，并于 1549 年抵达日本的鹿儿岛。沙勿略计划前往中国传教，但由于 1550 年代嘉靖大倭乱导致了中国东南沿岸的混乱局面而未能如愿，最终客死于广州附近的上川岛。此后，天主教传教士们聚集在澳门的葡萄牙人据点，却长期未获取前往中国内地传教的许可。最初进入中国内陆地区的罗明坚神父（Michele Ruggieri，1543—1607）是在 1582 年获得了在广东肇庆建立天主堂的许可。

天主教传教士在中国布教初期的中心人物是利玛窦

（Matteo Ricci，1552—1610），他在 1583 年进入中国内陆地区，于 1601 年在北京得到了万历帝的召见（虽然这么说，但实际上此次召见万历皇帝并没有出面，利玛窦只是向着空荡荡的皇帝宝座致意行礼）并获准在北京居住。1610 年，利玛窦在北京去世，据说当时中国人信教者已经达到了两千五百人。在这之后，中国的信徒数量急速增长，到了 17 世纪中叶则达到了十五万人。虽说如此，相对于 17 世纪初日本的切支丹 [①] 人数有六十万至七十万，天主教在中国的传播范围从人口比来看仍然较为有限。

　　天主教在中国和日本传教的很大不同点在于，中国存在着一个历经了长期发展的名曰"儒教"的正统思想体系，迫使天主教不得不与之对决。利玛窦认识到，相较于佛教和道教，儒教作为中国官僚士人的教养而更加受到重视。另外，他还认同，相较于多神教泛神论性质的佛教和道教，作为道德学的儒教更有可能与天主教携手共存。于是，利玛窦通过学习儒学来接近中国人。积累了深厚儒学素养且身着儒服、言谈举止与士大夫无异的利玛窦被誉为"泰西儒士"，得到了中国士大夫们的敬重。利玛窦强调中国古代儒教崇拜"上帝"（天）与天主教教义的共通性，同时将佛教、道教斥为"空"和"无"的异端思想，对它们发起强烈的攻击。天主教吸引当时士大夫之处，与其说是向超越万物的绝对主宰天主皈依的这一教义核心，还不如说是天主教对道教和佛教"空""无"论调的批

[①] 源于古葡萄牙语"Christan"的谐音，明治初年以前日本对天主教信徒的称呼，亦写作"吉支丹"等。——译注

判，以及传教士介绍先进科学技术这一实学侧面。

到 1630 年为止，中国的天主教传教工作处于耶稣会独占状态。在此之后，多明我会、方济各会等众多会派才开始在中国进行传教活动。在他们中间，①是否允许中国的天主教徒在皇帝和官僚面前跪拜、祭祀祖先、尊崇孔子，②天主教的"Deus"（神）是否可翻译为"天""上帝"等儒教用语，这两点成了重大问题，17 世纪末时爆发了激烈的争论。关于①中祭祀孔子和祖先的论争被称作"礼仪之争"，其他会派对向中国风俗妥协的耶稣会发起了批判。1704 年，罗马教皇克雷芒十一世做出决定：①禁止天主教徒祭祀孔子与祖先的行为；②在翻译"Deus"时只能使用"天主"，禁止使用"天"或"上帝"等字眼。

罗马教廷公布的这一禁止天主教徒祭祀孔子和祖先的命令，当然被清朝政府理解为挑战中国基本的伦理。教皇的命令传到清朝后，立即激怒了康熙帝。作为反制之举，康熙帝禁止获得特许以外的传教士传教或进入中国，在接下来的雍正帝时代天主教传教活动遭到了全面禁止。此后，中国各地还是存在着相当数量的传教士和信徒，身怀长技的耶稣会士也依旧受到宫廷的器重。不过，清朝政府对天主教的禁止政策，直到清末时迫于列强压力再度允许传教为止一直没有发生过变化。

启蒙主义者眼中的中国

在围绕着儒教和天主教的异同而展开议论的过程中，耶稣会士将儒教的古典作品和孔子的思想译介到了欧洲，欧洲知识分子中间由此兴起了对异国古代哲人孔子的热情关注。耶稣会士当然是想要强调儒教和天主教的共通性，但真正引起新世代思想家们关注的，乃是区别于天主教的儒教世俗道德特性——不倡导来世，不固执于宗教教条的儒教单纯自然主义。欧洲的"启蒙"精神在儒教的这一侧面寻找到了能够与自身产生共鸣的要素。

宣称在自宅的礼拜堂安置了孔子的画像并且每天早晚对其礼拜的伏尔泰，无疑是"毫无迷信，毫无荒诞不经的传说"的儒教的热情礼赞者。伏尔泰认为，在中国的政治体制当中，皇帝遵从这样单纯的道德，如父亲爱护教育孩子一般施行仁爱的统治，建立德治的国家。在中国，皇帝像家长一样拥有绝对的权威，皇帝的意志不受法律的束缚。这意味着中国是一个绝对君主制国家，但这并不意味着那里存在着暴君的压迫。中国的皇帝不是征服者，而是父亲。

既然存在对中国高度评价的一方，那么也会存在对中国专制进行尖锐批评的一方。孟德斯鸠便批判式地强调了中国皇帝专制且不受法律抑制这一点。中国之所以能够维持秩序，并不是因为人们拥有德义之心。中国商人不也是在满不在乎地从事不法活动吗？秩序的秘密，在于中国人对皇帝的恐惧心，以及自幼学习礼仪过程中被灌输的恭顺精神。孟德斯鸠认为，这些礼仪让人民丧失了反抗精神，形成了中国专制政治的基础。

对欧洲知识分子而言，中国就意味着一面反映欧洲绝对王政缺陷的镜子。在当时的欧洲，王权一边在某种程度上以贵

族、圣职人员和社团的特权形式维持着自封建制度确立以来的
地方势力、社会集团的独立性，一边推进将上述这些势力和集
团纳入支配之下的过程。如何评价这一过程？如何描述将来的
愿景？由此所谓的"启蒙主义者"当中也存在着各种各样的
立场。

从支持将权力集中于国王的立场，即批判绝对王政之下
残存的身份制束缚与宗教纷争，期待建立以理性为基础的开明
专制的立场来说，在皇帝权力下统合为一元的清朝政治模式是
理想的学习对象。正如同伏尔泰所说："我们欧洲的统治者们
知道这些实例之后，应该是赞美啊！惭愧啊！尤其是要模仿他
们啊！"（出自《哲学词典》）

另一方面，在权力集中于国王一人，抑制国王权力的贵
族与社会团体的特权逐渐削弱的倾向中感到危机的孟德斯鸠等
人则认为，中国不存在可与皇帝对抗的势力，是显露出专制政
治缺陷的典型的恶例。众所周知，主张三权分立的孟德斯鸠写
作其《论法的精神》一书，便是出于对如何抑制国王的专制而
使权力分散这一问题的关心。伏尔泰与孟德斯鸠的观点在某种
意义上可以看作是完全对立的，但同时也是表里为一体的存
在，塑造了日后近代政治制度的诸多侧面。

第八章 新的挑战者——李朝末期的朝鲜

围绕乡村社会主导权的争夺

乡战

"乡战"一词在 18 世纪的《李朝实录》中频繁显现。所谓"乡战"是指围绕各乡邑主导权展开的争夺，具体表现为新旧势力在乡案和乡案组织上的对立。

以潭阳乡案为例，地方两班制作当邑的"乡案"名簿，然后从乡案入籍者中选出座首、别监等人选。担当这些职位的人物通常发挥着辅佐地方守令的作用。所以，名列乡案之中成了两班身份的证明。进入 18 世纪，新兴势力要求制定新规则以使自己能够名列乡案之中，于是乡战便爆发了。

这些新兴势力究竟是何许人也？事实上，新兴势力包含着各种各样的阶层，两班庶子便是其中的一股力量。两班庶子虽然生于两班之家，可由于不是嫡子，故而遭到差别待遇。

首先，科举考试在原则上不认可两班庶子的资格。原则之下存在着例外的情况，仍然有若干庶子科举合格并就任官职，但是这始终是例外。

其次，庶子们的名字不会被载入族谱。关于取名方法，16 世纪时，庶子和嫡子有着共同"行列字"（항렬자）的现象十分普遍，17 世纪以后此类现象便消失了。财产继承方面的情况也是同样。《经国大典》规定："良妾子女"，即良人身份之妾所生育的子女拥有继承嫡子份额七分之一财产的权利；"贱妾子女"则拥有继承嫡子份额十分之一财产的权利。然而，17 世纪以后随着继承制度的变化，庶子可继承财产额度越来越少。

这样对待庶子的严格差别在中国是见不到的。严格的嫡庶之别也是朝鲜被视为"小中华""东方礼仪之国"的根据。但是，朝鲜长期维持对待庶子的差别政策，其主要目的应该是防止两班层人数的扩大。如前文之所述，两班的地位具有世袭性一面，因此在经过世代相传之后，两班的人数必然会膨胀。而防止其过度膨胀的手段之一，就是将庶子排除于两班行列。

庶子们面对日益严苛的差别待遇也开始陆续发起反抗。入籍乡案和参加科举考试合法化等要求，乃是他们共同的愿望。他们的要求最终取得了成果，1777 年官方认同了他们参加科举考试的资格。

与庶子阶层同样重要的另一股新兴势力，是被称为"饶户富民"的群体。他们虽然属于两班以外的阶层，但是拥有着强大的经济实力。17世纪以后，伴随着农业集约化的发展和商品经济化的潮流，两班阶层逐渐从生产中游离出来，取而代之的是以良民或奴婢身份积蓄了大量财富之人的登场。

另一方面，政府一侧也希望通过纳粟授品政策来利用"饶户富民"的经济力。政府向进献米谷等物品之人授予品阶的政策，原本是从壬辰倭乱之际开始施行的临时性举措，但在17世纪以后成了一项恒常化政策。通过纳粟而授予的品阶仅限于交纳者本人一代，但富裕之家可以代代纳粟，逐渐地实现社会地位的提升。饶户富民阶层拥有丰厚的经济实力，因此面临被政府掠夺的危险。他们试图挤进乡村统治机构的一隅，也是为了逃避政府的掠夺。

以庶子与饶户富民阶层为代表的势力在要求入籍乡案时，又被称为"新乡"。这些新乡阶层一旦入籍乡案，旧乡阶层，即旧有的乡案入籍者们便会展露出各种各样的应对手段。于是出现了不再根据地域制作乡案、制作有别于乡案的只有旧乡阶层的名簿的情况。这样一来，16世纪时确立的以在地两班阶层为中心的乡村支配体制，在18世纪以后开始产生严重的变质。

乡吏的世界

同庶子层和富民层一起，向两班发起挑战的另一股重要势力是"乡吏"。乡吏原本来自形成两班阶层的母体集团。正因如此，随着两班统治的确立，他们开始受到两班压迫这件事本身，才让他们感到莫大的屈辱。但是，他们作为地方行政实务的负责人维护着经济基础的稳定，因此当以两班为中心的地方统治开始动摇，他们便率先向两班发起了挑战。

有关乡吏层的实态，让我们来看一下在1874年出版的达雷的《朝鲜教会史》中的内容：

> 郡县当中有很多的衙前。他们之中担当头目的有六到八人，这些人有着与国王的大臣相似的官职名称，执行着虽少但也不可忽略的性质相同的职务。这是因为，各地方的官职都是仿照中央政府编制的。如此这般，衙前的职位拥有各种各样的权限，在平时守令会像使唤下仆一样差遣他们，但他们也会经常不理守令按照自己的意愿行事。其他的衙前是要服从于上级衙前的书记、守卫，以及下仆等。这样一来，所有的衙前就在社会之中形成了一个独立的阶层。在大多数情况下，他们只在自己的阶层中通婚。他们的子弟又会从事相同的职业，并凭借个人的处事手腕，就任高低不同的职务……
>
> 与前面提到的老论和南人的党派几乎相同，他们之间也会分裂出派阀，相互争夺地位。但是，在全体的利益遭到了威胁的情况下，他们会立即中止争端，改为相互合作。他们的基本原则之一，就是要欺瞒守令，对其尽可能地隐瞒郡县内的实情。这对于他们来说是死活的问题。因为衙前是没有固定薪水的，即使颁发薪水也极其微薄。一方面，衙前必须要靠牺牲百姓来满足守令无休止的贪欲；另一方面，他们必须要绞尽脑汁为自己和

家族筹集大量的生活费用。事实上他们一直在靠欺诈和横征暴敛而生活。

乡吏的组织与作用

在每个邑中都有数百人规模的乡吏存在，他们仿照着中央的六曹，分为吏、户、礼、兵、刑、工六房，各自把持着实务。乡吏之中也有地位的上下之分，统率邑中全体乡吏的户长以及吏房、兵房的首吏三人握有相当大的权力。这三个人又被称作"三公兄"。乡吏们构建了一个极为封闭的阶层，他们的地位一般情况下是世袭的。在有的地域例如安东地方可见到，为了与两班的乡案抗衡，当地的乡吏制作了被称为"檀案"的乡吏名簿。

乡吏没有薪俸，即使有少量的津贴也是入不敷出，因此乡吏的收入必然来自执行公务过程中的居间牟利。那么乡吏究竟是通过什么样的方法居间牟利的呢？

次页的图片展示的是名为"衿记"或"筹板"的征税台账。衿记基于量案制作而成，负责制作衿记的是乡吏中的书吏。关于量田的情况，前文曾提到18世纪以后朝鲜几乎已不再实施量田。但是，一旦量田测定了各土地的结负数等事项，原则上这些内容直到下次量田为止不会发生变更。因此各地方土地的实际情况与量案记载的事项之间会产生巨大的背离。乡吏便利用这一空隙，在征收地税之际运用各种方法从中牟利。

从图片中也可明白，衿记的书写笔法殊为独特，极难判

庆尚道彦阳县筹板

读。现如今只有数个地区保存有衿记，这些地方的衿记几乎是用相同的笔法书写而成。恐怕书写衿记的笔法乃是乡吏世界中一种世代相传的记录技术。乡吏们就是要有意制作难以判读的账簿，如此一来便可以防止他们征税时的不正当行为暴露。

乡吏中的"三公兄"等上位阶层借此牟取了极大的利益。与17世纪以后两班经济实力低下相反，乡吏上层部分拥有了超出了两班平均水平的经济实力。

乡吏层的两班志向

积蓄了实力的乡吏阶层试图加入与自己出身于相同母体的两班阶层之中。乡吏中率先奋起直上的是那些虽生在乡吏家门却以科举为志向、专注于科业的"乡孙儒业者"。拥有乡吏身份之人，成为乡吏，从事地方行政实务便是其职责。不过，在经济富裕起来后，也出现了虽是乡吏身份，但也有条件为参加科举而专注于学问之人。

正如檀案的制成所象征的那样，在乡吏十分团结的安东地方，乡吏们早在1634年便向政府请愿，要求取得"三年表"（服表三年）的许可。如同在礼论之争中所见到的那样，李朝时代的服表是根据身份来严格规定期限的。父亲死后服表三年

（实际是九百天）是两班的特权。安东乡吏们的请愿是在要求与两班同等的特权。

到了18世纪，安东的乡吏们又要求允许他们自称"幼学"，为此兴起了大规模运动。所谓"幼学"，原本是尚未通过科举预备考试阶段的生员试和进士试，而将科举考试作为目标之人的称号，自称"幼学"同样是两班的特权。安东的乡吏运动在1729年取得了成功，此后乡吏阶层的要求逐步升级。

安东的乡吏在1773年，请求政府废除乡校的差别待遇。所谓"乡校"，是指在各邑中设立的国立教育机关，乃是科举考生学习的场所。乡校分设东、西两个斋舍，两班子弟在东斋就学，乡吏和良人的子弟在西斋就学。而乡吏的子弟要求进入东斋就学。

就这样，进入18世纪后，乡吏要求获得与两班同等待遇的运动兴起。这些动向展示出他们的"两班志向"。而其最极端的表现，便是要求将乡吏家门录入族谱之中。

15世纪开始制作的族谱，本是两班阶层的专有之物。拥有一族的族谱，便是身为两班的证据。然而，乡吏阶层在谋求社会地位上升的过程中，开始要求将他们也录入族谱。两班家门有很多原本就出身于乡吏，因此一族当中乡吏家门和两班家门并存的现象很普遍。这便催生了乡吏录入族谱的要求。

迄今为止的研究，已经对安东权氏和居昌慎氏的乡吏家门录入族谱的过程做出了具体翔实的说明。根据研究，乡吏家门录入族谱的现象兴起于17世纪，到了18世纪时变得规范化。最初，乡吏家门录入的是其他形式的族谱，与两班家门存在一定的区别，但一般这种区别是逐渐消失的一个过程。最终，族谱不再是两班的专有物。

实学与天主教

实学的"发现"

实学是"实事求是之学"，即从现实之中探究真理的学问态度。因此，"实学"这个词汇本身就是能超越时代和地域而存在的概念。将18世纪朝鲜新兴的学问风潮冠以"实学"之名，开始于1930年代。

说到1930年代，正是国学（朝鲜学）研究正规化的时期。在语言、文学、民俗、历史等领域，朝鲜人自身展开了积极的研究，实学的发现也是该过程的一环。当时的研究者们从实学中发现了朝鲜民族主义和近代思想的萌芽，在严酷的日本殖民地统治下，他们希望以此来固守朝鲜民族的民族性。

实学的发现活动在朝鲜半岛解放以后正式化，特别是1960年代以后，韩国和朝鲜两国都对此展开了大量研究。韩国的实学研究先驱者千宽宇梳理了实学发展的大致脉络——磻溪（柳馨远）代表着实学的创立，星湖（李瀷）代表着实学学派的形成，茶山（丁若镛）时期实学有了统领时代思潮的倾向。千宽宇的分期方法基本上被现代实学研究所承袭。

不过，近年来开始出现对过去实学研究的批评之声。这类批评的重点在于研究者过于想从实学思想中发掘"近代"的成分，没能正确把握当时实学思想家们的整体状况。此外，将实学理解为反对朱子学的学问是否合适？也是一个疑问。

这样的批判并非出自将朝鲜史的思想史潮流看作近代化这种狭隘的视野，而是思想内在更深层面产生的重新认识。实学思想究竟是何物？这是我们现在要重新探讨的内容。

《热河日记》的批判精神

朴趾源（号燕岩）是朝鲜代表性的实学思想家之一。朴趾源出身潘南朴氏一族，乃是活跃在李朝建国时期的人物朴訔的后世子孙。1780 年，当三从兄（曾祖父兄弟的曾孙）朴明源作为燕行使前赴北京之际，他以无官之身加入了使节团一行。当时他创作的旅记，就是著名的《热河日记》。《热河日记》的文体没有拘泥于定型的汉文形式，而是一种自由奔放的文体，甚至令朝鲜国王正祖蹙眉。

《热河日记》中收录了一篇题为"虎叱"的随笔文章。这篇文章由据传是中国人创作的小故事和燕岩对此的感想构成，其内容大致如下：

邑中有对仕官不屑之士名叫北郭先生，其人"手自校书者万卷，敷衍九经之义，更著书一万五千卷"。同邑有一位美丽的寡妇名叫东里子。有一日拂晓时分，东里子的房间中传出了北郭先生的声音。东里子的儿子们聚在一起商议，认为这是狐狸幻化成北郭先生的样子在作怪，于是决定将其驱逐。北郭先生大惊遁逃，途中陷入野窖，落得满身污秽——

攀援出首而望，有虎当径。虎颦蹙呕哇，掩鼻左首而噫曰:"儒,句。臭矣!"北郭先生顿首匍匐而前,三拜以跪,仰首而言曰:"虎之德,其至矣乎! 大人效其变,帝王学其步,人子法其孝,将帅取其威。名并神龙,一风一云,下土贱臣,敢在下风!"虎叱曰:"毋近前!曩也我闻之,儒者谀也。果然? 汝平居集天下之恶名,妄加诸我。今也急而面谀,将谁信之耶?"

字里行间充斥着对儒生的猛烈批评。燕岩将这个故事当作中国人创作的,反映出他将此故事理解成了对清代知识分子状态的批判。但同时,我们也很容易读出来对当时朝鲜知识分子的猛烈批判。同样为《热河日记》所收录的燕岩短文作品《两班传》,也因讽刺了两班的模样而闻名。但是,我们在此不得不注意的是,燕岩的批判绝不是对知识分子和两班存在本身的否定。

饭后入后堂,王举人民皞迎揖。王举人号鹄汀,与山东都司郝成同炕。……鹄汀问我东科举之制试取何样文字,何样制作,余略对梗概。又问婚嫁之典,余曰:"冠婚丧祭皆遵朱文公《家礼》。"鹄汀曰:"《家礼》乃朱夫子未定之书,中国未必专仿《家礼》。"鹄汀曰:"贵国佳处,愿闻数事。"余曰:"弊邦虽僻居海陬,亦有四佳。俗尚儒教,一佳也;地无河患,二佳也;鱼盐不藉他国,三佳也;女子不更二夫,四佳也。"志亭(郝成字志亭,号长城)顾鹄汀,有相语云云者久之。鹄汀曰:"乐国也。"志亭曰："女不更夫，岂得通国尽然？"余曰："非谓举国，下贱氓隶尽能若是。名为士族，则虽甚贫穷，三从（女子未嫁从父，既嫁从夫，夫死从子）既绝而守寡终身，以至婢仆皂隶之贱，自然成俗者四百年。"（《热河日记》卷二，太学留馆录，初十日丙辰）

燕岩对朝鲜民众广泛受到儒教的教化感到骄傲。他所批判的对象，是那些脱离了本来道路的知识分子和两班。燕岩在批判当时的朝鲜为政者之际，如此表述：

故今之人诚欲攘夷也，莫如尽学中华之遗法，先变我俗之椎鲁，自耕蚕陶冶以至通工惠商，莫不学焉。人十己百，先利吾民，使吾民制梃，而足以挞彼之坚甲利兵，然后谓中国无可观可也。余下士也，曰壮观在瓦砾，曰壮观在粪壤。（《热河日记》卷二，馹汛随笔）

实学思想家的位置

先不论实学派人物的思想能不能被认为是民族主义和近代思想的萌芽，可以确定的是他们极大地扩展了过去的思想框架。问题是，为何这些思想家们会在 18 世纪时一齐登场？

为了解答这一问题，我们需要将视线投放在实学思想家们的家世和经历上。朴趾源出身名门，他的父亲是无缘官禄之人，但是他的祖父朴弼均文科及第并且官至知敦宁府事（正二品）。为朴趾源中国之行创造了机会的朴明源，迎娶了英祖之女和平翁主（翁主是国王的庶女）为妻，受到英祖的宠信。因此可以说，朴趾源的近亲保持着名门一族的地位。

但是，朴趾源本人被正祖时代的掌权者洪国荣当成了政敌洪乐性一派之人，为了躲避祸乱，不得不选择在黄海道的金川隐居。朴趾源的号"燕岩"便是取自其金川住处附近的燕岩峡。

再来看实学集大成者"茶山"丁若镛的情况。丁若镛出身押海丁氏，母亲是海南尹氏尹德烈的女儿。尹德烈是尹善道的曾孙、著名的画家尹斗绪之子。丁若镛相当于是尹善道的六世孙。丁若镛出生在汉城郊外的广州，自幼喜欢读书，据说正是存放在母亲娘家的尹斗绪藏书引发了他对读书的兴趣。丁若镛一族中曾出过许多科举合格者，但是丁氏属于南人一派，因此无法参与到政权的中枢中来。丁若镛本人因为正祖的提拔才得到了活跃的机会，后文中对此另有交代。

朴趾源和丁若镛二人都出自世代生活在汉城或其近郊的名门，然而二人却都受到当权势力的排斥，他们的才能也都得到了英祖的赏识。二人有着这般共通的出身和经历。拜朴趾源为师的朴齐家、李德懋、徐理修等实学思想家同样出身名门，却因为自己是庶子，难以获得出世的机会。柳馨远、李瀷这样的实学思想的先驱人物，也有在政争中失败，或是厌倦了朝局，从而远离汉城的经历。

可见实学思想家们的遭遇有着许许多多的共同点。即是说，他们都是在京两班名门出身，却又无法加入政权中枢的人物。说不定正是由于与政权保持有一定的距离，他们才能够开拓出全新的思想境界。因为无法参与现实政治而使思想得到了丰富，这便是实学的意义与界限之所在。

实学思想家全部出身汉城或者其近郊，这一点也耐人寻味。正是因为身处汇集了各种情报的汉城，他们的思想才能够存在。换言之，他们的思想从全国来看是孤立的存在，几乎无法对渗入农村地区的地方两班阶层产生影响。举例来说，茶山在康津度过了长达十八年的流放生活，但是在当地几乎看不到受其思想影响的痕迹。可以说汉城与地方之间的断绝，使得实学思想家们更加孤立。

天主教的传入

现在的韩国和朝鲜，称呼"Catholic"为天主教，称呼"Protestant"为基督教。基督教于19世纪末期传入朝鲜，而天主教早在17世纪时便已经通过中国为朝鲜所知晓。前文中介绍的昭显世子与汤若望的会面，乃是润色了朝鲜天主教初期传入史的一次事件。不只是昭显世子，17至18世纪前往清国的燕行使也会携带大量的汉译西学书籍返回朝鲜。实学思想潮流蓬勃兴起的原因之一，就是受到了这样被带回来的西学的刺激。

西学书籍中也包含了许多与天主教相关的著作，而朝鲜最初的天主教徒诞生于1784年。前往北京的李承薰在当地受洗而后归国；此乃朝鲜天主教传入之始。朝鲜的天主教徒之所以诞生较晚，是因为没有传教士进入朝鲜。教徒的诞生先于传教士布道，在天主教世界传教史上是罕见之例。传教士最初进入朝鲜是在 1794 年，中国人周文谟是朝鲜的第一代传教士。通常朝鲜教会史和天主教史都将李承薰受洗至初代传教士前往朝鲜赴任的这段时期称为"临时教会时代"。

朴趾源赴清国之旅三年后，李承薰跟随担任燕行使书状官（书记官）的父亲李东郁一同前往北京。当他见过北京教区长汤士选（Alexandre de Gouveia，1751—1808）之后，决意入教。关于李承薰入教的经过，当时身在北京的另一位传教士汪达洪（Jean-Mathieu de Ventavon，1733—1787）做了以下的描述：

> 我们将使用欣慰的语言报告一名上帝为其投下荣光的男子改宗的事实。他的国家至今还没有传教士前往造访，这个被称为"朝鲜"的国家位于中国东面的一个半岛之上。这个国家每年都会向宗主国中国派遣使节。……使节在去年年末时入京，一行人曾造访本堂，我们向他们分发布道书。一行人中第二大官员（此处有误，应为第三大官员）的儿子已经二十七岁，他是一个学识渊博、性格开朗的青年，从内心深处对宗教持有深厚的兴趣。我们尽可能地解答他的种种疑问，直到他得到满足。当我们再次确定他的决心时——他的行为可能会被国王认定为触犯国法——他毅然回答，为了他所坚信为真理的宗教，可以忍耐任何痛苦，甚至是死亡。……终于在归国之际，在教父的许可下，格拉蒙特神父（Jean-Baptiste-

Joseph de Grammont，1736—? 年，中文名：梁栋材）授予他圣名保罗，并为他施洗礼。（山口正之《朝鲜西教史》）

两班对天主教的受容

由前文可知，李承薰带着一定程度的天主教知识去了北京。此后，李承薰与他的同道者一起展开了天主教的研究。那么李承薰的同道者是何许人也？

李承薰的亲族关系如图 9 所示，图中登场之人是初期接受天主教的中心人物。这些人全部是属于南人的两班家门出

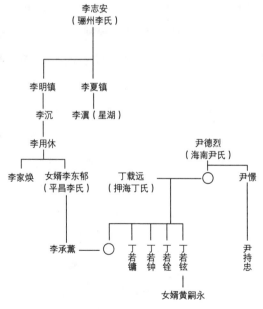

图 9　早期接受天主教的南人家门

身，彼此之间结有深厚的姻亲关系。这其中也包含了丁若镛的兄弟，也可以见到本书中多次出场的海南尹氏之后裔尹持忠的名字。

李承薰受洗以后，他们在明洞的金范禹家中举行集会，陆续有入教者出现。然而，在以朱子学为国是的朝鲜，天主教信仰无疑是异端中的异端。在此之后，天主教几度遭到弹压（教狱），其中最早发生的重大事件便是1791年的"珍山之变"。

珍山之变的起因是尹持忠在其母亲葬礼之际焚烧牌位。此事公之于众后，国王正祖立即逼迫尹持忠弃教，却遭到了对方的拒绝，尹持忠随即被判处死刑。尹持忠的行为无异于向重视祖先祭祀的儒教发起了公然挑战。

就这样，朝鲜的天主教在其传入之初就遭到了镇压，正祖在位期间镇压被控制在某种程度上。然而，随着正祖于1800年去世，朝鲜爆发了针对天主教的大规模镇压事件。这便是1801年的辛酉教狱。教狱发生后，李承薰、丁若钟被处以死刑，李家焕囚死狱中。辛酉教狱不仅是针对天主教徒的镇压，还带有打压南人的性质。昔日受到正祖宠爱的丁若镛也被判处流放之刑，南人势力受到了一次巨大打击。

当时，早已逃跑的丁若铉之女婿黄嗣永在忠清道堤川的潜匿地被捕。在黄嗣永身上发现了令人震惊的文书。他将此次镇压教徒的情况和为复兴天主教而请求外国武力介入的文章写在帛衣之上并随身携带，这就是"黄嗣永帛书事件"。这份帛书作为天主教与外国勾结的证据，成为朝鲜镇压天主教的绝好口实。从此以后，朝鲜对天主教的打压越发严酷。

中人阶层对天主教的受容

将自家宅邸提供给天主教徒集会的金范禹属于中人阶层。与南人两班阶层一起，在朝鲜天主教传入初期发挥了重要作用的便是中人阶层。所谓"中人"，是指身份位于两班和良人之间的群体，由居住在汉城的专业技术型官员以及中央和地方的衙前构成。对天主教的传入持积极态度的是技术型官员。所谓的技术型官员，是指具备天文学、医学、算学、外语（汉语、满语、倭语即日本语、蒙古语）等专门知识的政府职员。技术型官员乃是通过科举中的杂科考试选拔出来的。

1785 年被发现是朝鲜天主教徒、遭人揭发的金范禹是译科及第的中人。金范禹家族中世代武人及第者辈出，直至金范禹父亲一代才转职为译官。译官可以随同燕行使出国，不仅可以加深对外国情况的了解，还能够从事贸易活动，从而积蓄起财富。但是，译官的社会地位处在两班之下，他们是有资格向两班统治发起挑战之人。

辛酉教狱以后，两班阶层几乎完全脱离了天主教，于是中人阶层成了天主教的支撑。1831 年，安贝尔神父（Laurent-Joseph-Marius Imbert，中文名：范世亨）受罗马教皇派遣首次进入朝鲜国内担任朝鲜教区主教，协助其入国的朝鲜人玄锡文也是一名译官，玄锡文的父亲是辛酉教狱的殉教者之一。

就这样，在朝鲜天主教传入过程中，南人两班阶层和中人阶层发挥了巨大的作用，这也使朝鲜的天主教传入带有了向统治体制挑战的性质。在这个意义上，可以说这是与实学的抬头在本质上有着共通之处的运动。新乡阶层和乡吏阶层向两班发起挑战是为了参与到两班的统治之中，与此相对，实学和天主教兴起的意义在于对两班统治本身的批判。可以说天主教尤为如此。

到了19世纪时，尽管朝鲜的天主教依然处在高压之下，但是其势力得到了稳步发展。受教阶层也从初期的社会上层逐渐向下层部分发展。例如，1868年至1881年间遭到逮捕，被判定有罪的131名男性天主教徒的职业分别为：儒者18名、医者7名、军官19名、商人15名、农耕之人32名、手工业者12名、贱民13名、其他职业者5名。由此可见，天主教已经扩展到了朝鲜社会的全部阶层。

燕行使和通信使

在实学勃兴与接受天主教的过程中，前文提到的燕行使，即朝鲜派往清国的使节发挥了极大的作用。在此，我们将总结一下17至19世纪前半叶的朝鲜外交关系。

在遭受清国两次侵略以后，沦为附属的朝鲜与清国结成了朝贡关系。原则上，朝鲜要一年三次（在每年的元旦以及皇帝和皇太子生辰之日）派遣使节前往清朝。所谓的"燕行使"，乃是朝鲜向清朝派遣使节的总称。在与清朝建立朝贡关系的诸多国家之中，朝鲜的一年三贡堪称最为频繁的朝贡。

另一方面，清国也会在朝鲜国王即位和册立王妃等场合派遣使节前往朝鲜。为了迎接清国使节，朝鲜在汉城设立了迎恩门和慕华门，作为对清国服从的象征。顺带一提，在19世纪末期，迎恩门和慕华门被独立协会的会员捣毁，代之以新建成的独立门。

接下来再看朝鲜与日本之间的关系。取代了丰臣政权的德川政权致力于恢复与朝鲜的国交关系，对朝鲜政府展开了积极的活动。作为对日本方面的回应，朝鲜于1607年向日本派遣了使节，试图探明德川政权的真意。此后，朝鲜又分别于1617年和1624年派遣使节前往日本，两次使节均以"回答兼刷还使"之名派遣。所谓"刷还"，乃是指搜出并带回壬辰、丁酉倭乱之际被日本掳走的朝鲜人。

自1636年开始，遣日朝鲜使节更名为"通信使"，此后在德川幕府将军更迭之际派遣通信使成为惯例。

原则上朝鲜通信使要造访江户，与此相对，日本派遣的使节会在釜山设立的倭馆接受朝鲜方面的接待。室町时代的日本使节可以直接前往汉城，但壬辰倭乱之际日本军队探明朝鲜地理致使朝鲜方面深受其苦，故而朝鲜方面拒绝在汉城接待日本使节。

朝鲜通信使一行在日本受到的热情款待，通过各地遗留下来的绘本和文书被今日之人广泛知晓。但是，想来朝鲜没有通过派遣通信使，取得任何收获。在这一点上，较之受到各种各样刺激的燕行使，不得不说二者之间存在着巨大的差异。

正祖的梦想与挫折

英祖与荡平策

李朝第二十一代国王英祖（1724—1776年在位）与第

二十二代国王正祖（1776—1800 年在位），二王被誉为李朝中兴的明君，他们近四分之三个世纪的统治时代被称作"英正时代"。二王最初的庙号是英宗和正宗，高宗（1863—1907 年在位）时代将二王庙号进行了更改。这是高宗为了使二王的统治成为自己的国政典范而将其理想化的措施。

英祖乃是景宗之弟，他的即位过程与党争纠葛在一起，充满了迂回曲折。英祖本人甚至也曾因此而濒临死亡。所以英祖一即位，便宣言"荡平"。"荡平"一词出自《书经》中的

英祖（1697—1776）

李朝第二十一代国王，也是该朝在位时间最长的国王。致力于重整涣散的王朝统治体制、编制法律、停止党争、改革税制

"无偏无党，王道荡荡，无党无偏，王道平平"，意思是没有党争即可实践王道。

但是，实际上在英祖即位以后，党争也并没有绝迹，1728年爆发了冲击性事件，即所谓的"戊申乱"。这次叛乱由企图推翻老论派主导的政权并拥立昭显世子曾孙密丰君即位的势力发起。叛乱势力以南人派的李麟佐为主导者，包含了大量南人和少论的两班成员。李麟佐等人率先占领忠清道的清州，庆尚道的郑希亮随即举兵呼应，然而在政府的迅速反应之下，叛乱者全部在短时间内遭到镇压。

戊申乱标志着党争走到了尽头。"荡平"意志日益坚定的英祖采取了果断的对策，于1741年废止了吏郎通清法。关于这一举措的情况，李重焕在《择里志》中做了如下叙述：

> （戊申乱以后）少论相赵文命，老论相洪致中，首唱荡平之论，合用老、少、南、北四色矣。今上庚申（1740年）筵臣以为朋党之本肇，自铨郎请罢其权，以消弭偏论。上信之而许之，命罢铨郎自代与主张三司通塞之规，于是铨郎下同设司郎官，三百年规例始罢矣。

"铨郎"，即吏曹郎官（正郎、佐郎）掌握着正三品堂下官以下官员的人事任免权。另外，铨郎的继任者按照现任之人的推荐而定，国王亦不得介入其人事任免。再者，铨郎与三司之间人事交流频繁，这起到了强化铨郎和三司的力量的作用。如同前文中所提到的，这样的制度乃是士林派掌握政权的重要武器。所以，吏郎通清法的废止，是继士林派政权成立之后，政治制度上发生的重大变化。

经过此番改革，吏曹郎官的人事任免权归于宰相掌管。原本被士林派政权抑制的宰相权，此时再度强大了起来。在英祖和正祖这样领导力强大的国王统治之下，宰相权的问题尚未表面化。但到了19世纪接连有幼年国王即位时，便显现出宰相权凌驾于王权之上的态势。生出19世纪所谓的势道政治的种子，正是在这一刻播下的。

在英祖治世时代，除了荡平策，还实施了其他几项重要政策。前面见过的均役法就是其中之一。1764年的《续大典》作为15世纪时编纂的《经国大典》以后的政令等典章规范的首次集大成之作，其刊行同属于李朝国制史上的重要事件。

此外，在1703年，又发生了关于奴婢的身份归属的重大变革。按照此前的制度，父亲和母亲中任何一方为奴婢身份者，所生子女均为奴婢。但是，1669年实施的政策规定，奴和良人身份的女性所生育的子女具有良人身份。这项政策，即身份归属的从母法受到了奴婢所有者的强烈反抗，此后又经过数次变更，直到1730年从母法才最终得以确定。这一举措成为日后朝鲜奴婢制度解体的决定性要因。

正祖与奎章阁

1776年，英祖去世，其超过五十年的统治也宣告终结，此后由英祖的孙子正祖即位。正祖是英祖之子思悼世子的儿子。思悼世子本应是正祖的后继者，然而却以悲剧的方式迎来了自己人生的终结。身居世子地位的他被卷入党争，以致英祖也怀疑他心存谋反之志。轻信臣下谗言的英祖将思悼世子贬为庶民，又将他关进米柜，致使他最终饿死。思悼世子死后，英祖深切地悼念他。"思悼世子"的谥号，正是追悔莫及的英祖为悼念亡子而追加的。

父亲思悼世子的悲剧结局，使得正祖对政治改革抱有强烈的意识。正祖继承了祖父英祖的遗志，在进一步推行荡平策的同时，又在即位的次年制定了《庶类疏通节目》，使此前科举应试受限制的两班庶子也得到了参加科举考试的资格。

正祖的政治改革从他即位之初便得到了积极推行，其象征便是在其即位之后创建的奎章阁。"奎章"的原意是天子的御笔文书。创设奎章阁表面上是为了保存历代国王的御笔文书。然而，其真正的意图则是将其充当政治改革的中心。

正因如此，正祖在架设奎章阁的机构时绞尽脑汁。奎章阁别称内阁，是国王的直属机关，其人事任命由弘文馆和艺文馆的长官推荐，从而防止了宰相介入其中。另外，奎章阁设有四名检书官作为职员，主要由那些能力杰出却因自己的庶子身份被隔绝了仕途的人担任。著有《北学议》、主张向"夷狄"清国学习的朴齐家，著有《渤海考》、将渤海首次列入朝鲜民族历史之中的柳得恭，百科全书式著作《青庄馆全书》的作者李德懋等人，都是作为庶子出身的奎章阁检书官而受到正祖提拔之人。

奎章阁可以说是世宗时代集贤殿的重现。正祖在奎章阁中集结年轻气盛的知识分子，专注于王权的强化。犹不满足的正祖，试图将都城从汉城迁至水原。这其中包含了想远离权臣集中的汉城的意图。在水原迁都计划中表现活跃的便是"茶山"丁若镛。丁若镛是正祖秘藏的一枚棋子。

正祖与丁若镛

丁若镛生于 1762 年，在 1783 年的进士试中状元及第，并得到了在正祖御前讲授《中庸》的殊荣。1789 年，丁若镛文科及第，被选拔为抄启文臣。抄启文臣制度是指从下级官僚中选拔杰出之人，通过每月考核试验，晋升成绩优秀者的制度。这个制度正是由正祖一手开创的。

在伴随着水原迁都计划而兴起的水原城建造工程中，丁若镛充分地发挥了他的丰富才华。具体地说，丁若镛通过清朝引入了西洋建筑法，在绘制水原城的建筑蓝图的同时，还设计了起重机，主导了水原城的建设工程。当时修建的城门等在朝鲜战争之际几乎被完全毁坏，现在已被复原，从中人们能够感受到异国的风情。

茶山因深受正祖信任而得以大有作为，但他的官场生涯也充满了波澜曲折。这是因为他不仅属于少数派南人，甚至被怀疑是一名天主教徒。为此，他历经了数次辞职和复职，一度还被流放到忠清道的海美。

茶山总是受到正祖的庇护，但是在正祖去世之后，他就不得不直接面对政敌的攻击。1801 年，他受辛酉教狱的牵连，被流放到庆尚道的长鬐县。黄嗣永帛书事件爆发后，他又被转移到全罗道的康津，在那里度过了十八年的流放生涯。1818

年，他终于获得归乡许可，回到出生地广州，最后于 1836 年在当地去世。他的文集《与犹堂全书》中所收录的庞大著作几乎都是他在遭到流放以后撰写而成的。

茶山出生之年（1762 年）恰巧是卢梭《社会契约论》刊行的那一年，因此他常常被后世之人比作卢梭，其民主主义思想倾向也得到了高度评价。但是，他的目标归根结底是实现圣人政治的理想。通过主要著作《经世遗表》和《牧民心书》，他要展现的是这种理想如何实现，他的脑海中总是有正祖的身影。

正祖和茶山所追求的梦想，说起来都是要建立一君万民的政治体制。然而，要实现这一梦想，杰出的国王是不可或缺的。如果是英祖和正祖，这尚且有可能。但是当幼小或平庸国王即位时，他们的梦想必然会被轻易地击溃。这个梦想将会在李朝末期由国王高宗重新点燃。

变动的预感

身份制的动摇

在 18 至 19 世纪的朝鲜，身份制瓦解，或者被称为身份制动摇的情况急速发展起来，这一观点已成为学界的通说。然而，一部分研究者却对此持否定见解，他们认为以两班为顶点的身份制秩序直到李朝末期依然坚固。见解上的不同，很大一部分源于双方对身份制认知方式的差异。在这里，笔者将阐明身份制的崩坏或动摇这一事态的内情及其意义。这对理解李朝社会身份制的特色也十分重要。

　　所谓的"身份制"究竟是什么呢？大体上可以认为，它是社会内部产生的阶层差别，被血缘原理固定化之物。可以说，它也能被称作社会身份制。然而，社会身份制有随着社会的变动而流动的一面，这种流动性与原本应该是固定的身份制难以相容。因此，身份制由权力固定化成为必要，这样便确立了国家身份制。

　　这样思考身份制的话，我们可以理解李朝身份制具有什么样的特色呢？一方面，作为国家身份制，只有良人和贱人两类是法律上明确规定的身份。两班是指良人中的为官之人和其三代以内的亲族，本来并不是国家身份。

　　另一方面，从社会身份制这一点来看，李朝社会内部存在着"两班、中人、良人、贱人"四个身份阶层。这种情况下的两班身份，具体是指被地方乡案记录，为社会所认可的两班群体。而中人，是指能够世袭政府专门技术类职务或是地方行政实务职务的家门出身之人，这同样不是国家法律所规定的国家身份。

　　如此这般，李朝社会的国家身份制和社会身份制本来就存在着极大差异。在两班阶层上更是如此。另外，国家身份制和社会身份制的关系会随着时代的推移而变化，社会意义上的两班概念也会反映在国家身份制上。两班子孙原则上被免除了军役便属于典型的例子。

　　就这样，原本构造并不稳定的李朝身份制，在 18 至 19 世纪开始发生巨大变化。户籍大账中登记的职役分布情况的巨大变化，便从一个侧面反映出这一点。

　　表 3、表 4 是四方博对庆尚道大邱地方户籍进行整理、分析后所得到的结果。其中，表 3 展示了户籍大账上户主职役分布在时期上的变化。第 I 期，即 17 世纪末，两班户主只不过占全体户主数量的 9.2%，此后逐渐增加，到了 19 世纪中叶，两班职役保有者已占到了全体户主的 70.3%。而奴婢户所占比重则呈现出与此完全相反的趋势，同时期奴婢户所占比重从37.1% 急剧减少到了 1.5%。

　　表 4 所展示是户籍大账登记的全体人口中不同职役身份在不同时期的分布状况。与表 3 情况相同，表 4 也反映出两班

表 3　不同身份的户数与其比率

	两班户		良人户		奴婢户		总数	
I 期	290	9.2%	1694	53.7%	1172	37.1%	3156	100%
II 期	579	18.7%	1689	54.6%	824	26.7%	3092	100%
III 期	1055	37.5%	1616	57.5%	140	5.0%	2811	100%
IV 期	2099	70.3%	842	28.2%	44	1.5%	2985	100%

表 4　不同身份的人口数与其比率

	两班		良人		奴婢		总数	
I 期	1027	7.4%	6894	49.5%	5992	43.1%	13913	100%
II 期	2260	14.8%	8066	52.8%	4940	32.4%	15266	100%
III 期	3928	31.9%	6415	52.2%	1957	15.9%	12300	100%
IV 期	6410	48.6%	2659	20.1%	4126	31.3%	13195	100%

注：
I 期 =1690 年
II 期 =1729、1732 年
III 期 =1783、1786、1789 年
IV 期 =1858 年

人口数量在不断增加，但是奴婢人口在 19 世纪中叶时仍然占据了全体人口数的三成以上，显示出与户主职役变动的巨大差异。

不过，表 3 和表 4 终究只是反映出户籍大账登记的各人职役名称的分布情况。换言之，这只是国家身份制上发生的变化，不能就此断言社会身份制同样也发生了变化。

在社会身份制方面，也可以根据通过乡战新加入乡案的人数增大的态势来确定变化的发生。不过，这一变化绝没有否定社会身份秩序，或是创造出新的秩序。新加入两班队伍在某种意义上很容易，是因为两班属于社会身份制，可以充分认为，这是两班制强韧的表现。

关于户籍的情况，前文已有交代，制作户籍的主要目的是使国家掌握各个国民的职役情况。以此为目的的户籍中，拥有两班职役（其中大部分为"幼学"）者占大多数的情况意味着国家放弃了单独掌握每个人的职役。其背景是，在以职役为基础赋课的军役制的运用方面，开始实施了像里定法那样以村落为单位的赋课方式。

奴婢制的解体

18 至 19 世纪朝鲜身份制最重要的变化，与其说是两班户和两班人口的增长，不如说是奴婢户走向了消亡。如表 3 所示，19 世纪中叶时的朝鲜奴婢户仅占全体户口的 1.5%，几乎接近消亡。究竟是经历了什么样的过程才出现了这一态势呢？

经过近年来利用户籍大账进行的研究，奴婢身份解放的具体过程逐渐清晰起来。李朝时代的奴婢大体上分为公奴婢和私奴婢两种，后者占据多数。私奴婢也分为两种，即身役奴婢和纳贡奴婢。前者在上典（奴婢所有者）的家中或周边地方居住，乃是从事上典家内劳动或农耕劳动的奴婢。其中，居住在上典家中却没有独立户籍的身役奴婢，又被称作率居奴婢。而后者纳贡奴婢可以独立经营家业，只是担负着向上典每年缴纳定额物品的义务。纳贡奴婢中也存在着住所远离上典居住地之人，极端情况下甚至还存在着居住在其他道之人。

奴婢逃脱上典控制、脱离奴婢身份的案例，多见于纳贡奴婢当中。这是因为与身役奴婢相比，上典对纳贡奴婢的控制力量较弱。这时候，纳贡奴婢一般会离开原本的居住地而移居他处，如此便能够从上典的控制下逃离，逐渐提升身份。

另一方面，身役奴婢要逃离上典的控制就会很困难。然而，身役奴婢当中也不乏反复逃亡并最终脱离上典控制之人。参考大邱地区职役构成变化，奴婢户的消亡和奴婢人口的顽固残余这乍看上去截然相反的两种现象，便是由这样的奴婢存在形态决定的。

但是在 19 世纪中叶的时点占据了全部人口三成以上的奴婢，其意义与 17 世纪以前大为不同。从 17 至 18 世纪的奴婢买卖价格的变化中可以看到，婢的价格远高于奴的倾向越来越强。也就是说，在经济价值方面，婢被认为具有更高的价值了。这是因为从事农耕劳动的奴的作用降低，而婢在家内劳动中的作用没有怎么发生变化。在奴婢人口的构成上，婢的数量也远远超出了奴的数量。随着农业向集约化方向的推进，利用奴进行的粗放型经营日渐减少，这是上述变化出现的根本原因。

《春香传》的世界

板索里《春香传》作为代表性的传统艺术，在今天的韩国和朝鲜也拥有极高的人气。板索里是由一名唱手和一名伴奏者合作演绎的说唱表演，而现在多是以音乐剧的形式，由多位表演者共同演绎。板索里形成于18世纪后半叶，其内容浓墨重彩地反映出当时的社会特色。

《春香传》常被称作民间艺术成果。这个故事以全罗道南原为舞台，揭露了无道的地方官的不正当行为，描述了春香与李道令二人终成眷属的过程，乃是一部令民众拍手喝彩的杰出作品。大概这就是《春香传》被称为"民众的"艺术的原因所在吧！不过，对于《春香传》的民众性，仍然有必要稍加深入探讨。

第一个问题在于《春香传》引用了无数的中国故事。这个情况在《春香传》的最初部分便已经显露出来，如下所示：

　　绝世佳人降生之际，必承蒙江山之精气。

　　苎罗山若耶溪生养了西施，"群山万壑赴荆门"的地势培育了昭君，秀丽的双角山孕育了绿珠，诚可谓"锦江滑腻蛾眉秀，幻出文君与薛涛"。湖南左道南原府，东有智异山，西有赤城江。此间精气凝结，故而春香降生。

《春香传》有多个异本，前段引用的是被誉为最具民众性的申在孝本。申在孝是中人出身，以板索里作家的身份活跃在19世纪中期。他所创作的作品，有许多从开头部分便引用中国故事。当时的民众能在多大程度上理解这些中国故事尚有疑问，不过这也许并不是多大的问题。

更大的问题在于故事本身。春香与李道令之间的爱情，直到李道令以暗行御史身份回到南原，将意图霸占春香的南原府使弹劾之后，才真正结出果实。

暗行御史也就是国王的密使，肩负着揭发地方官不法行为的任务。因这样的行动二位主角才得以结合，也可以认为其中反映出了民众对国王的一种幻想。从春香的身份上升现象中也可以看到这一点。即是说，在不断变换更新的剧情之中，春香的身份也从贱民之子，变成武官之子，再上升至两班私生子。这一现象可以说是民众上升志向的反映。

因此，在讨论《春香传》的民众性时，不能将其单纯地理解为反两班意识，或是对体制的批判意识。《春香传》确实反映了民众的愿望，但这愿望本身便有着复杂的构造。

《春香传》的另一个值得注意之处，是其中描绘了两班和春香生活的奢华。春香的母亲原本是妓生，李道令初次造访她家之时得到了热情款待，详细的描述如下文所示：

> 酒宴佳肴齐备，且看那一席精美的洁净膳食。大盆装的牛肋羹，小皿盛的猪肉羹、鲻鱼羹、鹌鹑汤，东莱蔚山的大鲍鱼穿成串放入锅中煮，春雉腿肉搁在小皿上

用小钵装盛，此外还准备了冷面。生栗子、熟栗子、松子、核桃、枣、石榴、柚子、干柿饼、樱桃等果品堆放在盆中，犹如小山。再看酒瓶，有那一尘不染的白玉瓶、海底珊瑚瓶、秋叶梧桐瓶……至于各种酒名，有李谪仙的葡萄酒、安期生的紫霞酒、山林处士的松叶酒和过夏酒、方文酒、千日酒、百日酒、金露酒，以及那烈性十足的烧酒、药酒等。

这段文字中所描绘的情景与 16 世纪柳希春质朴的生活相比，在奢华程度上简直是云泥之别。其中反映出的是 18 世纪朝鲜商品经济的繁荣昌盛。

近代的展望

民乱的时代

18 至 19 世纪时的社会变动导致矛盾丛生，这些矛盾集中表现为民乱。19 世纪是民乱的时代。

19 世纪朝鲜最早爆发的民乱是 1811 年的洪景来之乱，亦称平安道农民战争。此次民乱的首谋者洪景来属于南阳洪氏一族，出身平安道龙岗，曾于 1798 年在司马试中合格。不过，当时平安道出身者跻身官场的道路基本上被封闭，洪景来便放弃了科业，转而召集志同道合之人，致力于废除对平安道出身者的差别待遇和反对安东金氏的势道政治，在平安道的嘉山聚众而起。至此，洪景来之乱爆发。

　　叛乱军迅速扩大势力，趁势占领了平安道的八个邑。叛乱军成分复杂，不仅有与洪景来一样感到不平的两班、名门庶子，领导层中还包含富裕的商人。此外，参加者当中不只有一般的农民，也可见到很多自 18 世纪末以来在矿山采掘中活跃的矿山劳动者。叛乱军据守定州城，抵抗政府军攻势达四个月之久，之后内部分裂，因背叛者转而投靠了政府军一方，最终遭到了镇压。

　　对政府如此大规模的叛乱，自戊申乱以后还是首次。但是戊申乱基本上是由统治阶层内部的对立而引发的动乱，其参与者范围有限，而洪景来之乱则是广泛集结了各个阶层的力量。这是人们认为洪景来之乱揭开了朝鲜民乱时代序幕的原因。

　　洪景来之乱与平安道的特殊情况有着莫大的干系。而进入 19 世纪中叶，朝鲜全国各地民乱频发，其中规模最大的当属 1862 年爆发的壬戌民乱。壬戌民乱以庆尚道晋州爆发的民乱为发端，广泛波及南部地方一带。其表现形态因各地的实际情况不同而呈现出多样化，但都是 18 世纪以来社会变动过程中生出的各类矛盾的产物。南部地区是国家税收的根基，因此李朝政府为了应付这次民乱而绷紧了神经。但结果政府只是在租税征收方面采取了补救对策，而作为民乱原因的地方统治方式本身则被放置在一旁。

　　壬戌民乱爆发之前不久，庆尚道庆州的一个名为崔济愚的人物创设了东学。以东学组织为中心掀起的 1894 年甲午农民战争即东学之乱，是 19 世纪最大的民乱。甲午农民战争之际，地方两班阶层或是加入农民军一方，或是参加反农民军一方，这也是 18 世纪以来乡村社会争夺主导权的终结。

兴宣大院君的登场

1863 年，朝鲜国王哲宗在没有继承人的情况下死去。握有指定下一任国王权力的大王大妃赵氏（哲宗兄长翼宗之妃）为了抑制外戚安东金氏不断膨胀的势力，选择了兴宣君李昰应的第二子李载晃即位为君。兴宣君是昭显世子之弟麟平大君的七世孙，是正祖的异母弟恩信君的养子南延君之子。正是因为血缘关系遥远，兴宣君之子才被选定为国王。

由于自己的儿子即位为王，兴宣君便被称为大院君。大院君是对虽是国王的父亲，但自身没有即位之人的尊称。兴宣大院君就此诞生。兴宣大院君虽说是王族，却属于末枝远流，完全与中央政界的人脉无缘。据说李昰应年轻时还曾与无赖之徒交往，但在获得了大院君的地位并成为幼小国王的摄政之后，便开始积极地推行国政改革。

在大院君登场之前的中央政界，19 世纪以来有纯祖、宪宗、哲宗三位国王的王妃出自安东金氏，安东金氏以外戚的身份掌握着极大的权势。让我们再看一下本书的表 2，安东金氏在第五期，即 19 世纪时的文科合格者人数仅少于全州李氏，这也是其外戚权力的反映。另外，安东金氏有五名成员曾经担任过宰相级别的三议政。英祖和正祖试图进行的王权强化，因为 19 世纪以后接连出现幼年国王即位的状况，最终以权力向外戚集中的讽刺形式被承接了下来。

大院君的首要意图便是削弱安东金氏的力量。由于安东金氏属于老论派，大院君便从南人和北人中间选拔官吏，同时积极起用自己的心腹。尽管大院君付出了种种努力，但是安东金氏依旧保持着隐秘的实力。在大院君摄政期间，安东金氏的金炳学登上了领议政的高位。

大院君的权力基础

　　大院君践行的改革之中最值得一提的地方，在于裁撤为数众多的书院和推行军役制度改革。书院在16世纪以后兴建于各地，最初是祭祀儒教先贤之所，同时也充当着两班子弟的私设教育机关。然而，书院逐渐拥有了大量的免税土地和奴婢，不仅滋生出了这样的弊害，更是作为地方两班的集结场所，成为党争的据点。大院君下令从国王赐额的书院中选出四十七所予以保留，其余全部破坏。在军役制度方面，大院君实施了洞布制和户布法，也向两班征收军布。这样的军役制改革承接了18世纪在地方开始实施的里定法，与职役无关的军役赋课形式开始在全国范围内确立起来。

　　撤销书院和改革军役制度都与地方两班阶层的利益存在着正面冲突。大院君想要通过推进这样的改革，实现王权的强化和国家财源的扩大。但是，大院君和李朝权力的支撑者地方两班的对立无异于一场危险的赌博。如果无法构筑起取代地方两班的新的权力基础，大院君所强制推行的一系列政策就会将国家基础本身置于危险的境地。

　　如此前所述，18世纪以来的朝鲜社会各类变动迭起。有新乡阶层与乡吏阶层的崛起、奴婢制度的解体、天主教的传入

兴宣大院君李昰应（1820—1898）

兴宣大院君是 19 世纪后半期李朝屈指可数的政治家。他在 1873 年垮台后，借 1882 年的壬武兵变再次上台，1894 年开化派内阁成立时他又奇迹般地第三次上台

与渗透、商品经济对农村地域的波及等等。在频繁的变动中，16 世纪确立的两班支配体制开始剧烈地动摇，大院君的政策更加促进了这一变化，但绝没有构筑起新的权力基础。

为了构筑新的权力基础，能够触动"儒教立国"国制根本的改革恐怕是必要之举。不过，这样又将不得不极大地破坏正祖与丁若镛的梦想之框架。其壁垒是厚重的。最终，全国儒生的上疏运动，使大院君陷入了批判他的漩涡之中，为其长达十年之久的摄政生活画上了休止符。

第九章　从盛世到危局

《红楼梦》与《儒林外史》

清代的士风

清代中期之人在回首往事时，他们眼中的明末士大夫既有仗势欺人、威逼百姓的丑恶之徒，也有胸怀兼济天下之志、侃侃而谈尽显士大夫气概之人。与此相对，清朝士大夫们在行善和积恶两方面的蹑手蹑脚、谨小慎微给人印象深刻。常州府人黄印在18世纪中叶撰写了《锡金识小录》，他在书中提道：

> 第前明一代人物，载于《明史》者，大抵多以气节胜。昌言正论，杖戍贬黜，累朝有之。……今科名日盛，列谏垣者有人，居九列者有人，百余年来从未有抗权幸，陈疾苦，谔谔不回如古人者。虽谨慎小心，不敢放纵，

要之保位安身之念，周其胸中，久不知有气节二字矣。

本朝邑绅居乡较前明远胜风雅，自命工于诗词者有之，闭户读书留心经史者有之。

如前明之沉酣声色，广取艳妓妖童者无有也，多收豪仆人号，平分白夺者无有也。①

清代士大夫的谨小慎微，很多时候人们认为是清朝开始施行严厉的"文字狱"（以书籍中存在清朝忌讳的语句、文字为理由而实施弹压的事件）造成的。但是，明代也并不是不存在这样的弹压事件。尽管如此，明代时期抱持一死的觉悟、通过彰显自我气节而博取名声之人层出不穷。我们不得不考虑到世间风气的变化和社会氛围的波动。

清朝中期社会确实笼罩着一股不同于明末的气氛。这种气氛既不能够用理论证明，也不是能够冠以"时代精神"之名的高尚存在，而是难以名状的"切身感受"。将这种"切身感受"传递给读者，仅凭历史研究的努力终究有其无法逾越的界限。不过，优秀的同时代小说作品或许可以将这种"切身感受"切实地传达给读者。

"红楼梦论争"

针对清代中期的代表性长篇小说《红楼梦》与其时代背景之间的关系，在1950年代的中国曾经展开过一场论争。《红

---

① 选自《锡金识小录》卷一，备参上，邑绅。按黄印原文，引文第一节应在二三节之后，此处乃是作者有意错置。——译注

楼梦》的作者是曹雪芹，关于他的祖父曹寅在康熙帝时代担任江宁织造并且从事情报收集活动的情况在前文中已经有过交代。自曹寅以后约六十年间，曹氏一族世代担任江宁织造的职务。当初曹氏因备受康熙帝恩宠，还兼任了管理盐和铜等重要物资的职务，从而积蓄了巨大的财富。康熙帝南巡驻跸江宁期间，曾将江宁织造衙门作为自己的行宫，曹氏一族势力与荣华由此可见一斑。

不过，接待皇帝与搜集情报活动造成了巨额费用支出。在康熙帝晚年时，曹家出现了挪用公款问题。康熙帝在世期间，皇帝的庇护使曹家的问题不至过于严重。到了雍正帝时代，昔日的宠信已成为过眼云烟，曹家在家产遭到抄没后移居北京，一族急速走向没落。因此，虽然对曹雪芹本人的情况我们不怎么了解，不过他动笔撰写《红楼梦》的 18 世纪中叶，一家人应该是过着食粥果腹的贫困生活。

《红楼梦》主人公贾宝玉的家族，乃是仰仗祖先功业得以世代出任高官且与皇家联姻的超上流阶级贾氏一族。少年贾宝玉对父亲强制其学习非常反感，他与同样居住在豪邸中的亲族的美丽少女们一起吟诗作赋、鉴赏风月，过着令人称羡的风流生活。在贾宝玉满一周岁的占卜仪式（即"抓周"）上，家人拿出各种各样珍品好物任其抓取，而他却对书本和毛笔等物不屑一顾，唯独将胭脂和钗环抓入手中，令家人惊讶不已。待到贾宝玉长成十岁模样，显得愈加聪明伶俐，可是这位少年却放言："女儿是水做的骨肉，男人是泥做的骨肉。我见了女儿，我便清爽，见了男子，便觉浊臭逼人。"故而被世人称道："将来色鬼无疑了！"

小说中对贾宝玉的生活细节，以及他与少女心灵的隔阂与相通进行了十分细腻的描写。尽管贾宝玉和心高气傲且冲动易怒的美少女林黛玉相爱，但是互相之间却难以传递心意。哪怕是些许的嫉妒都可能使二人刁难冷落对方，或者大吵一架。双方同样多愁善感的固执性格造成了诸多冲突，而完全一致的审美品位又让他们喜欢彼此到感人泪下。然而，结局却是贾宝玉和性格温和的贤妻良母类型少女薛宝钗结为连理，体弱多病的林黛玉抱恨而亡。就在不久以后，贾家便被以仗势欺人、压迫百姓的罪名抄没了家产，恰如"树倒猢狲散"一般，众人尽皆离散。

这部小说触动了清代人的内心，由此催生出了众多醉心于红楼梦世界的"红迷"。19 世纪前半叶，甚至诞生了"红学"。在民国时代的近代新文学思潮之中，胡适和俞平伯等人的"新红学派"对这部实际上在描述作者曹雪芹自己人生的自然主义文学杰作给予了新的评价，并且提倡对《红楼梦》展开系统的研究。将《红楼梦》解析为作者根据自身恋爱经历所创作的"情场忏悔"自传的这一立场，乃是由将文学作品视为作者个人产物的近代文学观支撑的。

中华人民共和国成立之后，1950 年代兴起的"红楼梦论争"将"新红学派"的观点斥为资产阶级唯心主义的反动学说并予以激烈的批判。批判方的观点大致如下：

理解《红楼梦》的本质绝不能脱离当时的社会状况。当时虽有"乾隆盛世"的美名，却是阶级斗争尖锐、封建专制统治陷入危机的时代。《红楼梦》中描述的正是当时腐败至极且趋于没落的贵族阶级状况以及反抗封建礼教压迫的青年男女的形象。贾宝玉"女人是水、男人是泥"之论，包含着向男尊女卑的封建社会反抗的民主主义萌芽。尽管作为封建道德叛逆者的贾宝玉与林黛玉心意相通，但是在结局时他却不得不与遵从封建道德的薛宝钗结婚。林黛玉的多愁多病也让她在封建礼教之下没能贯彻与贾宝玉的爱情，结果以挫折收场。"新红学派"的主张不注重阶级斗争的历史，而是将《红楼梦》主题降低为纯粹的个人男女爱情问题。

可以说，针对《红楼梦》种种解读的历史，能够反映出近现代中国激荡的历史。笔者并非文学专家，无法在此对《红楼梦》的时代性展开准确的议论，只能对隐约感受到的这个时代的气息，做出若干推论：

第一，日常生活细节的真实感。这部小说开场中的重要人物贾雨村，其名字的汉语发音与"假语存"（虚构的言语）几乎相同（谐音），小说强调自身是梦幻空间的虚构建筑。尽管如此，在读完整部小说之后留下的感觉不是兴奋于波澜万丈的浪漫主义，而是对被尖锐、准确地刻画的细节的积累所产生的反应——犹如触摸雕琢细腻的硬玉工艺品般的感觉。《红楼梦》的细腻真实感，与明明荒诞无稽却仍然恬不知耻地标榜真实性的明末时事小说形成了鲜明的对照。

第二，对人心柔弱面的关怀。贾宝玉与众少女之间时而闹别扭，时而亲热的关系，让人丝毫感受不到背负着世间责任的成人所应具有的经世济民气概。也可以说这只是娇生惯养的少爷小姐们的一喜一忧。然而，"正论"与"道理"的铠甲所无法覆盖的脆弱敏感的"儿女之情"中却有某种鲜活、直率之物存在，令人感动不已。虽然柔弱终归是柔弱，但这里的"柔弱"并不是指单纯任人摆布的懦弱，而是如屡遭父亲责骂，态度却始终如一、我行我素的贾宝玉那般的固执之美带来的纤弱感。清朝中期之人对于柔弱内心的波动极为感性，笔者对此颇有感悟。总而言之，这是对空洞无物的豪言壮语与盛气凌人的原则论的嫌恶。反过来，也许可以说，这是对那些细致准确、真实微妙之物的喜爱。

科举与中国社会

与《红楼梦》同为清朝中期代表性小说的还有《儒林外史》。《儒林外史》的作者吴敬梓，生于明末清初进士辈出的名门望族，他本人也取得生员的资格。然而，这位以优秀文章著称的秀才，却随着家道中落远离了科举的道路，在放荡不羁的生活中度过了自己的余生。这部成书于 18 世纪中叶的小说《儒林外史》，与书中交织着优雅美丽的少男少女身影的《红楼梦》形成了鲜明对照。《儒林外史》中描写的角色是出身贫寒的书生、没落卑贱的知识分子、急功近利的官僚、喜好说教的道学家等等。此类角色正是贾宝玉之流口中所说的"浊臭逼人"者。《儒林外史》没有贯穿全书的主人公，全书通过梳理人物（据说登场人数达到 631 个）之间的人际关系脉络，将各种各样的故事情节以汇编的形式串联而成。概括此书内容可以说是一件非常困难的事情。

《儒林外史》对因科举重压而崩溃的知识分子的生存状态
有诸多的描写。书中也确实出现了一些因科举而变得神志不清
的人物。书中有一段最著名的情节经常被引用：年过五十岁却
只通过童生考试的穷苦书生范进，因为主考官的心情，取得了
生员资格，继而在中举之后引发了一连串大骚动。

自认为考取举人无望的范进，迫于饥馑，为购买食材而
离家前往市场卖鸡，而他应试合格的通知突然传到家中。面对
着讨要喜钱的报录人，范进的家人茫然不知所措。范进回到家
中看到自己高中的报帖，顿时两手一拍，高呼："噫！好了！
我中了！"说完便晕厥而倒，不省人事。邻居急忙用水将范进
灌醒，被灌醒的范进起身跑出大门，即使跌进水塘，头发都散
了，也一直手舞足蹈地欢笑。范进好不容易取得了举人资格，
此时他的疯癫令家人和邻居感到万分焦急，于是他们只得找来
了范进平日最惧怕的屠户岳父，求打他打范进一个巴掌。而这
位对成绩不佳的女婿动辄怒吼的粗暴男子，此时也以"打了天
上的星宿，阎王就要拿去打一百铁棍，发在十八层地狱，永不
得翻身。我却是不敢做这样的事"为理由，对此惶恐不已。无
奈之下，屠户在喝下一杯酒后，壮着胆子打了范进一巴掌，顿
时让范进的意识恢复了正常。此后，在一向赤贫如洗的范进家
中，前来馈赠土地者、奉送店铺者，甚至夫妇自愿投身范家门
下为奴者络绎不绝。范进迁居豪宅之后，面对着环境激烈变化
感到不适应的范进老母在得知华贵的家具都已经属于自己后，
欣喜过望以致晕厥过去，不久便一命呜呼。

这诚然是一幕围绕科举展开的悲喜剧。不过，如果说

《儒林外史》所描述的是一个完全由科举位阶所决定的社会，作者批判对象只是科举的一元主义，那么这部小说无疑是一部极为单纯的作品。事实上在《儒林外史》当中也有许多不屑科举，以高雅文人自居的人物登场。但是，作者审视这些人时大概投以同样辛辣的目光。

这些文人之所以自诩"高雅"，他们的目的无非是要取得不为科举等约束的"超凡脱俗之人"的名声，从而实现自己社会地位的提升。相较于科举本身，个人的名声，更进一步地说是被评价有名声才更容易发展出社会性势力。小说《儒林外史》的大半内容不是在讨论科举考试，而是在对知识分子之间的交际，以及交际中的虚虚实实——有的人虚张声势，有的人贬低他者，有的人自夸结交权贵豪门，有的人弄虚作假冒充名士，等等，着重进行描写。在此，我们不妨一瞥诗文颇有名气的杭州商人景兰江在向刚刚取得生员资格的朴实木讷青年匡超人介绍当地人物时的场景。

> 景兰江……告诉匡超人道："这位胡三先生虽然好客，却是个胆小不过的人。先年冢宰公（冢宰，即六部的尚书长官）去世之后，他关着门总不敢见一个人，动不动就被人骗一头，说也没处说。落后这几年，全亏结交了我们，相与起来，替他帮门户，才热闹起来，没有人敢欺他。"
>
> 匡超人道："他一个冢宰公子，怎的有人敢欺？"
>
> 景兰江道："冢宰么，是过去的事了；他眼下又没

人在朝，自己不过是个诸生。俗语说得好：'死知府不如
一个活老鼠。'那个理他？而今人情是势利的。倒是我这
雪斋先生，诗名大，府、司、院、道，现任的官员，那
一个不来拜他？人只看见他大门口，今日是一把黄伞的
轿子来，明日又是七八个红黑帽子吆喝了来，那蓝伞的
官不算，就不由的不怕。所以近来人看见他的轿子不过
三日两日就到胡三公子家去，就疑猜三公子也有些势力。
就是三公子那门首住房子的，房钱也给得爽利些。胡三
公子也还知感。"

　　透过引文内容，我们应该能够了解到地方社会的"势力"
是在相当复杂的构造中形成的。这种"势力"与科举资格之间
当然有着联系，包含科举合格者在内的有势力之人通过彼此间
频繁的交际往来支撑着整个"势力"的存在。

　　历史研究者往往将《儒林外史》当作学习各种清代人际
关系形式的教科书。清末版本的该书序言中有这样一句话：
"《儒林外史》一书摹绘世故人情，真如铸鼎象物，魑魅魍魉，
毕现尺幅。"[1] 当时人们的眼中，《儒林外史》的魅力在于描绘
各种人物的卑微和阴暗手段所表现出的现实性，以及其酣畅淋
漓的叙述方式。《红楼梦》主人公背后"俗""浊"的社会在
《儒林外史》之中被推到表面，其描述极具黏着性。作者以自
我为原型创作的人物杜少卿是书中极少数比较被善意描写的人

---

[1] 此序为惺园退士所作。——译注

物之一。然而，即使是这样一位追求自然人性的人物，也常常在魑魅魍魉的群像之中陷入迷茫。《红楼梦》和《儒林外史》从不同的侧面将率真心灵在"俗""浊"社会中的疏离与排斥感表达了出来。

清朝的考证学

清朝乾隆、嘉庆年间，即 18 世纪中至 19 世纪初期，中国学问界的代表是考证学（亦称考核学、考据学）。当然，在科举考试方面朱子学是一贯的主流，不过，就知识分子界的评价而言，考证学才称得上学问中的学问。

考证学是什么？关于考证学的性质及其历史地位，专家们的见解不一。在这里，笔者仅从常识的范围内对考证学做出如下说明。考证学较之于自宋代至明代兴盛不衰的理学，带有明显的复兴汉代学问的意识倾向，故而亦可将其视为"汉学"。汉代至唐代的儒学被称为"汉唐训诂学"，以注释经典文献语句为中心。相较于汉唐训诂学，包含朱子学和阳明学在内的理学具有实践性的志向——通过研究"理""性"等哲学要素，追求人间万物的正确状态。即便针对"理""性""天"等字眼，比起正确掌握它们在经典中的用法，理学也更愿意将它们当作超越时代的极为一般、普遍的概念，立论自己的所思所想。

而相较于理学，清代的考证学可谓是向注重经典文本的汉代学问的回归。考证学在古代文字的形态学和意义学，以及各种文字发音的音韵学等诸多领域进行严密的系统性考察。

考证学的探究方向与针对过去学问的批判互为表里。譬如，18世纪著名的考证学者戴震就曾对理学做出了大致如下意义的批判："治经先考字义，次通文理，志存闻道，必空所依傍。……宋以来儒者，以己之见，硬坐为古贤圣立言之意，而语言文字实未之知。其于天下之事也，以己所谓理强断行之，而事情原委隐曲实未能得，是以大道失而行事乖。……圣人之道，使天下无不达之情，求遂其欲而天下治。后儒不知情之至于纤微无憾是为理，而其所谓理者，同于酷吏之所谓法。"（引自《与某书》）戴震在此强调的"所谓理"，乃是对下位者与贫弱者的压迫。"酷吏以法杀人，后儒以理杀人"（同上），被法所杀者尚有他人同情与怜悯，而被理所杀者则"无可救矣"。

戴震认为，"理"的原本意义应该符合如下情况。"理者，察之而几微必区以别之名也。"在物质方面，就叫作"肌理""文理"等。掌握了适当的区分方法便可以确保秩序的稳定（得其分则有条而不紊），则称为"条理"。理者，"情之不爽失也，未有情不得者而理得也"。古人所谓之理，并不是后世儒者所标榜的"天理"。这里所说的"情"，是指人的微妙心情和事物的详细情况。"理"不是与现实的复杂而微妙的形态割裂的独立实体般的存在，而是对现实细节的辨明。

提到考证学，或许有人会将它当作是脱离了现实问题、沉迷于象牙塔中的学者们的头脑游戏。然而，考证学根本的问题意识绝不在此。没有毫无根据的豪言壮语，而是用极为严谨和确凿的语言探讨现实存在事物的细节，对事物的脉络加以系统的考察，这其中可以见到当时世人知性的喜悦。鉴于笔者本人是考证学专业的门外汉，对考证学专业的内容进行介绍难免会出现纰漏，故而在此不再展开叙述。不过，笔者在这里还是要强调一点，考证学利用"情"的纤细微妙对一贯压制情欲的"理"展开强烈的反抗，提倡"实事求是"的这一侧面，与当时的小说对细节部分真实性的关注及人心"柔弱"面的关怀乃是一脉相承的。

"十全老人"乾隆帝

版图的扩大

雍正帝即位十三年后去世，其第四子弘历继承大统。弘历就是清朝统治最强盛时期的皇帝——乾隆帝（1735—1795年在位）。雍正帝将精力主要集中在对内治理方面，而乾隆帝时代清朝再度将力量投注到了对外扩张方面。乾隆帝晚年自称"十全老人"，他在治世期间曾进行过十场战争，且全部取得了胜利，"十全"正是乾隆帝对自我的夸赞。其中对于清朝最重要的当属准噶尔问题和西藏问题，而且两者有着深刻的关系。

众所周知，元朝时蒙古人统治阶层深受藏传佛教的影响。元朝灭亡后，双方的关系曾经一度断绝。蒙古与藏传佛教之间关系的复活是在16世纪中叶俺答汗时代。在此之前的15世纪初，藏传佛教之中成立了注重严守戒律的格鲁派（黄帽派），与旧有的噶玛派之间形成对立，是格鲁派活佛索南嘉措接受

乾隆帝

乾隆帝平衡了斯文雅致的祖父康熙帝"宽"的政治和对臣下严格管束的父亲雍正帝"严"的政治，在"宽"和"严"之间开辟了"中"的方式

了俺答汗授予的达赖喇嘛称号，从而开启了双方的关系。"达赖"在蒙古语中是大海的意思，达赖喇嘛即"拥有大海般德行的上人"。索南嘉措之前的两代法主被追授"一世"和"二世"的称号，索南嘉措则号称"达赖喇嘛三世"。

达赖喇嘛四世是俺答汗的曾孙（唯一的蒙古人达赖喇嘛），因此到 17 世纪初期为止，蒙古诸部几乎全部成为格鲁派的信徒。在西藏，格鲁派与噶玛派的对立依然持续，经过四世达赖喇嘛到了五世时代，格鲁派得到了来自瓦剌和硕特部固始汗的支持，占据了青海的固始汗于 1624 年将他征服的西藏中部地区进献给达赖喇嘛，从而决定了格鲁派的优势地位。

身为宗教权威的达赖喇嘛，与其施主同时也是其军事后盾的青海和硕特大汗，以及替代难以直接参与行政实务的二者，负责实际行政事务的摄政——在当时西藏的政治局面下，宗教、军事、行政由三者分别担当——三者间实力此消彼长，再加上背后清朝与准噶尔部的动向，使 17 世纪后半叶的西藏形势极为复杂。

前文中已经交代了康熙帝远征准噶尔和噶尔丹身死的情况。噶尔丹死后，准噶尔的支配权落入了策妄阿拉布坦（噶尔丹的侄子，1697—1727 年在位）的手中，他与和硕特部的拉藏汗携手对抗清朝。1717 年，策妄阿拉布坦突袭西藏，杀死拉藏汗，将西藏纳入其支配之下。但好景不长，1720 年，清朝出兵西藏，驱逐了准噶尔部势力。1727 年，清朝设立了驻藏大臣，驻藏大臣与西藏有实力的统治者（最初驻藏大臣权力较大，1750 年代后则是达赖喇嘛权力较大）合作统治西藏的体制从此成立。

清朝皇帝，尤其是雍正帝和乾隆帝对藏传佛教实施细致周详的保护，由此也可以看出清朝与西藏之间并不单纯是统治与被统治的关系。在西藏方面来看，清朝皇帝是皈依藏传佛教，尽到守护职责的佛教拥护者。从西藏方面的视野中不难发现，清朝对西藏的统治也是藏传佛教的教义在清朝的领域中广泛传播的过程。实际上，清朝在北京和热河模仿藏传佛教豪华壮丽的寺院修筑了各式各样的建筑，藏传佛教不单作为少数民族宗教被允许存在，更是得到了整个朝廷的热心支持。虽说对汉民族的影响不大，但是藏传佛教至少在统合清朝重要支持势力之一的蒙古时发挥了至关重要的作用。

接下来，让我们将目光转向准噶尔。策妄阿拉布坦的后继者噶尔丹策零于1745年死去，瓦剌势力因继承人问题开始了分裂对抗。斗争中失败的势力陆续向清朝投降，当噶尔丹策零的外孙阿睦尔撒纳来降时，乾隆帝抓住机会，于1755年出兵，迅速控制了塔里木盆地一带。此后，阿睦尔撒纳又向清朝举起反旗，而天山南路的大小和卓也发动叛乱。但是这些叛乱最终被清朝一一平定。清朝将这片新统合的地区称为"新疆"（新的领土），这便是现在新疆维吾尔自治区名称的起源。

清朝在新疆的主要绿洲地区配置了满人与汉人的官僚和军队，此外还采取了抑制汉族人移民的方针。清朝任命被称为"伯克"的实力派人物为地方的支配者，统治辖地的居民。汉字与儒教没有向当地渗透，当地居民主要使用民族语言对话与读写。对于新疆地区的庶民百姓而言，与其说清朝的皇帝是自己的君主，还不如说对方是拥有强大力量却身处新疆以外的"清朝哈坎"（哈坎，hakan，译为可汗），乃是极为遥远的存在。在穆斯林的统治阶层看来，清朝皇帝是异教徒，但未必是发动"吉哈德"（圣战）予以攻击的对象，他们将清朝皇帝视作"赠予盐和面包"的公正统治者，并且强调应重视清朝皇帝的这份恩情。

清朝的统治构造

在乾隆帝时代，清朝的领土规模达到了巅峰，其辽阔程度远远凌驾于明朝之上。不过，当时的领土与我们脑海中浮现的在世界地图之上划着明确边境线的"领土"略有不同。

到哪里才是中国呢？不一定有这样清晰的边境线。再者，即使在对"中国"的一般认知范围内，清朝的统治力量也并没有以相同的强度波及。

清朝对其"领土"进行区别统治，其结构极为复杂。为此，笔者将使用一个斜分为二的同心圆模型（下页概念图）对这种情况加以说明。一条自东北到西南的分割线将完整的同心圆切分为东南半圆（图中的"东南弦月"）和西北半圆（"西北弦月"）。这两个部分与前文中清朝皇帝的"两副面孔"相互对应，东南半圆代表着身为中国封建王朝皇帝的一面，西北半圆代表着身为北方民族大汗的一面。

首先来看东南方面自中心向外侧延展的层级模式，在皇帝的居住地北京设有中央政府机关，大致同明朝统治领域相当的本土区域共设有十八个省。清朝在设置省的地方（又称"直省"）实行与明朝大抵相同的地方官制，派遣科举官僚担任地方官进行统治。东南方面的大部分区域是汉民族的居住地。不过，在十八个省中，西南地方（贵州、云南、广西等地）居住着相当数量的苗族、彝族、壮族等少数民族。针对这些少数民族，清朝任命其中的实力派人物担当"土司"，在当地维持世袭统治制度。

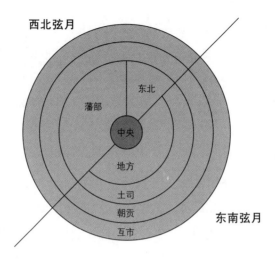

出处：［日］茂木敏夫《近代东亚国际秩序的演变》，山川出版社，1997年版

随着汉人向内陆腹地不断地迁徙，少数民族迫于汉人移民的压力，有的移居山中，导致人口减少；有的与汉民族展开经济、文化的交流，学会了汉人语言并浸染了汉民族的风俗，逐渐汉化。受到这一趋势的影响，清朝政府着手施行"改土归流"（废止土司，改由中央派遣地方官）。特别在雍正帝时代，政府积极地推进改土归流——这一局面的出现应该与雍正帝"中外不分"的构想有关系。

其外侧是归礼部管辖的朝贡国。在1818年编纂的行政规则大全《大清会典》中记载的朝贡国家有朝鲜、琉球、安南（越南）、南掌（老挝）、暹罗（泰国）、苏禄（位于菲律宾半岛南部）、荷兰、缅甸、西洋（葡萄牙、罗马教廷、英国）。在这些朝贡国当中，有的国家（朝鲜和琉球）为了贸易利益经常向清朝发起朝贡；有的是在王朝的更迭或者与邻国发生纷争之际，为了寻求清朝的庇护而发起"临时抱佛脚"式的朝贡（苏禄等国）；有的则并不是出于朝贡的意识，而是纯粹派遣使节开展外交活动，却被清朝归入朝贡行列（罗马教廷、英国）。所以，在提及"朝贡"时必须要对其实际状态多加注意。

此外，一些国家因为没有向清朝派遣过使节而未进入朝贡国之列，却在通过民间贸易与清朝接触。这种情况适用于来航广州的欧洲诸国和日本。它们被清朝纳入朝贡国外侧一栏的允许参与"互市"的国家之列。不过，在清朝的眼中，外国人的来访意味着他们仰慕天子德行和意图获得天朝的物产，因此这些国家也被认为是在潜在的统治关系框架内。

接下来将目光投向西北方面，其中包含了堪称"准中央"的特别地域东北。作为清朝发祥地的东北无疑是一块特别行政区，除了在奉天（当时称盛京，现在的沈阳）以首都北京中央官制为标准设立官制（六部除了吏部的五部等），清朝还授命了奉天将军、吉林将军、黑龙江将军分地而治。直至清末，清朝政府一直从制度上禁止汉人向东北地区移民。

自东北向西沿逆时针方向依次分布的蒙古、新疆、青海、西藏全部属于非汉民族支配地区。清朝在统合这些地方的过程中所采用的方式，与对待同样是非汉民族的苗族和彝族不同，原本就拥有相当独立自主权力的西北少数民族以被征服或投降等形式进入清朝的支配下。这些地区被清朝称为"藩部"，归理藩院管辖，在清朝的监督管理下，当地仍然维持着自身固有的社会制度。比如说，蒙古地区的蒙古人王公贵族、新疆地区的实力派代表"伯克"、西藏地区的达赖喇嘛等，他们作为当地统治者继续存在。

藩部的外侧是同样归理藩院管辖的朝贡国。尼泊尔和中亚诸国，甚至俄罗斯也被纳入这一范畴。

将上述的范围与现在的中华人民共和国的领土进行比较，现在的中国领土与清朝统治领域除去同心圆上的朝贡国及以外部分后剩下的藩部和直省地域大体相当。在此基础上，再除去俄罗斯占据的沿海州等东北的北部领土、蒙古国占据的外蒙古地区之后所余下的清朝统治区域，基本上可以和现在中华人民共和国领土重合。清代的"藩部"地区多数成为现在省一级别的自治区。昔日西南少数民族的"土司"统治地域，现在多设立了自治县、自治州。可以说，今天的中华人民共和国的版图基础是在清朝中期形成的。

繁荣的时代

粮食暴动频发

18 世纪中叶是一个物价高涨的时期。18 世纪 30 年代至 40 年代，中国全国的米价暴涨成为政府关心的重大问题，当时中国的中部、南部地区频繁发生粮食暴动。

乾隆八年（1743 年）时的文献记载，湖南常有无藉之刁民，罔顾法纪，见凶岁米价腾贵，便纠集徒众，纷纷前往富裕之家强行借贷米粮，但凡有拒不出借者，刁民便横行抢夺。他们又以禁止米粮外运为借口，在各地公然设置关卡，鸣锣戒备，阻断往来通路，强行夺取商旅所贩运的米粮。

尽管没有发生大规模的自然灾害，像这样的抢粮暴动却在连年发生。更严重的是，粮食暴动的范围超出了经常出现谷物供给不足的江苏、浙江、福建、广东等的东南沿海地带，作为"米仓"向沿海地带输送谷物的湖南、江西等地也成为暴动频发区域。这一时期粮食不足的原因并不是供给的减少而是需求的扩大，东南沿海地带大量购入谷物的结果便是出现了米谷输出地带谷物不足的状况。谷物与其他商品供不应求的繁荣景气时代降临了。

不同于明末时城市繁荣而农村凋敝的状况，清朝中期的繁荣是伴随着耕地价格急速上涨的农村中心的繁荣。对当时江南地区常州府的情况，黄印如此描述："城居者多贫，室有宿舂，十不得一，而乡民颇多温饱。"（《锡金识小录》卷一，备参上，风俗变迁）。"

在明末时期，掌握白银的一方要比生产者强势；在清朝中期米价高涨的情况下，是掌握了粮食等物资的生产者更为强势。若使用中国的谚语来形容，明末可谓是"金生粟死"（货币强势，谷物弱势）的时代，而清朝中期反倒是"粟生金死"的物价暴涨时代。

在这样的好景况的支撑下，清朝的国库充盈，乾隆朝中期，国库积蓄的白银达到八千万两（约三千吨）。乾隆帝的"十全武功"正是得益于丰厚的财政支持。

《盛世滋生图》(局部)

清代时期，作为长江下游地区米谷等物资集散大市场的苏州是最大的商业城市之一。乾隆年间绘制的《盛世滋生图》，描绘了苏州的繁荣

欧美商船贸易的繁荣

而支撑这个繁荣时代的，乃是白银流入的持续增长。18世纪中叶以后，清朝海外贸易的一大特征在于，该世纪中叶以前由中国帆船主导的南海贸易兴盛局面逐渐被驶入广州的欧美商船数量及其贸易额持续增长的态势替代。南海贸易如果除去日本和马尼拉，不一定会带来白银的单方面流入，中国的纺织品、杂货和东南亚的香料、染料等产品交换的特性十分强烈。与此相对，欧美商船的情况略微复杂，当时欧美商船的贸易活动大致可归纳为两种类型：①欧美与中国之间的干线贸易；②欧美商船进行的亚洲各地之间的交易活动，后者亦可称为"地方贸易"。

在欧美与中国之间的干线贸易中，中国商品的输出多过输入，贸易差额使欧美白银大量流入，从而造就了中国出超倾向强烈的态势。与此相对，在地方贸易中则未必如此，倒不如说中国处于入超的态势。18 世纪末，地方贸易额将会以惊人的速度增长，但是在 70 年代以前干线贸易保持着压倒性优势，所以在 18 世纪中叶，大量的白银通过欧美商船流入中国，大致推测其额度每年约在二百万两左右。

这一时期欧美商船贸易增长的背景，乃是欧洲经济的变化发展。欧洲地域广阔，具体情况自然是因地而异，但如果将物价作为重要指标，从大局的角度审视其长期经济格局的变动，能够发现自 17 世纪中叶以后处于下降趋势的欧洲经济，在 18 世纪上半叶之后转为上升趋势。以英国为例，农业革命与产业革命的背景是英国经济的持续活跃。伴随着这样的盛况，人们衣、食、住的物质生活也发生了极大改变。用与中国的关系来说的话，最重要的便是饮茶的习惯扩散到英国大众中间，对中国茶叶的需求量急剧飙升。如此一来，茶叶超越了生丝和瓷器成为中国贸易中最重要的商品，拉动了贸易额的增长。

广州贸易体系

那么，清朝方面对欧美商船贸易额增长的情况会采取什么样的应对策略呢？充分显示了清朝对外封闭性并且素来在欧美人中间享有恶名的"广州贸易体系"（Canton System）正是这一时期的产物。确切地说，这一体系是在 1757 年完成的。所谓"广州贸易体系"，是指限定广州为欧美船只来航时唯一的交流口岸，并且由被称作"广东十三行"的特定商人群体独占对外交易活动的制度。

1757 年以前，清朝并无明文规定广州为外国船只来航时的唯一窗口，不过外国船只出于习惯大部分会来到广州。然而，除了正规的税金，欧美商人还要被榨取名曰"规礼"等的高额手续费和给官员的各种谢礼，广州的交易制度早已经成为欧美商人抱怨的对象。不堪忍受繁重的正规和非正规税金压迫的英国东印度公司商人为了更自由地贸易并减轻负担，在1755 年避开了广州，航行到浙江宁波港，尝试在此进行交易。

这一事件立即被宁波的地方官员用奏折报告给皇帝。在皇帝看来，欧洲船只轻易进出从来只有中国船只使用的港口将会导致治安的不稳定。另外，广州当局也担心外国船只为了减

广州的商馆

在"广州体制"之下，外国人被禁止居住在广州市区之内，只能在珠江岸边的特别区域里居住。当地的外国人建筑被称为"夷馆"。夷馆的限制繁多，如禁止女性入内，外国人在贸易期以外必须待在澳门，等等。外国人的生活尽管十分地奢华，却只是生活在"金碧辉煌的鸟笼"之中。与之类似的外国人限制政策，出现在日本长崎的出岛。节选自《广州十三行图》

轻负担而集中到宁波等地区会导致广州冷清，于是向皇帝呈交了请愿书。最终，皇帝拒绝了英国人在宁波进行交易的请求，并借此机会下达了禁止欧洲船只在广州以外地区进行贸易的命令。

从上述过程来看，清朝政府1757年颁布的广州一港通商命令的目的是维持现状，其意图并不是要积极限制对外贸易。严格管理与限制贸易是不同的概念。于是在经过此次事件之后，广州的对欧美贸易额急速增长。从1750年前后的每年四五百万两白银骤增至1800年前后的一千五百万两，五十年间规模增长至三倍。出水口归一之后，水势反而愈加猛烈了。相对于海外流入的白银集中到了城市官僚与商人手中，造成明末时期城市的孤立繁荣局面，清代中期自海外流入的白银滋润了全国的农村，从而出现了以农村为中心的繁荣局面。可以说，广大民众生活的安定，奠定了清朝中期政治稳定的基础。

山区经济与动乱

东西方"人口论"

在临近乾隆帝治世末期的1793年，江南出身的学者洪亮吉将当时高昂的物价与五十年前低廉的物价进行了比较，并针对人口增加而引起的物资不足问题敲响了警钟。洪亮吉的说法大致如下：

假设祖先拥有土地一顷（约合现在七公顷），娶妻后不过二人，生活也能相当宽裕。若生育三子，并为其分别娶妻，那么一家上下约有十人，生活勉强不成问题。若再养育一代人，家族规模将达到二十余人，那么衣食就会不足——

> 高、曾之时，隙地未尽辟，闲廛未尽居也。然亦不过增一倍而止矣，或增三倍五倍而止矣，而户口则增至十倍二十倍，是田与屋之数常处其不足，而户与口之数常处其有余也。（《意言》治平篇）

洪亮吉注意到了生产资料增幅与人口增长之间的矛盾，因此他被有的研究者称为"中国的马尔萨斯"。马尔萨斯的《人口论》初次发表于1798年，实际上洪亮吉提出自己观点的时间略早于前者，二者基本上属于同时代人。同时代欧亚大陆的东西两端分别出现如此相近的观点或许并非出于偶然。18世纪中叶以来，伴随着长期经济上升局面出现了人口的大幅度增长，其压力令人感受深刻。

移民的社会

清朝中期是人口增长的时代，同时也是移民和开垦的时代。清朝中期的主要移民方向是四川盆地与长江流域的山地，还有东北和台湾等地。18世纪末白莲教势力盘踞的汉江上游的四川、湖北、陕西的交界地带也是主要移民地域之一。

关于白莲教之乱前后四川、湖北、陕西三省交界地带的社会经济状况，清代的严如熤曾进行了详细调查，并留下了《三省边防备览》一书。

根据严如熤的记载，一面依靠种植玉米等自给作物维持生存，一面被深深地卷入商品经济之中是三省交界地带的山区形成的经济特色。

> 数十年前，山内秋收以粟谷为大庄。粟利不及包谷，近日遍山漫谷皆包谷矣。……山民言大米不耐饥，而包谷能果腹，蒸饭作馍，酿酒饲猪，均取于此，与大麦之用相当，故夏收视麦，秋成视包谷，以其厚薄，定岁丰歉。①

一般进行山地开发活动的是被称为"棚民"的移民。他们在被称为"棚"的简易小屋中居住，砍伐森林，开垦田地，栽培麻和蓼等经济作物。他们的食粮是在贫瘠的山地上也能种植的玉米和红薯等16世纪时从新大陆引进的新作物。尽管明清时代从农业技术方面而言，没有出现重大的技术革新，但是却能应对人口的急速增长，这多是靠从新大陆引进的作物。

在三省交界的山地地区同时也兴起了相当大规模的手工业。"山内木、笋、纸、耳、香蕈、铁、炭、金各厂，皆流寓客民所藉资生者，而木厂为大。"这些"木厂"砍伐大树，将原木投入山间河道利用水流运输，至下游地带接收。木厂的投资者多数是居住在陕西的商人，在实际经营负责人（掌柜、当家）、会计和文书的管理人（书辨）、水运负责人（揽头）、劳工的组织者（包头）等各类职务中有着明确分工。在

---

① 这段内容实际出自《三省山内风土杂识》。——译注

大型木厂，负责伐木与搬运的劳动者据说有三千至五千人。这群人犹如军队般有规律地进行作业，商人从中获取了巨大的利益。除了木材行业，支撑着清代山地经济的采矿和井盐等产业中其规模之大者同样令人惊叹。第二次世界大战以后中国的历史学界将这些手工工场当作制造业的典型予以高度重视。

不过，我们也不能忽视这些大规模作业场存在的不稳定一面。"山内丰登，包谷值贱，则厂开愈大，人聚益众；如值包谷清风，价值大贵，则歇厂停工。而既聚之众，不能复散，纷纷多事。"玉米比较易于在山地栽培，但未必总是丰收。从长期来看，人类砍伐森林不断开辟大片耕地的行动，也是水土流失等环境遭破坏的原因。实际上，这一时期洪水不断，开发活动举步维艰。

山地经济带有丰年景气时良好，但经受不起凶年或不景气的不安定特点。地方官在面对这个充满纷争的野蛮社会环境时也是头痛不已。

　　　川、陕边徼土著之民十无一二，湖广客籍约有五分，广东、安徽、江西各省约有三四分，五方杂处，无族姓之联缀，无礼教之防维，呼朋招类，动称盟兄，姻娅之外别有干亲。往来住宿，内外无分。奸骗之事，无日不有。人理既灭，事变所以频仍也。（《三省边防备览》卷十一，策略）

嘉庆白莲教之乱

乾隆帝在位期满六十年后，将皇位让给了他的儿子嘉庆帝，自己作为太上皇帝实行"训政"。嘉庆帝即位不久后的1796年，史称"嘉庆白莲教之乱"的著名大规模动乱在四川、湖北一带爆发。

这场动乱没有一个集中的领导体系，也可以说是由几个教首引发的动乱的集合，如果要追溯动乱爆发的经过，就得将时间拨回二十年以前。1775年河南省邪教镇压事件中，曾经逮捕了一个名叫刘松的教首，但当时在逃的教首之一刘之协为一名儿童取名牛八（牛、八二字拼在一起就是明朝的国姓"朱"字），并号称他是明朝的末裔，又宣称刘松的儿子是被派来改善世道的弥勒佛转世，意图恢复教势。刘之协后来在遭到逮捕后交代的供词一直保存到了今天，通过他的供词可以大致了解动乱的经过。

> 我一向做棉花买卖。我习白莲教，不过要劝化人为善，并无别的缘故。……我所念经咒，只有"从离灵山失迷家，住在娑婆苦痛煞，无生老母捎书信，特来请你大归家"四句。每日烧香唪诵，以修来世的意思。……不想，刘松……王双喜（牛八）也就被获。后来闻得俱已治罪了。……因各州县查拿邪教紧急，我同姚之富、齐王氏们商量："若不造反，也站不住了。"彼此商定，原约嘉庆元年三月初十日，是辰年、辰月、辰时，所有入教

的人一齐起事。①

刘之协所念经咒当中的"无生老母"，乃是明末至清代的"宝卷"（民间宗教传教时使用的教典）里面频繁出现的字眼，"无生老母，真空家乡"是白莲教的"八字真言"。诸宝卷所说大致可以归纳如下：

无天无地，无日无月，杳杳冥冥，混沌初分，聚气成形，光中生出"无极天真古佛""无生老母"。"无生老母"创造宇宙万物，生育九十六亿儿女。"无生老母"吩咐自己的儿女们自西天前赴东土，儿女们贪恋红尘（俗世），不知回归本家（真空家乡）。下元甲子十万八千年的期限终将到来，末劫（世界末日）之时儿女必将遭受苦难。届时"无生老母"将派遣救世者到地上，帮助儿女回归真正的家园。他们与"无生老母"重逢后便能获得长生不老。

世间的家乡皆是虚幻之物，因而不得不回归真正的母亲、真正的家乡——这才是唯一的正途。成为人类共同的原点，在根源处包容人类的孤独与不安的唯有"母亲"的形象。自元代以来，白莲教之乱屡屡有女性教首出现的情况也与此不无关系。根据官方的记录，刘之协供词中提及的齐王氏，是一名艳冶且纤细的女子，为人颇为狡悍，能与诸贼一同"野逐山眠"，且"名冠诸贼之首"。倡导孝亲、忠君之说的儒家正统教义也要将人们对共同性的向往包容进作为天下父母的皇帝与

---

① 参照《清中期五省白莲教起义资料》所辑"刘之协诸供词"。——译注

作为赤子的人民之间的血缘感觉中，"无生老母"的教义作为儒家思想的负片（负版），成为牢牢吸引着在不安社会中生活之人的一处磁极。

在白莲教之乱初期，教军占领了若干处县城。县城被清军夺回后，教军又进入山间展开游击战。"贼到兵先走，兵来贼已空。可怜兵和贼，何日得相逢"，几处史料中记载了这个民谣，尽管当时清军投入了大量兵力，但是并没有怎么打击到教军。对清军士兵而言，避免遇到危险，拿到薪俸的同时掠夺附近的村庄才是最快活的事情。

在这种情况下，直到1799年以后，优势才转向了清朝方面。这一转折的重大契机，在于清朝强化了地方百姓的自卫能力，据此与教军展开战斗。清朝令地方百姓修筑围有城墙和壕沟的"堡寨"，将百姓收容于内。这一切断教军与百姓之间联系的"坚壁清野"策略，断绝了教军的补给来源。另外，清朝还令地方百姓组建"团练"（乡村自卫组织），训练他们使其能够击退少量的教军。随着地方百姓卷入作战，教军势力逐渐衰微，皇帝终于在1804年接到了动乱平定的报告。

与18世纪以扩张和膨胀为基调的状况有着很大不同，19世纪的清朝进入了一个内外多灾多难的时期，转入了守势。促成其转变的一大事件毫无疑问就是白莲教之乱。因白莲教之乱所消耗的战争经费，合计在白银一亿两以上。乾隆年间后半期达八千万两的户部银库积蓄，减少到了一千万至两千万两的规模，从此以后，清朝在慢性的财政困难之中苦苦地挣扎。此外，在镇压白莲教之乱过程中出现的地方武装化现象也是重要问题。19世纪的清朝政府力量逐渐衰落下去，不仅起因于鸦片战争前后开始显现的列强的压力，还起因于地方独立权力成长这个由内开始的分解运动。地方的独立化与镇压白莲教之乱过程中出现的地方武装化和军事化倾向有密切关系。

第十章　人与社会——比较传统社会论

中国的"家"与社会团体

差序格局

日本人眼中的中国社会是一个人人为各自的利害打算、各行其是、缺乏团结力的社会。而另一方面，中国人的家族团结之强、朋友互助时所展现出的亲和力也是日本人怎么都不及的，屡屡让人惊叹。既精心打算又能合乎伦理，既充分利己又能维持亲和——这种完全相反的印象，不仅是现代的中国社会，也是阅读明清时代的史料时给人的强烈感觉。为什么我们会产生这样的感觉呢？这两种印象不是存在着矛盾吗？

中国社会学草创时期的社会学家费孝通在其 1947 年撰写的题为"差序格局"的文章中讨论了中国人"私"（利己主义）的一面，所述大致如下：

中国人最大的毛病就是"私"。"私"的毛病在中国实在比愚蠢和不道德更为普遍。针对社会的"格局"，即人我界限的划法，中国人的思考方式显然与外国人不同。西洋社会的格局有些类似于我们捆柴。几根稻草束成一把，几把束成一扎，几扎束成一捆，几捆束成一挑，每一根柴在整个挑里都属于一定的捆、扎、把。每一根柴都可以找到同把、同扎、同捆的柴，分扎得清楚不会乱的。将人比作稻草，意在说明：西洋社会的格局是由一个个内外界限分明的团体重重组合而成的，这种结构称为"团体格局"。

而在中国社会中，"团体"的界限是暧昧模糊的。在提到"家"的概念时，英语中的"family"通常包括夫妇和未成年的孩子。而中文的"家"字，其所指的范围便伸缩自如了，既可以指夫妇二人的情况，也可以指与亲戚一起的情况，甚至广义上可以包括亲族以外的亲密伙伴。

为什么中国的"家"这个最基本社会单位所指的范围是如此暧昧呢？这是因为中国社会不是西洋那样的团体格局，中国社会的格局好像把一块石头投入池水中激起的同心圆状的水波纹。每个人都站在各自推出去的水波纹的中心，与在水波纹波及范围内的人发生联系。根据水波纹中心到边缘的距离，人与人的关系越向外越薄。以各人为中心推出的水波纹，不会完全重合一致，其推出的范围也各不相同。有势力的人推出的水波纹会很远，甚至能够跨出县、省的范围；没有势力的人推出的范围则很近，甚至可能只有几间房屋的距离。儒教社会道德论的中心词汇"伦"，说的是"轮"形波纹一层一层的相对关系，其差等的次序。以个人为中心向外逐渐推出去的社会关系——其重叠而形成的社会网络结构，我们称之为"差序格局"。

在西洋社会，人们会根据自己所属的团体明确内外界限，遵守团体的秩序，努力增进团体的共同利益。而相对来说，在中国社会，并没有即便压抑自己也要守护的团体的清晰框架。如果按照儒教经典《大学》中所说的"修身齐家治国平天下"，那么人要以自己为中心无限地推广共同性，超越国家为天下尽力。但是，反过来也有很多人不顾及天下、国家，甚至邻人亲戚，可以无止境地奉行利己主义。"至公无私"和"利己主义"在方向上是完全相反的，但事实上是，以自我为中心富于伸缩性的"差序格局"的两个侧面，显现在这两种方向上。

上述费孝通的"差序格局"论，以轻松易懂的文笔，犀利地阐明了中国社会的特质。在观察中国社会时自然要着眼于宗族（拥有共同祖先的男系血缘集团）、村落等血缘、地缘的团体，同时也不能不关注同业团体与秘密结社等多种多样的社会团体以及它们对于人们生活的重大意义。着眼于统御个人的强大"共同体"，尝试着以"共同体"为基础来理解中国社会，在日本的中国研究中已经形成了一股巨大的力量。但是另一方面，这些社会团体不是超越人类生死存在的永恒的社会基础单位，还不如说它们是应个人的状况、应需要而结成的伸缩自如的人际关系。而这样的"个人中心"的侧面，也必然引起很多研究者的注意。

这些团体不会因为个人自由度的扩大而分崩离析。反之，正是在社会混乱时期或者边境新开发地，分散的个人处于激烈的竞争局面时，中国人组建团体的意愿和能力才会得到充分发挥。这类团体的形成带有强烈的权衡利害得失的色彩，与此同时又以不惜自我牺牲的强烈羁绊束缚着个人。在中国，维系着这样的"团体构成法则"的共同感觉究竟是怎样的存在呢？下面，我们将以"家"为中心进行简单的探讨。

家是什么？

在同本书涉及的明清时代有时期重合的日本江户时代，"家"的意识非常强烈。不过，日本的"家"（イエ）和中国的"家"（jiā）之间，还是存在着很大的差异。江户时代日本的"家"是不能与"家业"观念分割的存在。武士的"家"意味着要承担与作为知行而被世代授予的石高相对应的各种既定的军事、行政职务。农民的"家"意味着要守护世代相传的土地，精耕细作，缴纳贡赋。商人的"家"意味着既要守住本店的信誉，又要努力经营店铺使之繁荣不至于衰败。更进一步地说，将军和天皇的"家"意味着要通过军事、行政，或者通过祭祀、学问来守护整个日本国家的安全与秩序。可以认为，日本江户时代的"家"意味着承担相对的职务。"家"有着各自的家名，有与之相结合的家产与家业（家职）。

这种"家"的集合就是社会整体给人的印象，在社会中正确地发挥各自的"家"的作用，可以说正是"家"最初的存在意义。生在某个家中之人，或是嫁入，或是以养子身份加入这个家中之人，作为家的一员应该期待着自己为家业的发展贡献出力量。就像今天的公司企业，尽管社长会更换，员工会更迭，但自身会延续下去。所谓"家"的存在，乃是超越了个人的团体，属于同一"家"的成员所拥有的共同意识的基础，较之血缘关系，更多的是为了实现"家"的目标而共同奋斗的行为。

与此相对，中国的"家"几乎不存在这样的"家业"观念。正如费孝通所指出的那样，在中国，"家"这一概念的范围未必是确定的。中国的"家"很多情况下也指"同居共财"，即生活在同一个家中共担家计的集团，但一般更广泛地指宗族。但是，中国的"家"无论如何也不能被当作从事特定产业的单位。生长在农民家中的孩子，如果有能力，学习并通过科举成为官员是值得赞扬之事。一家之中因各有擅长或不擅长之事，能选择多样的产业，比如长子是农民，次子是商人，三子专注学问，志在科举。若将生来便决定了职业和社会地位的社会称为身份制社会，那么可以说中国的确是一个非身份制社会。

但是，假若兄弟从事不同的工作，社会地位也各自不同，又怎么能保持"家"的统一呢？而且，一代和二代就不说了，我们能在大的范围内看到经过十数代之后拥有数百名成员的宗族之统一，这还形成了中国社会的一个特色，这又将如何说明呢？

对于中国人来说，"家"的意识之根本是通过男性血脉传承的生命流动的感觉。这种生命的流动往往表现为"气"。中国人经常使用"同源共流""开枝散叶"等词语来比喻祖先的生命由父传子，由子传孙，在代代相传的过程中不断扩散。父与子在肉体上无疑是相互分离的，但肉体只不过是容器，注满这容器中的生命（"气"）是相同的。个人只要活着，无论从事什么职业，他身体中的祖先生命都会活着。个人的生命只不过是由祖先传递给父辈，由父辈传递给子辈，再由子辈传递给孙辈的更大生命中的一部分。"家"的本质蕴涵在人的自我生命当中。个人以外的存在作为个人应该效劳的对象，并不是"家"。

不同于基本实行长子单独继承制的江户时代的"家"，中国的财产分配实行男子间的均等继承，同一血脉开枝散叶下去，其分支血脉会均等分到财产。诚然，兄弟们在分割财产后会分开生活，从事不同的产业，经营不同的生计，其过程将经历数代，同族的意识也会随之淡薄，彼此间的关系当然也会充满不确定性。但是，在需要相互帮助的时候，作为集结的羁绊而首先触动人心的是分享着共同生命的同族意识。同族之人不是"他者"。纵然是天各一方，甚至未曾谋面之人，只要拥有相同的"气"，就意味着对方是自己生命的一种延长。这种感觉才是使广泛且牢固的同族集结成为可能的关键。

明清时代宗族的形成

自明末至清代，是社会流动性加剧的时期。明末从农村涌入城市的人流，或是清代向新开辟地带与海外涌动的人流——在这般流动性加剧的趋势当中，也许人们会认为前近代的血缘团体等组织自然会走向崩坏瓦解一途。然而，与此相反，明末至清初是大规模的宗族组织形成时期。社会学者福武直在评价中国的同族结合时这样说道："（本来中国的同族结合）从均分主义所造成的家族分散性格来看也无法巩固，同族结合之所以强大，是因为背地里人们为了抑制家族的分散性格付出了巨大努力。"明末清初正是人们投入大量精力"努力"的时候。

那么，宗族的形成又是怎样具体实现的呢？第一要说的是编纂宗谱。所谓宗谱，是指将某位祖先（通常情况下指始迁祖，即最初迁移到此地之人）作为宗族的第一代，将其子辈、孙辈，乃至后代这般延续下来的男性世系绘制成图，并附带各族人的生卒时间、主要人物的传记、族人的墓所和一族共有土地等相关记载之物。通常情况下，数代之前始迁祖等人的情况不甚明了，只能依靠同族老人的回忆获取信息，进行所谓的"寻根溯源"。宗谱也有以简单的草稿形式传承下去的，而有实力的宗族会将宗谱印刷成册分发给族人。数十册线装书规模的大部宗谱并不罕见。通过编纂和分发族谱，那些平时素未谋面之人也形成了同族意识。

第二是建设祭祀祖先的宗祠。宗祠通常由全体宗族之人共同建造，此外也存在支裔独立建造宗祠的情况。宗族之人通过共同祭祀共同的祖先提升同族意识。

第三是设立作为同族结合物质支柱的族田等共有财产。族田的收益将用于祖先祭祀、救济一族中的贫困者、为优秀的同族子弟准备科举提供学费补助等诸多方面。

宗族形成的盛行程度与宗族结合的强弱因地而异。在福建、广东等华南地区，不与他姓杂居，仅限同姓之人聚居的同族村落十分发达，宗族共有土地远远超过个人所有的土地而占据较大比重的现象并不罕见。当地也素有恶风，以琐碎的对立为开端，一族之人往往持械武装，与其他宗族进行互有死伤的激烈争斗（"械斗"）。相对于华南的强劲宗族结合，华北地区大体上同族村落很少，极少有大规模的宗族形成。与其说宗族是自然生活的基础，不如说宗族是应人们的需要而形成之物，而这也是出现这样的南北差异的原因。有的地域竞争激烈必须要有强大的团结力，而有的地域则不然；有的地域具备形成强大团结力的条件，有的地域则不具备这种条件。对应着多种多样的情况，人们"努力"的方式也各有不同。

"同气"的感觉与社会集团

宗族的形成强化了宗族内外的差别意识。但是与此同时，支持着宗族形成的"同气"感觉也溢出了实际血缘关系的框架，创造了与陌生人之间的近似血缘关系。原本宗族关系未必是建立在实际血缘关系的确凿证据之上。正如顾炎武所说："五十年来，通谱之俗遍于天下。""今人好与同姓通谱，不知于史传居何等也。"同姓之人不管能不能被证实有血缘关系，都要互通系谱的联宗通谱风潮在明末时期盛极一时。重要的不是实际的血缘关系，而是成为团结契机的血缘感觉，是同气的意识。

在观察明清时代出现的各种形式的社会结合之际，在其底部总是可以发现被比作血缘关系的直接的一体感觉。例如，明末时期流行"投靠"有权势之家充当奴仆，这些奴仆被称为"义男""家人"等，被视作隶属于主人之家的近似家族成员。"结拜兄弟"，即如《三国演义》中的桃园结义一样，与他人共同盟誓成为义兄弟在明清时代也很盛行。他们在神坛前进献贡品，饮下血酒，确立兄弟间的长幼顺序之后相约立誓："从此以后即情同手足。"在农村订立保护山林的誓约、运输业者建立同业结社等各种场合中，都会举行"歃血为盟"——饮血立誓的仪式。即使这些团体的形成契机是迫于需要的算计，其设想的关系也并不是单纯的"给予"和"获得"，而是在将他人与自己视为一体的感觉的左右下，不遗余力地献身。说起来，正是有不惜牺牲自我的坚固团结，护佑个人的集团才会最大限度发挥作用。可以说，能产生支撑这种献身关系的终极一体感的地方，有血缘感觉发挥了重要作用。

即便不采用盟约般显而易见的形式，血缘、同气的比喻也渗透到了社会的各个角落。在不同姓氏之人混杂而居的村落，也会谈到"街坊之辈"，设想出和家族同样的世代秩序，人们会用"伯父""侄子"等彼此相称。在订立合资经营的契约书中经常会出现"一团和气"的字样，所谓"一团和气"，就是要将彼此的"气"融合为一。再有，将知县比作"父母官"，将百姓比作"皇帝的赤子"，是将国家的统治体制比喻为亲子关系。正如之前所见，在动摇了清朝国家的白莲教之乱之中，起义者设想了"一众子女回归'无生老母'"的愿景，也是其结合的根本。

对由宗族向天下扩展的共同性，王阳明的高徒聂豹做了如下的表述：

> 谱也者，普也。普吾之爱敬于天下、国家也。《西
> 铭》一篇，其天下古今之全谱乎？是故于宗之吝，不若
> 出门之无咎。言爱敬之有所及有所不及者之可吝，而况
> 于宗人一无所爱敬，而雠（仇）视如路人者乎？（引自
> 《双江聂先生文集》，卷三，社州萧氏族谱序）

将对同族之人那样的一体的"爱"扩大到天下国家的范围是聂豹等人的理想。这种理想的极限是阳明学的重要理论口号之一"万物一体"——要达到将包含动植物在内的天下万物与自己血气相通的境界。

正是身处充满激烈抗争与不安的社会中，人们才渴求不容置疑的直接、一体的人际关系。这就是在严峻的利害状况中谋划建立起来的，且归向是个体毁灭的多样化社会集团——血缘同气的感觉是这样有生气的集团形成的基础。既精心算计又能合乎伦理，既充分利己又能维持亲和——本章最初提到的中国社会一体两面的性格，可以用血缘同气的感觉来整合说明。

朝鲜社会的组织——以中间团体为中心

亨德森的政治社会论

为了梳理李朝时代社会组织形态，我们不妨参考美国政治学家格雷戈里·亨德森（Gregory Henderson）的观点。亨

德森在美国国务院供职期间曾经留驻韩国数年。1963 年，他根据个人经验撰写了《朝鲜：旋涡政治》(*Korea: The Politics of the Vortex*) 一书。尽管该书出版至今已有多年，但该书叙述的政治社会论内容，至今仍然值得我们探讨。

在谈到写作《朝鲜：旋涡政治》的目的时，亨德森如是说：

> 朝鲜的政治趋向于以农业为基础的中央集权式寡头政治，这样的例子在全世界也是罕见的。此外再没有像朝鲜这样，在如此稳定的版图中，在如此持久的政治框架下，在一个民族、文化和语言如此统一的环境中，在如此大的国家中有传统扎根的情况了。也很少有国家像朝鲜一样，能够将地方势力的萌芽完全铲除，长期维持中央政权的稳固统治……
>
> （不过）朝鲜在与西欧接触最初的数十年时间里，并没能利用这些优势来解决其政治、经济、军事方面的诸多问题。不仅如此，就算在民主主义制度的框架外，这些优势想来也并不能成为让朝鲜更容易前进的决定性力量。身为政治学者必须要探明其失败的原因。

也就是说，亨德森是从是否适宜近代化的角度来理解朝鲜的传统政治社会特征的。他所下的结论，在接下来的引文中集中表现出来：

我在本书中讨论了朝鲜的单一性和同质性起到了创造"大众社会"的作用。这种单一性和同质性也大大地作用在构成邻国中国核心的人民（指汉族）身上。这里所说的"大众社会"，是指在村落和王权之间没有形成强有力的制度和自发性团体的社会，在这个社会中不存在势力和组织具备独立地位与能成为政治行动中心的凝聚力，诸如城下町、封建领主、宫廷、半独立的商业社会、城邦、行会、各个阶级等。"大众社会"是由典型的原子化的个体构成的社会，个体间的相互关系主要取决于国家权力的相关规定，"具有调停能力的诸集团力量薄弱"导致了精英与大众的直接对决。这是一个以非定型的大众与社会各种关系上的孤独为特色的社会。

正如亨德森所说的，朝鲜传统社会的特征可以归结为国家与个人间不存在诸多中间团体的"大众社会"，这种社会形态基本上与中国相同。

如果用一个词来象征大众社会的政治社会形态，Vortex，即"漩涡型社会"是最为恰当的。在漩涡型社会中，所有的个人都被卷入朝向一个中心点的漩涡之中。因此，虽然存在着中间团体，但团体的成员与其说是在为自己所属的中间团体利益而献身，倒不如说是被卷入了整体的漩涡之中，为了谋得更高的权力而行动。即使形成一些与国家对立，或者面向国家坚决主张团体权利的中间团体，这些团体也是非常脆弱的。可以这么理解，这通常是一个团体成员比起团体利益来更愿意为了个人利益而被卷入漩涡之中的社会。

亨德森并没有说过朝鲜的传统社会完全不存在中间团体，具体来说，乡吏组织和商人组织都具有十分强劲的组织能力，但他认为它们的存在是整个社会的例外，并没有否定中间诸团体对国家自立性之弱这一特征。

朝鲜的中间团体

但是不同于亨德森的主张，李朝社会中存在着各种各样的阶层、各种各样形态的中间团体。本书曾多次提到这些中间团体的情况，在此不妨再进行一次汇总。这里所说的中间团体，可以理解为存在于国家与家族之间的团体。

作为与血缘集团相关的中间团体，门中组织是最重要的。如前文所述，门中组织由同族集团中拥有共同祖先之人群构成。门中组织于 17 世纪前后才开始真正形成，其最重要的功能是以门中为单位对两班资格进行判定。换言之，形成门中组织再成为其成员，乃是认定两班资格之际的最重要标准。

接下来讨论的是不涉及血缘的中间团体。首先是各阶层组建的自治性组织。例如，两班阶层构成的乡案组织和乡吏阶层构成的檀案组织，它们都是以邑为单位的组织。这也就意味着，两班与乡吏的社会认同同样是以邑为单位进行的。所以，即便在本邑已被认同为两班，同一个人或是其子孙后裔，在他邑中也可能不会被认同为两班，这是一种普遍的情况。

在一般的农民阶层中，从 18 世纪后半叶开始出现了许多被称作"村契"的以村落为单位的中间团体。李朝时代的村落分为两类，一类是有很多两班居住的两班村（班村），另一类是完全没有两班，或者只有少数两班存在的常民村（民村）。前者通常会形成同族村落，而后者通常是杂姓村落。但是，从18世纪左右开始，两者的界限逐渐模糊，出现了混居的迹象，村契就是在这个过程中成立的。在军役制度方面里定法的实施等与村落团体的成长形成了互为表里的关系。

以上介绍的是普遍存在的中间团体，此外还有一些特殊的中间团体，诸如商人之间形成的组织。京城的特权御用商"廛人"组织与游走在各个场市的褓负商组织都属于此类。这些都是极为封闭的组织，尤其后者作为全国性的组织，以其强大的约束力自夸。

朝鲜社会存在着许多这样的中间团体，除此之外还存在很多种被称为"契"的由任意成员构成的临时组织。"契"的组建有冠婚丧祭、农产水利、购入耕牛、开发山林等多种多样的目的。为了共同进行农业作业而建立的名为"结"（품앗이）的共同劳动组织也是"契"的一种形式。多数的"契"不是恒常性的存在，但就像"村契"的名称象征的那样，恒常性中间团体也被朝鲜人认为是一种"契"。

亨德森提出的问题是中间团体与近代化的关联，对此我们可以像下面这样猜想。18世纪以后，各种中间团体发生了有倾向的变化，其中较为重要的是地方社会中乡案组织的弱化和村契组织的强化。换言之，通过16世纪确立的乡案组织形成的地方支配体制开始动摇，另一方面村落组织在持续不断地成长，但直至19世纪后半叶仍然没有确立可以应对这一变化的体制。

所以，像亨德森那样，想以朝鲜传统社会不存在中间团体或中间团体过于弱化来说明近代化的失败是不正确的。问题是要在具体明示各中间团体的历史变迁的过程中，理解19世纪后半叶的时代特征。

与中国、日本的比较

为了更理解朝鲜中间团体的形态，将其与中国、日本的情况加以比较应该是一种有效的方法。此前我们在家族、亲族制度方面在某种程度上进行过这样的尝试，但从没有将全部中间团体纳入视野中进行过比较研究。在此我们将尝试着将三个社会进行比较。

首先，将朝鲜与中国（严格来说是"汉族"）进行比较。比如，中国并不存在相当于朝鲜乡案组织的团体。针对明清时代经常使用的词语是乡绅支配。但是，并不曾见在地方生活的乡绅建立一些恒常性的组织，并据此统治地方社会。唯有清末时期，地方上出现的被称为"公局"的组织，其背后有力的骨干被认为是乡绅阶层。换言之，在王朝统治力衰弱之际这些组织才开始建立起来，中国并不像李朝那样，乡绅阶层的组织被编进了王朝支配体制之中。此外，"公局"等组织也并非恒常性的、全国性的组织，这些组织始终是带有自发性质的存在。

两班与乡绅的组织形态存在的差异，面对其他中间团体时也一样可以见到。例如，将中国的宗族与朝鲜的同族组织加以比较。宗族中的整合与分散，比起同族组织来要远远更频繁。其中不同宗族之间联宗通谱的现象几乎没有在朝鲜出现过。因此可以说，中国宗族较之朝鲜的同族组织，其特点是富有融通性，反过来说则是约束力弱。

那么，出现差异的原因是什么呢？有一点启示是：在中国，血缘组织以外的团体在形成之际，会产生拟态化的"血缘关系"。典型的例子便是因为居住地相同，非血缘者之间也被视为有血缘关系，即所谓的"街坊辈"。同样的现象在朝鲜是绝对不可能出现的。按照笔者的推测，中国能出现这样的拟态化，与"气"有关系。换言之，这个秘密就是，汉民族共有的"气"的感觉，使他们能够在必要之际在必要的范围内形成中间团体。

与此相对，对于不具备"气"的感觉的朝鲜族而言，中间团体每一个都只能根据不同的原理组织起来。因此，如果不是恒常的、固定的组织，作为团体本来就无法成立。

我们说朝鲜族不具备"气"的感觉，反过来说则是，具有"气"的感觉是汉民族的特性。自古以来，汉民族总是在持续吸收周边的非汉民族，今日也是如此。在这种情况下，将非汉民族汉化的重要节点归结为具备了"气"的感觉，如此表述过分吗？想来，朝鲜民族正是因为拒绝接受"气"才凝聚成了朝鲜民族。

与中国比较的朝鲜的特征，有很多也是日本中间团体所具有的特征。那么与日本比较，朝鲜的中间团体又能出现哪些特征呢？

说到日本近世的中间团体，最先浮现在脑海中的是"村"

（ムラ）。与日本的村相比，朝鲜的村落（마을）作为团体的牢固程度差些，也很难否定其历史尚浅。但是另一方面，日本并不存在类似乡案组织或檀案组织的按广域阶层划分的中间团体。这是因为日本是一个"金字塔型社会"。朝鲜的两班不仅以邑为单位结成乡案组织，往往还通过学阀、姻亲等手段跨出邑进一步集结。与此相对，日本的武士阶层除了幕末这一特殊时期，是不可能跨藩集结的。这种区别也是同根的吧。

日本中间团体的坚固，是以"家"（イエ）的强韧性为基础的。家业、家产、家名三位一体且施行单独继承制的同时，为了"家"的发展和延续日本人可以欣然接受养子，而同样的现象在朝鲜是不可能存在的。朝鲜所谓的家业只有以科业，即参加科举踏上官宦之途为目标的情况下才能成立，农、商的情况与中国相同，绝对不能成为家业。农民与商人（商人最初是不可能的）都应该以科业为目标。

维系着日本"家"的强韧性的终极存在是天皇制。换言之，日本人都以各自的家业承担着社会分工的一部分，而位于顶点位置的就是天皇家。在日本，"家"最强韧之时是处在近代天皇制之下的时候，这绝非是偶然。

相对于日本，朝鲜的"家"远远具有流动性，这是因为朝鲜缺乏日本天皇制那样的凝聚力。李朝创立者李成桂也是成功上位者，通向最高权力之路的可能性是一直存在的。如果剔除了这一传统，怎么都不可能理解今天韩、朝两国的政治风貌。既然"家"是流动的，那么于其之上成立的中间团体也是流动的，且必然是开放的。可以说，亨德森的政治社会论片面地强调了这样的流动性与开放性。

通过与中国和日本的比较，我们会发现朝鲜的中间团体的一大特征是缺乏统一的认同性。欠缺能够匹敌中国的"气"和日本的天皇制之物的朝鲜，也不存在将各种各样中间团体贯穿起来的共通原理。时至今日，非汉、反日的民族主义言论仍被人强调，可以被看成是其为了创造统一的认同性而做出的努力。

不过，笔者想要关注的是，统一认同的缺失所具有的积极的一面。今天定居海外的韩国人和朝鲜人数量与本国内居住人口的比率，已经远远超越了中国。韩国和朝鲜移民的强大定着力，难道不是因为他们认同力上的柔软性吗？今天在日韩国人和朝鲜人为了实现与日本社会的"共生"而经营，他们在努力建立柔软的认同性的同时，也在不断地揭示着日本人狭隘的认同性问题。

大事年表

明清与李朝部分，明清相关事项用加粗字体表示，李朝部分仍用一般字体表示

	明清与李朝		世界其他地区		日本
1328	**朱元璋诞生**	1328	法国瓦卢瓦王朝建立		
1335	李成桂诞生	1331	土耳其攻占拜占庭帝国重镇尼西亚	1333	镰仓幕府灭亡
1337	**河南胡闰儿率所属白莲教发动起义**	1337	英法百年战争开始	1334	"建武中兴"
1344	**黄河大泛滥，各地纷纷爆发白莲教之乱**			1338	足利尊氏成为征夷大将军
1348	**台州盐贩方国珍起义**	1348	黑死病在全欧洲爆发		
1350	**币制改革失败，导致通货膨胀**			1350	吉田兼好去世（1282—1350）

（续表）

	明清与李朝		世界其他地区		日本
1351	黄河治水工程开始。刘福通举兵拥立韩山童、韩林儿，红巾之乱爆发 恭愍王即位				
1352	郭子兴举兵。朱元璋加入郭子兴军中	1352	暹罗攻打柬埔寨（真腊）的通王城（大吴哥）	1352	足利尊氏将其弟足利直义毒杀于镰仓
1353	盐商张士诚举兵，国号大周				
1355	韩林儿即皇帝位，国号宋				
1356	张士诚占领苏州并定都于此。朱元璋占领集庆（南京）并改其称为应天 恭愍王开始反元活动。征东行省理问所、双城总管所被废止	1356	神圣罗马帝国皇帝查理四世颁布《黄金诏书》	1358	足利尊氏去世（1305—1358）
1359	红巾军致书高丽				
1360	朱元璋于应天招募刘基等人为智囊。陈友谅杀徐寿辉自立为帝，国号汉				
1361	张士诚遣使高丽。红巾军侵入朔州、泥城				
1363	朱元璋于鄱阳湖之战击败陈友谅。张士诚于苏州称吴王				
1364	朱元璋称吴王	1364	阿兹特克帝国首都特诺奇蒂特兰落成		

（续表）

明清与李朝		世界其他地区		日本	
1366	朱元璋开始攻击张士诚。韩林儿溺亡 设立田民辨证都监				
1367	朱元璋军占领苏州，张士诚自杀				
1368	朱元璋于应天即位（洪武帝），国号大明。元顺帝逃亡，明军进入大都			1368	足利义满担任将军（1368—1394年在位）
1369	明朝遣使高丽				
1370	使用明朝大统历，用洪武年号	1370	帖木儿控制河中，建立帖木儿王朝		
1371	明朝封怀良亲王为"日本国王"				
1372	明朝遣使琉球，琉球始入贡				
1373	《大明律》完成				
1374	恭愍王死，祸王即位				
1376	空印案爆发				
1377	接受北元册封				
1380	胡惟庸案爆发。废除中书省、丞相				
1381	制定里甲制。着手编制赋役黄册	1381	英国瓦特·泰勒起义		
1382	李成桂担任东北面都指挥使	1386	波兰、立陶宛联合		
1388	脱古思帖木儿（天元帝）被杀，元朝灭亡 李成桂出兵辽阳途中，于威化岛率军折返（威化岛回军），流放祸王、崔莹，掌控了实权				

（续表）

明清与李朝		世界其他地区		日本	
1389	琉球王遣使高丽	1389	奥斯曼帝国取得科索沃战役胜利，平定塞尔维亚		
1390	**受胡惟庸的牵连，李善长等人遭处刑**				
1391	实施科田法，改革私田弊端				
1392	**皇太子朱标去世** 杀郑梦周。李成桂即位为王，高丽灭亡			1392	南北朝合一
1393	**蓝玉案爆发** 改国号为朝鲜，实施科举				
1394	迁都汉阳，次年改名汉城	1396	奥斯曼帝国于尼科堡战役中战胜欧洲联军		
1397	**制定里老人制度。足利义满遣使明朝** 琉球中山王遣使	1397	北欧三国联合（卡尔玛同盟）	1397	金阁建立
1398	**洪武帝去世，皇孙朱允炆即位（建文帝）** 以谋反罪杀郑道传				
1399	**燕王朱棣举兵（靖难之役）**				
1400	朴苞之乱爆发。李成桂第五子李芳远即位（太宗）			1400	世阿弥《花传书》
1401	**足利义满向明朝和朝鲜遣使**				
1402	**燕王军占领南京，燕王即位（永乐帝），处死方孝孺**	1402	奥斯曼帝国在安卡拉战役中被帖木儿军击败		

（续表）

	明清与李朝		世界其他地区		日本
1403	定都北平，并改北平为北京 明朝使节给朝鲜太宗带来诰命、印章、诏敕				
1404	明使觐见足利义满，勘合贸易开始				
1405	郑和开启远征南海事业	1405	帖木儿于远征明朝途中去世		
1406	北京营造工程开始				
1407	明军平定安南，设置交趾布政使司			1408	足利义满去世（1358—1408）
1409	西藏的宗喀巴创立黄帽派（格鲁派）				
1410	永乐帝第一回远征蒙古				
1411	明朝设立奴儿干都司	1414	康斯坦茨宗教会议（1414—1418）		
1418	世宗即位				
1419	明军于辽东望海埚大破倭寇 朝鲜以镇压倭寇为目的进攻对马（己亥东征，即应永外寇）				
1421	明朝迁都北京				
1424	永乐帝去世，洪熙帝即位				
1425	洪熙帝去世，宣德帝即位			1426	近江马借一揆
1427	明军撤离越南			1428	正长士一揆
1429	尚八志于此年统一琉球三山 《农事直说》刊行	1429	圣女贞德出任法兰西军队司令官	1429	播磨国一揆

（续表）

	明清与李朝		世界其他地区		日本
1432	偰循等人编纂《三纲行实图》				
1433	明朝将江南部分税收改为缴纳白银（金花银）。最后一次远征南海（第七次）结束				
1435	宣德帝去世，正统帝即位				
1439	瓦剌部（卫拉特蒙古）的脱欢去世，也先即位				
1441	明朝确定定都北京				
1442	建州三卫建立				
1443	朝鲜与日本缔结《癸亥条约》				
1446	颁布《训民正音》				
1448	福建爆发邓茂七之乱				
1449	也先率瓦剌军入侵，明朝正统帝兵败被俘（即"土木之变"）。明朝另立景泰帝。于谦率明军防御北京				
1453	也先称大汗	1453	奥斯曼帝国占领君士坦丁堡，拜占庭帝国崩溃灭亡		
1454	也先遭人杀害				
1455	世祖即位				
1456	反对世祖即位的六位大臣被处死（"死六臣"）				

（续表）

	明清与李朝		世界其他地区		日本
1457	正统帝恢复帝位（天顺帝） 前王端宗被贬为鲁山君，被流放至宁越			1457	太田道灌修筑江户城
1464	天顺帝去世，成化帝即位	1462	俄罗斯伊凡三世（大帝）即位（1462—1505在位）	1462	山城土一揆
1466	废科田，设立职田				
1467	李施爱之乱爆发			1467	应仁之乱（1467—1477）
1469	成宗即位				
1472	明朝于河套地区修筑长城				
1474	颁布《经国大典》（1485年施行）	1480	莫斯科大公国脱离钦察汗国独立	1481	一休宗纯去世（1394—1481）
1487	成化帝去世，弘治帝即位。丘濬呈献《大学衍义补》				
1488	蒙古达延汗开始入侵明朝	1488	巴托罗缪·迪亚士到达好望角		
1494	燕山君即位	1492	哥伦布到达新大陆	1496	莲如营造石山本愿寺
1498	戊午士祸爆发				
1505	弘治帝去世，正德帝即位	1501	伊朗萨非王朝建立（1501—1736）	1502	宗祇去世（饭尾宗祇，1421—1502）
1506	中宗即位			1506	雪舟去世（雪舟等杨，1420—1506）
1508	王守仁"龙场悟道"（阳明学创立）	1509	伊拉斯谟《愚人颂》		
1510	三浦的倭人反对朝鲜强化贸易统制，发起暴动	1511	葡萄牙征服马六甲		

（续表）

明清与李朝		世界其他地区		日本	
1512	朝鲜与日本缔结《壬申条约》，岁遣船数量减半	1516	托马斯·莫尔《乌托邦》		
1517	葡萄牙使节到访明朝	1517	马丁·路德《九十五条论纲》	1518	《闲吟集》成书
	朝鲜下令在各道施行《吕氏乡约》				
1519	宁王朱宸濠发动叛乱，正德帝宣布亲征进抵南京				
	己卯士祸爆发，士林派领袖赵光祖遭到处刑				
1521	正德帝去世，嘉靖帝即位。"大礼议之争"爆发	1521	科尔特斯征服阿兹特克帝国		
1523	宁波争贡事件爆发	1532	皮萨罗征服秘鲁	1526	石见大森银山始开采
1533	大同兵变	1533	印加帝国灭亡	1538	大内氏从朝鲜输入佛经、儒典
1540	从这一时期开始，蒙古俺答汗对明朝攻势日益激烈	1541	加尔文于日内瓦推行宗教改革		
1543	白云洞书院建立（朝鲜最初的书院）			1543	葡萄牙船漂流至种子岛（铁炮传来）
1545	明宗即位。乙巳士祸爆发	1543	哥白尼《天体运行论》（地动说）		
1547	朱纨出任浙江巡抚，致力于消灭倭寇				
	朝鲜爆发良才驿壁书事件，柳希春遭到流放				

（续表）

	明清与李朝		世界其他地区		日本
1550	俺答汗率军包围北京（庚戌之变）			1549	弗朗西斯科·沙勿略抵达鹿儿岛（天主教传入日本）
1553	从这一时期开始，海盗集团的袭扰加剧（嘉靖大倭寇）	1555	奥格斯堡宗教和议，新旧两教获得公认	1555	第二次川中岛之战
1557	胡宗宪逮捕海盗王直。葡萄牙人获得在澳门居住的许可	1558	英格兰女王伊丽莎白一世即位（1558—1603在位）	1560	桶狭间之战
1563	戚继光在福建沿岸大破倭寇	1562	法国宗教战争（胡格诺战争，1562—1598）	1565	传教士维莱拉、弗洛伊斯被松永久秀等人逐出京都
1566	嘉靖帝去世，隆庆帝即位	1565	奥斯曼帝国占领突尼斯		
1567	张居正入阁。从这一时期开始，海禁放缓，中国人获得出航海外的许可 朝鲜宣祖即位。柳希春解除流放			1568	织田信长进入京都
1570	把汉那吉投降明朝。明朝与蒙古达成和议。李成梁出任辽东总兵官 朝鲜李滉死				
1571	册封俺答汗为顺义王。在大同等地开设马市。西班牙人黎卡斯比建设马尼拉	1571	勒班陀海战		
1572	隆庆帝去世，万历帝即位。马尼拉一阿卡普尔科的帆船贸易开始			1573	室町幕府灭亡

（续表）

明清与李朝		世界其他地区		日本	
1575	爆发东西党论（党争之始）	1576	莫卧儿帝国吞并孟加拉	1575	长筱之战
1578	张居正开始在全国丈量土地。俺答汗会见西藏的索南嘉措，赠予其"达赖喇嘛"的称号				
1581	明朝在全国推行"一条鞭法"	1581	尼德兰发布独立宣言		
1582	张居正去世。掀起弹劾张居正的浪潮。利玛窦在澳门开启其在中国的布教事业			1582	本能寺之变
1583	努尔哈赤获得明朝敕书，取得自立			1583	贱岳之战
1588	努尔哈赤统一建州部	1588	英国击败西班牙无敌舰队	1587	丰臣秀吉颁布天主教禁令
1589	郑汝立之乱爆发	1589	法国波旁王朝建立	1590	丰臣秀吉统一日本
1590	朝鲜派遣黄允吉等人前往日本				
1591	李舜臣出任全罗左道水使				
1592	宁夏爆发哱拜之乱　壬辰倭乱（文禄之役）爆发，日本军席卷朝鲜全土。朝鲜各地兴起义军。明军在李如松指挥下参战			1592	遣朱印船入明
1593	柳成龙出任领议政				
1594	播州杨应龙之乱爆发	1595	反奥斯曼帝国同盟成立		

（续表）

明清与李朝		世界其他地区		日本	
1596	为打破财政的困难局面，明朝派遣宦官开采矿山（矿税之祸）				
1597	丁酉再乱（庆长之役）	1598	萨非王朝迁都伊斯法罕	1598	丰臣秀吉去世（1536—1598）
1598	李舜臣战死。丰臣秀吉死后，日本军从朝鲜撤退	1600	英国东印度公司成立	1600	关原之战
1601	利玛窦到达北京。苏州爆发织佣之变。努尔哈赤创设八旗制度				
1602	李贽在狱中自杀。利玛窦绘制的《坤舆万国全图》刊行			1603	江户幕府开府
1604	顾宪成等人在无锡成立东林书院釜山交易再开				
1605	努尔哈赤致信朝鲜	1605	塞万提斯《堂吉诃德》（1605—1615）		
1607	朝鲜派遣回答兼刷还使吕祐吉等人前赴日本				
1608	李成梁被解除辽东总兵官之职光海君即位。京畿实施大同法				
1609	朝鲜与日本缔结《己酉条约》	1609	雨果·格劳秀斯《论海洋自由》	1609	荷兰于平户开设商馆
1610	《金瓶梅》出版刊行许浚等撰成《东医宝鉴》				

（续表）

	明清与李朝		世界其他地区		日本
1616	努尔哈赤在赫图阿拉即位，定国号大金（后金）	1613	俄罗斯罗曼诺夫王朝建立	1614	大阪冬之阵
1618	努尔哈赤进攻明朝，攻打抚顺城	1618	三十年战争爆发（1618—1648）	1615	大阪夏之阵。丰臣氏灭亡
1619	后金军在萨尔浒之战大破明与朝鲜军队				
1620	万历帝去世，泰昌帝即位后不久去世。天启帝即位	1620	"五月花"号（May Flower）抵达北美		
1621	后金军占领辽阳、沈阳。毛文龙以皮岛为据点，对抗后金。宦官魏忠贤于宫中专权日甚				
1623	荷兰占据澎湖岛、台湾 废光海君，仁祖即位。（仁祖反正）	1623	萨非王朝占领巴格达	1623	平户英国商馆关闭
1624	荷兰人在安平建筑热兰遮城（Zeelandia）				
1625	魏忠贤开始打压东林党				
1626	后金军进攻宁远城失败。努尔哈赤死去，皇太极即位。苏州爆发开读之变				
1627	天启帝去世，崇祯帝即位。崇祯帝开始追究魏忠贤派的罪责，魏忠贤自杀 朝鲜爆发丁卯之乱。遭到后金军的进攻				

	明清与李朝		世界其他地区		日本
1628	郑芝龙归顺明朝。陕西王嘉胤等人反叛	1628	莫卧儿王朝沙贾汗即位（1628—1658在位）		
1629	江南知识分子结成复社				
1630	张献忠在陕西举兵			1630	阿瑜陀耶王朝（大城王朝）重臣山田长政遭到暗杀
1633	原毛文龙的部将孔有德、耿仲明投降后金	1632	斯摩棱斯克战争爆发		
1634	察哈尔部的林丹汗于青海病死				
1635	后金降伏察哈尔，将大元传国玉玺纳入手中				
1636	皇太极改国号为大清，正式称帝 丙子胡乱爆发，清军进攻朝鲜			1636	长崎出岛建成
1637	宋应星编著的《天工开物》刊行 朝鲜在三田渡向清军投降。昭显世子等作为人质被送往沈阳	1637	笛卡尔《方法论》		
1639	徐光启的遗作《农政全书》刊行。从这一时期开始，明朝陷入全国饥馑			1639	禁止葡萄牙船来航。锁国完成（1639—1854）
1641	荷兰占据台湾全土 光海君于济州岛去世	1641	荷兰人从葡萄牙人手中夺取马六甲	1641	荷兰人移住出岛

	明清与李朝		世界其他地区		日本
1642	清军在松山击破明军，明军总督洪承畴投降清军。西藏格鲁派以固始汗为后盾建立了达赖喇嘛政权	1643	法国路易十四即位（1643—1715在位）		
1644	李自成在西安建立大顺国。张献忠军进入四川。李自成军占领北京，明朝崇祯皇帝自杀。清军与吴三桂军联合打败李自成军，进入北京城。顺治帝在北京即位。明朝福王在南京即位（弘光政权）			1644	荷兰商馆长向幕府提交《荷兰风说书》
1645	清军占领南京，推进对中国全土的征服。清朝颁剃发令昭显世子从沈阳归国			1645	泽庵去世（泽庵宗彭，1572—1645）
1646	德川幕府拒绝郑成功等人的乞师。明朝桂王受到拥立，永历政权成立				
1649	朝鲜孝宗即位。宋时烈获起用出仕	1649	英国查理一世被处刑，共和国成立	1649	《庆安御触书》
1656	清朝强化海禁令	1651	霍布斯《利维坦》	1657	德川光圀开始编纂《大日本史》（1657—1906）
1660	许穆主张为慈懿大妃服丧三年，引发南人、西人的礼论	1660	英国王政复古		

	明清与李朝		世界其他地区		日本
1661	顺治帝去世，康熙帝即位。清朝发布迁界令。永历帝逃入缅甸，后被引渡给清军				
1662	永历帝被吴三桂杀死。郑成功去世				
1663	黄宗羲完成《明夷待访录》				
1665	杨光先攻击西洋历法				
1669	杨光先失势。决定采用西洋历法。康熙帝擒拿鳌拜			1669	松前藩阿伊努人酋长沙牟奢允（Samkusaynu）发起叛乱
	公私贱民身份归属改为从母法				
1670	准噶尔部噶尔丹汗即位	1670	俄罗斯斯捷潘·拉辛起义		
1673	三藩之乱爆发			1673	分地制限令
1674	朝鲜兴起甲寅礼论，南人政权成立				
1676	王辅臣、耿精忠降清				
1677	朝鲜施行号牌法				
1678	吴三桂即帝位不久后死去				
	朝鲜铸造"常平通宝"钱，从此以后在全国流通。公私贱民身份归属改回从父法				
1680	许积、尹镌被赐死，西人政权成立			1680	德川纲吉出任第五代将军
1681	清军攻下云南，三藩之乱结束				

（续表）

	明清与李朝		世界其他地区		日本
1682	顾炎武去世	1682	俄罗斯彼得一世即位（1682—1725在位）		
1683	清军占领台湾，郑氏投降。吕留良去世				
	朝鲜西人集团分裂为老论和少论两派				
1684	康熙帝第一回南巡。清朝解除沿海诸省的海禁				
1685	清军与俄军在阿尔巴津交战	1687	牛顿发表《自然哲学的数学原理》	1685	最初的"生类怜悯令"发布
1688	噶尔丹攻击喀尔喀部。喀尔喀部向清朝寻求保护	1688	英国光荣革命		
1689	清、俄罗斯两国缔结《尼布楚条约》			1690	昌平坂学问所创立
1691	康熙帝主持多伦诺尔会盟，喀尔喀部归附清朝	1691	莫卧儿帝国版图达到最大	1693	井原西鹤去世（1642—1693）
1696	康熙帝率清军击破噶尔丹军			1694	松尾芭蕉去世（1644—1694）
1697	噶尔丹败死	1697	越南禁天主教		
1704	罗马教皇禁止耶稣会的传教方法	1701	西班牙王位继承战争（1701—1714）	1703	近松左卫门《曾根崎心中》初次上演
1706	康熙帝将否定典礼的传教士驱逐流放				
1708	康熙帝废黜皇太子胤礽			1709	德川纲吉去世（1646—1709）《生类怜悯令》废除

（续表）

	明清与李朝		世界其他地区		日本
1712	白头山建立定界碑（朝鲜、清两国国境划定）	1714	英国汉诺威王朝建立		
1716	《康熙字典》编纂完成			1716	德川吉宗出任第八代将军。享保改革（1716—1745）
1717	准噶尔军攻掠拉萨，拉藏汗被杀				
1720	清军出兵西藏，驱逐准噶尔军三南（忠清、全罗、庆尚三道）施行量田			1720	放松汉译西洋书籍的输入限制
1722	康熙帝去世，雍正帝即位	1722	萨非王朝名存实亡		
1723	雍正帝废除山西等地的乐户之籍（贱民解放之始）				
1724	朝鲜英祖即位				
1727	清朝和俄罗斯缔结《恰克图条约》				
1728	曾静事件爆发戊申之乱起	1728	丹麦探险家白令在北太平洋发现白令海峡	1728	荻生徂徕去世（1666—1728）
1729	清朝设置军机处。《大义觉迷录》颁行	1733	波兰王位继承战争（1733—1735）	1731	享保大饥馑
1735	雍正帝去世，乾隆帝即位	1740	奥地利王位继承战争（1740—1748）		
1741	清朝进行第一次人口调查，全国人口约一亿四千万废除吏郎通清法、翰林回荐规则				

（续表）

	明清与李朝		世界其他地区		日本
1742	荡平碑于首尔泮水桥建成				
1748	米价暴涨，各地掀起粮食暴动	1748	孟德斯鸠《论法的精神》	1748	竹田出云《仮（假）名手本忠臣藏》初次上演
1750	施行均役法				
1754	准噶尔的阿睦尔撒纳亡命清朝。《儒林外史》作者吴敬梓去世			1754	山胁东洋、小山玄适第一次进行人体解剖
1755	清军出兵准噶尔，平定塔里木盆地。阿睦尔撒纳反叛清朝。英国东印度公司商船要求在宁波进行贸易	1756	七年战争爆发（1756—1763）		
1757	阿睦尔撒纳在清军追击下逃往俄罗斯，病死。清朝限定欧洲船于广州一港通航	1757	印度普拉西战役		
1759	清军平定南疆一带			1760	贺茂真渊《万叶考》
1762	赐死王世子（后追谥思悼世子）				
1764	《红楼梦》作者曹雪芹去世	1762	俄罗斯女帝叶卡捷琳娜二世即位（1762—1796在位）		
1769	柳馨远《磻溪随录》刊行	1772	第一次瓜分波兰	1768	上田秋成《雨月物语》
1776	正祖即位，设置奎章阁	1775	美国独立战争（1775—1783）	1772	田沼意次就任老中

（续表）

	明清与李朝		世界其他地区		日本
1777	学者戴震去世 制定庶类疏通节目			1774	杉田玄白、前野良泽等人的《解体新书》刊行
1782	《四库全书》完成				
1783	李承薰于北京接受天主教洗礼	1783	《巴黎条约》签订，美国独立得到承认		
1789	迁移庄献世子（思悼世子）墓至水原，次年，建立龙珠寺	1789	法国大革命，《人权宣言》发表	1787	宽政改革（1787—1793）
1790	清朝人口调查数字显示人口数量超过三亿			1790	宽政"异学之禁"
1791	珍山之变爆发，尹持忠等人遭处刑			1792	俄国人拉克斯曼携大黑屋光太夫乘船造访根室
1793	英国使节马戛尔尼于热河谒见乾隆帝。洪亮吉在《意言》中讨论人口问题	1793	第二次瓜分波兰		
1794	清朝神父周文谟秘密进入朝鲜	1795	第三次瓜分波兰，波兰灭亡		
1796	乾隆帝让位于嘉庆帝。湖北白莲教起义水原城建成			1797	俄国人登陆择捉岛
1799	乾隆帝去世。嘉庆帝开始亲政	1799	荷兰东印度公司解散		
1800	白莲教军领导者刘之协被逮捕杀害			1800	伊能忠敬开始测量虾夷地区
1801	辛酉教狱爆发，李承薰、丁若钟等人被处以死刑，丁若镛遭到流放。黄嗣永帛书事件爆发	1801	大不列颠王国和爱尔兰王国合并为大不列颠及爱尔兰联合王国		

（续表）

	明清与李朝		世界其他地区		日本
1802	安东金氏金祖淳之女被册封为王妃			1802	十返舍一九《东海道中膝栗毛》
1804	**白莲教之乱被镇压**	1804	拿破仑登基称帝	1832	天保大饥馑
1811	平安道农民战争（洪景来之乱）爆发。通信使于对马"易地聘礼"（最后一次通信使）	1812	拿破仑远征俄罗斯	1837	大盐平八郎之乱
1839	己亥教狱爆发，丁夏祥等人遭处刑	1848	马克思《共产党宣言》	1839	蛮社之狱
1860	庆州没落两班崔济愚始创东学	1859	莫卧儿帝国灭亡	1854	《日美和亲条约》缔结
1862	南部地方爆发壬戌之乱	1861	美国南北战争爆发（1861—1865）	1858	《日美友好通商条约》缔结
1863	高宗即位。兴宣大院君李昰应掌握朝鲜实权			1859	安政大狱

文库版后记 1

［日］岸本美绪

超越一国史的解读

自 1998 年 4 月全彩版的《世界的历史 12 明清与李朝时代》（以下简称"原著"）出版刊行以来，至今已过去了十年多的时间。在这期间，不仅有许许多多的日本读者阅读了本书，经金炫荣、文纯实二位的译介，本书的韩语版也终于在 2003 年时由首尔的历史批评社出版，着实令人喜出望外。在此，我要向二位译者以及各位读者朋友们致以衷心的感谢！

韩国出版的译本标题为"朝鲜与中国 近世五百年历程——超越一国史框架的东亚解读"，该译本的副标题"超越一国史框架的东亚解读"充分地把握了本书的特色，着实令人欣喜。说起来，在最初执笔写作本书之际，作者两人便达成一致意见：要掌握与朝鲜史和中国史紧密相关的内容，将其放在东亚乃至包括东北亚、东南亚在内的广阔视野之下描写。因此作者两人在分工时，没有按照将朝鲜史和中国史分著为第一部、第二部的形式，而是选择了各章交叉的形式。另外，第一章、第五章、第十章每一章都是由作者们共同执笔完成的。这是一项浩大的工程，在写作期间我从共著者宫岛博史先生那里获益匪浅，获取了在广阔的历史波澜中理解明清时代中国的视点。

回顾原著刊行至今约十年间的研究动向，用"超越一国史"的视角把握这一时期历史的潮流越发汹涌强烈。"超越一国史"的视角并不单纯是将几个国家放在一起，从更广阔的视野进行比较和鸟瞰。倒不如说，这是一种生成性地理解各个"国家"自身是如何形成、重组，如何被人们解析的视点。即是说，这是再度从历史的观点去审视我们早已习以为常的"国家"框架的一种尝试。为此，我们有必要从国家的框架中将思想解放出来，以更加广阔的视野重新审视历史的动向。本书涉及的14至19世纪初的时段，是与今日直接关联的东亚"国家"的形成乃至重组时期，可以说是尤其需要"超越一国史"的视角的重要时期。

无论是日本、韩国，还是中国，都会以"国家"为框架区分历史，将本国史与外国史加以区别，并将本国史置于特别的位置。这种情况在历史教育等场合十分普遍，也被视作一般的"常识"。如果考虑到语言与文化的连续性，也可以说这是自然之事。但是，这种"常识"会不自觉地将近代民族主义投影到过去，使今日的国家构造回溯并适用于遥远的过去。不可否认，这样一来对历史动态变化的感觉可能会有在无意识中迟钝下去的危险性。

近十余年来，日本历史学界针对拘泥于近代"国家"框架中"一国史"观点的批判、反省意识非常强烈。事实上，这种批判、反省不仅仅是历史学内部的问题。确切地说，它是在以文化批评为中心的文化研究等领域以最尖端的形式被提出，而该领域的尖锐议论将人文社会学卷入了进来。只是在我个人看来，历史学不同于文化批评之处，是不将主要目标放在对既有言论进行方法性的批判与反省上，而是踏踏实实地与史料进行搏斗，对广域的文化和经济的交流，以及其中各类"国家"形成的复杂情况进行具体的揭示。只有经过踏实的作业，才能从历史的角度通过适当的透视法把握今天我们"国家"的存在形式。

清朝国家的性格

若从这一时期的国家存在形式说起，那么可以说，近十余年间，针对本书中重点论述的清朝国家性格的研究也取得了急速发展。其中一个显著的动向，是清朝的满洲王朝侧面与中华帝国侧面的统一，成了所有研究者共同自觉关心的问题。在此之前，在日本对清朝的研究中，主张将清朝视为中国历史上的一个王朝而采用汉文史料进行研究的"清代史"乃至"明清史"研究者，与主张将清朝视为满人建立的王朝的而采用满文史料进行研究的"清朝史"研究者之间少有交流，一直处于并存的状态。前者"清代史""明清史"的情况是，他们轻视了清朝所具有的满洲王朝性格，或者说他们很容易以清朝对中国社会的压迫或同化这种汉人中心视角进行评价。另一方面，后者"清朝史"的观点，虽强调了清朝的独立性，却是容易舍弃对明清鼎革之际中国社会连续性动向的思考。其无可避免的结果就是，研究者们各自呕心沥血地推进研究，但对于明清时代的中国却产生了截然不同的印象。为了摆脱这种状况，分别拥有丰富积累的"明清史"和"清朝史"的研究者们就必须相互合作，努力创建出新的统合的清朝形象。

我个人是属于"明清史"，即利用汉文史料从中国史的脉络中研究清朝的流派，因此不擅长从"清朝史"的视点来研究。我执笔撰写原著时，在第五章清朝国家的形成和第七章清朝国家的性格的相关叙述中，尽可能地采用了我所掌握的"清朝史"观点，然而在论及行政制度等问题时，使用了"由于明朝的制度大体上被清代沿袭，我们会结合两代的情况加以阐述"等表述，将明清之间的连续性当作理所当然之事来对待，可以说在这一点上呈现出了对"明清史"观点的偏颇。就以上的问题点，我受到了来自多方的批评指正，本人也进行了反省。在此次文库版出版之际，出于整体一致性的考虑，我认为避免大幅修订为好，而且也没有准备大幅修订，所以对这些内容并未做改动。但我要在此进行补充记述。

有关清朝时代的中国，这十余年间研究进展的另一个重要侧面，就是对满洲王朝与汉人世界关系之外的蒙古、西藏、维吾尔等清帝国多样化构成部分，基于多种语言展开了研究。当我撰写原著之际，也可能是由于我个人能力的限制，对这些地方的情况只是简单触及，但以现在的研究水平，站在新的研究积累上，是可能从更多个角度、更多个方面来描写清帝国形象的。

再者，这样的清朝国家的性格在同时期世界国家之林中应当被放在什么样的位置，这也是一个重要又值得深思的问题。在考察这一时期世界各地的历史时，像过去那种"先进的欧洲，落后的亚洲"的固定观点已经不再通用了，近年来，这逐渐成了包含欧美研究者在内的研究者们的共识。但是，这一时期欧洲、亚洲的国家和社会的性格当然是不同的，而且即便只拿出东亚来看，日本、朝鲜、中国等国家，也都建立起了不同个性的国家、社会体制。如果以欧洲历史为模型来判断先进与后进的方法已经不再适用了，那么怎么把握诸地域各自的不同点？又怎样描绘世界之像呢？这个问题到现在也未被充分探讨过，可以说这将是今后的课题。在数十年后，世界历史研究者们经过不断讨论，应该就会对这个问题达成一定的共识吧？这个答案我无从知晓，但如果这样的讨论多起来，想必会为明清时代中国的研究拓开更加广阔的视野。

文库版后记 2

[日] 宫岛博史

此番《世界的历史》文库本刊行，距离原著出版已过去了十年的岁月。在这十年之中，我的身边也发生了很大的变化。这个变化就是自 2002 年 5 月我入职了韩国成均馆大学东亚学术院。我在韩国已经度过了六年多的时光，而最近让我感兴趣的研究主题之一就是族谱。关于族谱，我将选取一些与本书内容相关的研究，作为"后记"附述于此。

1945 年朝鲜半岛解放以后，以韩国和朝鲜两国的历史学界为中心，朝鲜史的研究取得了各种各样的成果。其中重要的成果之一是关于家族和亲族组织的历史的研究。韩国现在的同族集团活动依然十分活跃，出版同族组织成员名簿——族谱之风盛行。关于同族集团，殖民占领时期的日本学者将之当作古代氏族集团遗留下来的制度，认为这种残余较为顽固，体现了韩国史的停滞不前。但是随着解放以后研究的推进，日本学者的观点被证明完全是错误的，同族组织是在极为新的时代中形成的。在此我们将概览同族组织的形成过程，并讨论其在朝鲜史中的意义。

族谱是最能够反映同族组织形成过程的史料。东亚各地制作的被称作族谱的家系记录，是自中国宋代以后开始被真正编纂，并普及到周边的朝鲜、越南、琉球等国家的。族谱这种家系记录是以某一个人物为起点，将其子孙后代悉数网罗的一种极为特殊的记录，朝鲜到了 15 世纪开始编纂族谱。在此，让我们以现存族谱资料最为丰富的安东权氏这一同族集团为例，对其历史进行概览。

安东权氏的族谱最早的编纂时期可追溯至 1476 年（成化谱），这被认为是朝鲜现存最古老的刊行族谱。成化谱以后编纂的族谱有 1605 年的乙巳谱、1654 年的甲午谱、1701 年的辛巳谱、1734 年的甲寅谱、1794 年的后甲寅谱、1907 年的丁未谱、1961 年的辛丑谱。这当中除了 1605 年的乙巳谱，其他族谱均保存至今。

比较历代的族谱，我们发现最大的不同是，每次新编纂的族谱当中都有此前族谱中并未收录的家系登场。现代安东权氏从始祖权幸开始算起，自第十代人物开始分为十五派，而最初编纂的成化谱中只收录了其中的三个派，其他十二个派是在后来的族谱中陆续登场的。其中，乙巳谱新增五个派，辛巳谱新增一个派，后甲寅谱新增五个派。而余下的一个派实际上直到 1985 年才得到安东权氏的正式承认。

这一现象意味着安东权氏集团的形成经历了极为漫长的历史，绝非是古代氏族制度的遗存。这并非是安东权氏的特殊现象，而是现存所有父系血缘集团共通的现象。

父系血缘模式的同族集团在形成过程中，其族谱编纂方式发生了极大的变化，具体表现为族谱中收录亲族范围的变化。成化谱中不仅包含了安东权氏之人，还将安东权氏的女性婚后所生育的子孙（对于安东权氏来说是外孙）收入在内。到族谱编纂的时点为止，只要判明，外孙系列的子孙也会被收录其中。这些外孙当然是有其他的姓氏，对于安东权氏来说是异姓人物，因此成化谱虽是安东权氏的族谱，但也收录了很多异姓人物。像这样的族谱形式在东亚也属于仅能在朝鲜见到的特例，这反映出当时的亲族观念中不存在男系和女系的区别。

对内外孙不加区别的编纂方式现在已不复存在。据说乙巳谱的编纂遵循了成化谱的方式，但从此后族谱中收录的外孙范围逐渐缩小。甲午谱以乙巳谱为基础，从中只收录了安东权氏的男性，属于稍稍例外的情况。辛巳谱将收录的外孙范围缩小至曾孙一代，之后的甲寅谱又缩小至外孙一代，此后这种方式遂形成了惯例。这一变化反映出了父系血缘结合受到重视引起的亲族观念的变化，这一现象至今为止备受瞩目。但相较于中国，朝鲜一贯保持着重视女系亲族的倾向，这一点也是我们必须要留意的。至于缩小外孙范围的理由，据辛巳谱记述，是因为若收录所有外孙，数量过于庞大，会形成巨大的负担，所以对范围进行了限定，并没有提到重视男系的这一理由。实际上，在18世纪以后，还编纂了很多"内外子孙谱""外孙谱""外裔谱"等族谱，因此我们有必要将族谱收录范围的变化和父系亲族结合的强化区别来考虑。

父系亲族结合强化的倾向与儒教的家族、亲族观念普及有着密切的关系。这是一个长期的过程。能够很好反映这一点的，是族谱中关于同姓婚姻和女性再婚记载的变化。

成化谱记录的安东权氏的女婿中有很多也出身权氏。这当中虽然也有以安东以外地域为本贯的权氏，但绝大部分都属于安东权氏出身。这意味着安东权氏盛行同族成员之间联姻通婚，尚未接受儒教同姓不婚的原则。同姓不婚的原则进入李朝时代后虽然在两班阶层中得到普及，但李朝时代两班以外的阶层中流行的像安东权氏那样同族通婚的情况直到 18 世纪以后才消失。关于安东权氏同族通婚的情况，甲寅谱中尚且如实记载，但到了六十年后的后甲寅谱中就已经不再记载此事。

有关女性再婚的情况，成化谱中会将女性再度结婚对象以"后夫"的名义记录在案，如实记录女性再婚的事实。这种形式一直维持到了辛巳谱阶段，从甲寅谱开始女性再婚的记录就消失了。

这一变化反映出了儒教宗法观念的渗透，这一过程也需要相当长的时间。因此，朝鲜的父系同族集团结合的形成与强化都是在李朝五百年的历史中逐渐实现的，而不是过去日本学者们主张的古代遗制。同族结合的真正形成就像这样，是新时代的产物。那为什么会出现这样的变化呢？有关这一点，还没有过充分的讨论，我自己有一点想法，将另觅机会进行论述。

朝鲜的族谱最初由两班独占，但是随着时间的推移，族谱的编纂也在两班以外的阶层中得到了普及。安东权氏的族谱当中不断编入新的家系也是这个原因。这样的族谱普及、扩大的现象，在考虑朝鲜史的发展时，是极为重要的问题。编纂族谱盛行的现象不仅存在于李朝时代，现代依然在继续，不，应当说，现代的社会中族谱的编纂更加盛行。这种现象的产生与两班独特的性格有着很深的关系，同时这种现象也强烈地反映出李朝时代与现代之间的连续性。昔日族谱的存在是两班的证明，而在现代的韩国，"连族谱都没有的人"这样的语言，可以说是对个人最大限度的轻蔑和侮辱。

相较于日本，现代的韩国常常让人感到是一个平等意识十分强烈的国家。经济方面可能是日本更加平等，但意识的问题却是这样。卢武铉、李明博二位总统都出身于中下阶层家庭，而使这两位人物能登上总统这一最高权力者地位的正是现代韩国社会。我认为，平等意识的增加，也与族谱编纂的普及、扩大的现象有着很深的关系。

SEKAI NO REKISHI 12 - MINSHIN TO RICHO NO JIDAI

BY Mio KISHIMOTO and Hiroshi MIYAJIMA

Copyright © 1998 Mio KISHIMOTO and Hiroshi MIYAJIMA

Original Japanese edition published by CHUOKORON-SHINSHA, INC.

All rights reserved.

Chinese (in Simplified character only) translation copyright © 2024 by Ginkgo (Shanghai)
Book Co., Ltd.

Chinese (in Simplified character only) translation rights arranged with
CHUOKORON-SHINSHA, INC. through Bardon-Chinese Media Agency, Taipei.

本书中文简体版权归属于银杏树下（上海）图书有限责任公司

著作权合同登记号 图字：22-2023-145

图书在版编目（CIP）数据

明清与李朝时代 / (日) 岸本美绪, (日) 宫岛博史
著 ; 王欢欢, 刘路译. —— 贵阳 : 贵州人民出版社,
2024.2

ISBN 978-7-221-17936-4

Ⅰ. ①明… Ⅱ. ①岸… ②宫… ③王… ④刘… Ⅲ.
①中国历史—研究—明清时代 Ⅳ. ①K248.07

中国国家版本馆CIP数据核字(2023)第179999号

审图号：GS（2022）1135号

MINGQING YU LICHAO SHIDAI

明清与李朝时代

［日］岸本美绪　［日］宫岛博史　著

王欢欢　刘路　译

出 版 人：朱文迅　　　　　　选题策划：后浪出版公司

出版统筹：吴兴元　　　　　　编辑统筹：张　鹏

策划编辑：王潇潇　　　　　　特约编辑：段　然

责任编辑：李　康　周湖越　　装帧设计：墨白空间·杨阳

责任印制：常会杰

出版发行：贵州出版集团　贵州人民出版社

地　　址：贵阳市观山湖区会展东路SOHO办公区A座

印　　刷：北京盛通印刷股份有限公司

经　　销：全国新华书店

版　　次：2024年2月第1版

印　　次：2024年2月第1次印刷

开　　本：880毫米 × 1194毫米　1/32

印　　张：12.75

字　　数：264千

书　　号：ISBN 978-7-221-17936-4

定　　价：68.00元

后浪出版咨询(北京)有限责任公司　版权所有，侵权必究

投诉信箱：editor@hinabook.com　fawu@hinabook.com

未经许可，不得以任何方式复制或者抄袭本书部分或全部内容

本书若有印、装质量问题，请与本公司联系调换，电话010-64072833

贵州人民出版社微信